Van Dale Grammatica Nederlands

Van Dale Grammatica's

Van Dale Grammatica Nederlands
Van Dale Grammatica Engels
Van Dale Grammatica Frans
Van Dale Grammatica Duits
Van Dale Grammatica Spaans
Van Dale Grammatica Italiaans

Van Dale Grammatica Nederlands

Glashelder overzicht op elk taalniveau

Eerste editie

door Robertha Huitema

Van Dale Uitgevers

Van Dale Grammatica Nederlands
1e editie
5e oplage, 2014

ISBN 978 94 6077 174 3
NUR 624

Auteur: Robertha Huitema
Reeksauteur: Maria Rita Sorce
Correctie: Ilse Crooy
Omslagontwerp: LIFT marketing communicatie bv
Ontwerp binnenwerk: Pieter Pijlman (b.ont)
Zetwerk: Jacqueline Roest (Stampwerk)

Van Dale is gebruikers erkentelijk die nuttige suggesties doen ter verdere verbetering van dit product.

Correspondentieadres:
Van Dale Uitgevers
Postbus 13288
3507 LG Utrecht

info@vandale.nl
www.vandale.nl / www.vandale.be

MIX
Papier van verantwoorde herkomst
FSC® C004472
www.fsc.org

Voorwoord

Als je een taal leert of gebruikt, heb je woordenboeken nodig, maar moet je ook snel informatie kunnen vinden over de grammatica. Deze Van Dale Grammatica Nederlands geeft je een compleet overzicht.

Door de presentatie in duidelijke tabellen is deze grammatica overzichtelijk, handig en begrijpelijk. De onderwerpen worden behandeld op verschillende taalniveaus, zodat je de grammatica kunt bestuderen op het niveau dat bij je past.

Dit zijn de kenmerken van de Van Dale Grammatica Nederlands:

- Goed te gebruiken als studieboek ter ondersteuning van taalonderwijs, maar ook heel geschikt voor zelfstudie.
- Het is een praktische gids waarin de Nederlandse grammatica helder en stapsgewijs wordt uitgelegd.
- Elk grammaticaal onderwerp wordt geïntroduceerd met een overzichtspagina.
- De regels worden uitgelegd per niveau op basis van het zogenaamde Europees Referentiekader (ERK). De hoofdstukken volgen een duidelijke opbouw van het basisniveau A1 tot B2 als hoogste niveau.
- Elk niveau heeft een eigen kleur, waardoor het opzoeken heel makkelijk is.
- De grammaticaregels zijn in duidelijke taal geschreven. De uitleg van de regels en de voorbeeldzinnen zijn aangepast aan het ERK-niveau. De voorbeeldzinnen vormen een heldere illustratie bij de grammaticale regels en laten duidelijk zien hoe deze moeten worden toegepast.
- Een volledig overzicht van alle regels van een onderwerp vind je op het hoogste ERK-niveau. Soms ontbreekt er een niveau. Dit betekent dat het onderwerp op dat niveau niet aan bod komt. Alle regels zijn dan al op een lager niveau behandeld of worden pas behandeld op een hoger niveau.

In de verklarende woordenlijst achterin vind je uitleg over grammaticale termen.

De auteur

Richtlijnen van het Europees Referentiekader

Deze Van Dale Grammatica Nederlands is gebaseerd op de richtlijnen van het Common European Framework of Reference (in de Nederlandse vertaling het 'Gemeenschappelijk Europees Referentiekader voor Moderne Vreemde Talen: Leren, Onderwijzen, Beoordelen', Nederlandse Taalunie, 2008), kortweg ERK genoemd.

Het Europees Referentiekader (ERK) definieert taalvaardigheid aan de hand van een indeling in niveaus. Het is ontwikkeld door de Raad van Europa en is door de EU geaccepteerd als instrument voor het beschrijven én meten van taalvaardigheid voor de moderne Europese talen.

ERK is een transparant en functioneel systeem, dat steeds meer gebruikt wordt in het onderwijs. De beschrijvingen van de taalniveaus zijn te vinden in de tabel op de volgende bladzijde. Ze geven voor elk niveau aan in welk soort situaties je je kunt redden, en aan welke eisen je moet voldoen op het vlak van taalbeheersing. De taalvaardigheden zijn uitgesplitst in: spreken en gesprekken voeren, lees-, schrijf -en luistervaardigheid. Binnen elke vaardigheid kent het ERK zes niveaus: A1, A2, B1, B2, C1 en C2, waarbij A staat voor basisgebruiker, B voor onafhankelijke gebruiker en C voor vaardige gebruiker.

Beschrijving van de taalniveaus van A1 tot C1

	Begrijpen		Spreken		Schrijven
	Luisteren	**Lezen**	**Productie**	**Interactie**	
A1	Ik kan vertrouwde woorden en basiszinnen begrijpen die mezelf, mijn familie en directe concrete omgeving betreffen, wanneer de mensen langzaam en duidelijk spreken.	Ik kan vertrouwde namen, woorden en zeer eenvoudige zinnen begrijpen, bijvoorbeeld in mededelingen, op posters en in catalogi.	Ik kan eenvoudige uitdrukkingen en zinnen gebruiken om mijn woonomgeving en de mensen die ik ken, te beschrijven.	Ik kan deelnemen aan een eenvoudig gesprek, wanneer de gesprekspartner bereid is om zaken in een langzamer spreektempo te herhalen of opnieuw te formuleren en mij helpt bij het formuleren van wat ik probeer te zeggen. Ik kan eenvoudige vragen stellen en beantwoorden die een directe behoefte of zeer vertrouwde onderwerpen betreffen.	Ik kan een korte, eenvoudige ansichtkaart schrijven, bijvoorbeeld voor het zenden van vakantiegroeten. Ik kan op formulieren persoonlijke details invullen, bijvoorbeeld mijn naam, nationaliteit en adres noteren op een hotelinschrijvingsformulier.
A2	Ik kan zinnen en de meest frequente woorden begrijpen die betrekking hebben op gebieden die van direct persoonlijk belang zijn (bijvoorbeeld basisinformatie over mezelf en mijn familie, winkelen, plaatselijke omgeving, werk). Ik kan de belangrijkste punten in korte, duidelijke eenvoudige boodschappen en aankondigingen volgen.	Ik kan zeer korte eenvoudige teksten lezen. Ik kan specifieke voorspelbare informatie vinden in eenvoudige, alledaagse teksten zoals advertenties, folders, menu's en dienstregelingen en ik kan korte, eenvoudige, persoonlijke brieven begrijpen.	Ik kan een reeks uitdrukkingen en zinnen gebruiken om in eenvoudige bewoordingen mijn familie en andere mensen, leefomstandigheden, mijn opleiding en mijn huidige of meest recente baan te beschrijven.	Ik kan communiceren over eenvoudige en alledaagse taken die een eenvoudige en directe uitwisseling van informatie over vertrouwde onderwerpen en activiteiten betreffen. Ik kan zeer korte sociale gesprekken aan, alhoewel ik gewoonlijk niet voldoende begrijp om het gesprek zelfstandig gaande te houden.	Ik kan korte, eenvoudige notities en boodschappen opschrijven. Ik kan een zeer eenvoudige persoonlijke brief schrijven, bijvoorbeeld om iemand voor iets te bedanken.
B1	Ik kan de hoofdpunten begrijpen wanneer in duidelijk uitgesproken standaarddialect wordt gesproken over vertrouwde zaken die ik regelmatig tegenkom op mijn werk, school, vrije tijd enz. Ik kan de hoofdpunten van veel radio-of tv-programma's over actuele zaken of over onderwerpen van persoonlijk of beroepsmatig belang begrijpen, wanneer er betrekkelijk langzaam en duidelijk gesproken wordt.	Ik kan teksten begrijpen die hoofdzakelijk bestaan uit hoogfrequente, alledaagse of aan mijn werk gerelateerde taal. Ik kan de beschrijving van gebeurtenissen, gevoelens en wensen in persoonlijke brieven begrijpen.	Ik kan uitingen op een simpele manier aan elkaar verbinden, zodat ik ervaringen en gebeurtenissen, mijn dromen, verwachtingen en ambities kan beschrijven. Ik kan in het kort redenen en verklaringen geven voor mijn meningen en plannen. Ik kan een verhaal vertellen, of de plot van een boek of film weergeven en mijn reacties beschrijven.	Ik kan de meeste situaties aan die zich kunnen voordoen tijdens een reis in een gebied waar de betreffende taal wordt gesproken. Ik kan onvoorbereid deelnemen aan een gesprek over onderwerpen die vertrouwd zijn, of mijn persoonlijke belangstelling hebben of die betrekking hebben op het dagelijks leven (bijvoorbeeld familie, hobby's, werk, reizen en actuele gebeurtenissen).	Ik kan eenvoudige samenhangende tekst schrijven over onderwerpen die vertrouwd of van persoonlijk belang zijn. Ik kan persoonlijke brieven schrijven waarin ik mijn ervaringen en indrukken beschrijf.
B2	Ik kan een langer betoog en lezingen begrijpen en zelfs complexe redeneringen volgen, wanneer het onderwerp redelijk vertrouwd is. Ik kan de meeste nieuws- en actualiteitenprogramma's op de tv begrijpen. Ik kan het grootste deel van films in standaarddialect begrijpen.	Ik kan artikelen en verslagen lezen die betrekking hebben op eigentijdse problemen, waarbij de schrijvers een bepaalde houding of standpunt innemen. Ik kan eigentijds literair proza begrijpen.	Ik kan duidelijke, gedetailleerde beschrijvingen presenteren over een breed scala van onderwerpen die betrekking hebben op mijn interessegebied. Ik kan een standpunt over een actueel onderwerp verklaren en de voordelen en nadelen van diverse opties uiteenzetten.	Ik kan zodanig deelnemen aan een vloeiend en spontaan gesprek, dat normale uitwisseling met moedertaalsprekers redelijk mogelijk is. Ik kan binnen een vertrouwde context actief deelnemen aan een discussie en hierin mijn standpunten uitleggen en ondersteunen.	Ik kan een duidelijke, gedetailleerde tekst schrijven over een breed scala van onderwerpen die betrekking hebben op mijn interesses. Ik kan een opstel of verslag schrijven, informatie doorgeven of redenen aanvoeren ter ondersteuning vóór of tégen een specifiek standpunt. Ik kan brieven schrijven waarin ik het persoonlijk belang van gebeurtenissen en ervaringen aangeef.
C1	Ik kan een langer betoog begrijpen, zelfs wanneer dit niet duidelijk gestructureerd is en wanneer relaties slechts impliciet zijn en niet expliciet worden aangegeven. Ik kan zonder al te veel inspanning tv-programma's en films begrijpen.	Ik kan lange en complexe feitelijke en literaire teksten begrijpen, en het gebruik van verschillende stijlen waarderen. Ik kan gespecialiseerde artikelen en lange technische instructies begrijpen, zelfs wanneer deze geen betrekking hebben op mijn terrein.	Ik kan duidelijke, gedetailleerde beschrijvingen geven over complexe onderwerpen en daarbij sub-thema's integreren, specifieke standpunten ontwikkelen en het geheel afronden met een passende conclusie.	Ik kan mezelf vloeiend en spontaan uitdrukken zonder merkbaar naar uitdrukkingen te hoeven zoeken. Ik kan de taal flexibel en effectief gebruiken voor sociale en professionele doeleinden. Ik kan ideeën en meningen met precisie formuleren en mijn bijdrage vaardig aan die van andere sprekers relateren.	Ik kan me in duidelijke, goed gestructureerde tekst uitdrukken en daarbij redelijk uitgebreid standpunten uiteenzetten. Ik kan in een brief, een opstel of een verslag schrijven over complexe onderwerpen en daarbij de voor mij belangrijke punten benadrukken. Ik kan schrijven in een stijl die is aangepast aan de lezer die ik in gedachten heb.

Inhoud

Afkortingen

	Nederlands	universeel	voorbeeld
bep.lidw.	bepaald lidwoord	definiet artikel	› de, het
bijw.	bijwoord	adverbium	› heel, erg, zeer
enz.	enzovoorts	et cetera	
ev.	enkelvoud	singularis	› jongen, boom, kat
lijd.vw.	lijdend voorwerp	direct object	› Ik heb **de appel** gegeten.
m.	mannelijk	masculien	› de man, de jongen
meew.vw.	meewerkend voorwerp	indirect object	› Ik geef het **aan hem**.
mv.	meervoud	pluralis	› jongens, bomen, katten
onderw.	onderwerp	subject	› **Ik** geef de appel aan hem.
onv.	onvoltooid		
o.t.t.	onvoltooid tegenwoordige tijd	presens	› Ik loop.
o.t.t.t.	onvoltooid tegenwoordig toekomende tijd	futurum	› Ik zal lopen.
o.v.t.	onvoltooid verleden tijd	imperfectum	› Ik liep.
o.v.t.t.	onvoltooid verleden toekomende tijd	conditionalis	› Ik zou lopen.
onb.w.	onbepaalde wijs	infinitief	› lopen
on.	onovergankelijk	intransitief	› ww. zonder lijdend vw.
ov.	overgankelijk	transitief	› ww. met lijdend.vw.
ow.	onderwerp	subject	› **De man** eet een appel.
pers.v.	persoonsvorm	finiet werkwoord	› De man **eet** een appel.
voegw.	voegwoord	conjunctie	› en, maar, of, omdat
v.	vrouwelijk	feminien	› de vrouw, de dame
v.t.t.	voltooid tegenwoordige tijd	perfectum	› Ik heb gelopen.
v.t.t.t.	voltooid tegenwoordig toekomende tijd	futurum exactum	› Ik zal gelopen hebben.
v.v.t.	voltooid verleden tijd	plusquamperfectum	› Ik had gelopen.
v.v.t.t.	voltooid verleden toekomende tijd	conditionalis perfectum	› Ik zou gelopen hebben.
vz.vw.	voorzetselvoorwerp		› Ik loop te zingen **in de straat**.
ww.	werkwoord(en)	verbum, verba	› lopen, werken, zingen

Deel I

Woordsoorten

Lidwoord

lidwoord *artikel*

Het **lidwoord** of **artikel** staat voor het zelfstandig naamwoord.

Het lidwoord kan *bepaald* of *onbepaald* zijn.

Het **bepaald lidwoord** gebruik je om aan te geven dat iets of iemand bekend is.

enkelvoud	mannelijk	**de**	› de man
	vrouwelijk	**de**	› de vrouw
	onzijdig	**het**	› het kind
meervoud	mannelijk	**de**	› de mannen
	vrouwelijk	**de**	› de vrouwen
	onzijdig	**de**	› de kinderen

Het **onbepaald lidwoord** gebruik je om aan te geven dat iets of iemand onbekend is.

enkelvoud	mannelijk	**een**	› een man
	vrouwelijk	**een**	› een vrouw
	onzijdig	**een**	› een kind

A1

Bepaald lidwoord

	mannelijk - vrouwelijk	onzijdig
enkelvoud	de	het
meervoud	de	de

lidwoord de

1. **De** gebruik je voor mannelijke en vrouwelijke zelfstandige naamwoorden in het enkelvoud.
   › **de** vrouw, **de** man, **de** tafel, **de** stoel, **de** grond, **de** boom, **de** kat, **de** koe, **de** fabriek

2. **De** gebruik je voor alle zelfstandige naamwoorden in het meervoud.
   › **de** vrouwen, **de** mannen, **de** tafels, **de** stoelen, **de** bomen, **de** katten, **de** koeien, **de** fabrieken

3. **De** gebruik je ook voor het-woorden in het meervoud.
   › **de** boeken, **de** kinderen, **de** vliegtuigen, **de** benen, **de** vakken, **de** ramen, **de** spellen

4. **De** gebruik je voor personen en voor de meeste dieren.
   › **de** bakker, **de** dokter, **de** moeder, **de** ezel, **de** kat, **de** hond, **de** leeuw

lidwoord het

5. **Het** gebruik je voor onzijdige zelfstandige naamwoorden in het enkelvoud.
   › **het** boek, **het** kind, **het** vliegtuig, **het** been, **het** vak, **het** raam, **het** spel

6. **Het** gebruik je voor verkleinwoorden.
   › **het** meisje, **het** tafeltje, **het** bloempje

gebruik van de en het

7. **De** en **het** gebruik je als je weet over welke persoon, over welk dier of over welke zaak het gaat.
   › Ik heb een nieuwe buurman. › **De** buurman is aardig.
   › Maria en Jan kopen een huis. › **Het** nieuwe huis is heel groot.

8. Tussen het **lidwoord** en het zelfstandig naamwoord mag een bijvoeglijk naamwoord staan.
   › de auto › **de** gele auto
   › het boek › **het** dikke boek
   › een jurk › **de** mooie jurk

B1

Bepaald lidwoord

	mannelijk - vrouwelijk	onzijdig
enkelvoud	de	het
meervoud	de	de

lidwoord de

1. **De** gebruik je voor personen en de meeste dieren, voor mannelijke en vrouwelijke zelfstandige naamwoorden in het enkelvoud, én voor alle zelfstandige naamwoorden in het meervoud.
   - › **De** man achter de kassa is mijn chef.
   - › **De** tafels in de kantine moeten vervangen worden.
   - › **De** bakker op het plein verkoopt lekkere broodjes.
   - › **De** hond van onze buurman is een Duitse dog.

2. De meeste **de**-woorden zijn mannelijk.
   - › **De** schilder heeft vorige week het huis geverfd.
   - › **De** auto kreeg bij het ongeluk een deuk.

3. Een klein aantal **de**-woorden is vrouwelijk. Woorden voor *abstracte zaken* (die je niet aan kunt raken) of *groepen* zijn vaak vrouwelijk.
   - › In de winkel hangt een camera voor **de** *veiligheid.*
   - › Hoe vindt u dat **de** *politie* haar werk doet?

4. **De** gebruik je bij zelfstandige naamwoorden die eindigen op de achtervoegsels *-ing*, *-er*, *-heid*, *-in*, *-aar.*
   - › **De** vergader*ing* duurde tot diep in de nacht.
   - › **De** slag*er* in onze straat verkoopt lekker vlees.
   - › **De** waar*heid* ligt vaak in het midden.
   - › **De** boer*in* voert de kippen.
   - › Dat zei **de** ambten*aar* van de burgerlijke stand.

5. **De** gebruik je voor bomen, groente, planten en vruchten.
   - › **De** beuk wordt kaal in de winter.
   - › Snij **de** prei in dunne ringen.
   - › **De** hortensia in jouw tuin staat er goed bij dit jaar.
   - › **De** banaan in mijn tas was bruin geworden.

6. **De** gebruik je voor letters en cijfers.
   - › Esther schrijf je met een h achter **de** t.
   - › **De** Romeinse zes schrijf je zo: VI.

lidwoord het

7. **Het** gebruik je voor onzijdige zelfstandige naamwoorden in het enkelvoud en voor verkleinwoorden.
   - › **Het** *boek* is dik en heel erg spannend.
   - › Zet de bloemen maar op **het** *tafeltje* in de hoek.

8. **Het** gebruik je voor talen als er iets over die taal gezegd wordt.
   - › **Het** *Engels* van Engeland is anders dan **het** *Engels* dat ze in Amerika spreken.

9. Soms gebruik je **het** bij talen zonder dat er iets over de taal gezegd wordt.
   - › Hoe zeg je dat in **het** *Nederlands*?
   - › Het woord garage komt uit **het** *Frans.*

10. **Het** gebruik je bij namen van landen of steden als er iets gezegd wordt over dat land of die stad.	› **Het** *Nederland* van de middeleeuwen had veel meer bossen dan nu. › De gebouwen van **het** oude Rome zijn *erg mooi.*
11. **Het** gebruik je vaak bij *metalen.*	› **Het** *zilver* was dof geworden. › **Het** *staal* voor deze apparatuur wordt gemaakt in de Hoogovens.
12. **Het** gebruik je bij *windrichtingen.*	› In **het** *zuiden* van het land zal het de hele dag regenen. › Ik woon in **het** *westen* van Nederland, maar ik werk in **het** *oosten* van het land.
13. **Het** gebruik je vaak bij *sporten.*	› In het *voetbal* wordt steeds meer geweld gebruikt.
14. **Het** gebruik je als je de infinitief als zelfstandig naamwoord gebruikt. Tussen het lidwoord en het zelfstandig naamwoord mag een bijvoeglijk naamwoord staan.	› Ik heb moeite met **het** goed *schrijven* van officiële brieven.

gebruik van de en het

15. **De** en **het** gebruik je als de persoon, het dier of de zaak bekend is. Tussen het lidwoord en het zelfstandig naamwoord mag een bijvoeglijk naamwoord staan.	› Ik heb een nieuwe baan. Voor **de** *nieuwe* baan moet ik goed met de computer kunnen werken.
16. **De** gebruik je bij namen van *rivieren, zeeën, oceanen en eilandengroepen.* **Het** gebruik je bij *meren.*	› **De** *Maas* komt in Limburg het land binnen en loopt naar de Noordzee. › **De** *Noordzee* ligt ten westen van Nederland. › **De** *Atlantische Oceaan* ligt tussen Europa en Amerika. › Op **de** *Galapagoseilanden* leven pinguïns. › **Het** *IJsselmeer* heette vroeger **de** *Zuiderzee.*

B2

Bepaald lidwoord

	mannelijk - vrouwelijk	onzijdig
enkelvoud	de	het
meervoud	de	de

lidwoord de

1. **De** gebruik je voor personen en de meeste dieren, voor mannelijke en vrouwelijke zelfstandige naamwoorden in het enkelvoud, én voor alle zelfstandige naamwoorden in het meervoud.

› **De** verkoper pakt **de** schoenen uit **de** doos.
› **De** huizen in deze straat zijn meer dan honderd jaar oud.
› **De** tijger wordt met uitsterven bedreigd.

2. De meeste **de**-woorden zijn mannelijk. Een klein aantal **de**-woorden is vrouwelijk. *Vrouwelijke woorden* gebruik je vaak voor abstracte of collectieve zaken.

› **De** schilder zal volgende week het houtwerk aan de buitenkant onder handen nemen.
› **De** *veiligheid* van onze werknemers is belangrijk.
› **De** *politie* zal dit weekend extra alcoholcontroles houden.

3. **De** gebruik je bij zelfstandige naamwoorden die eindigen op de *achtervoegsels -ing, -er, -heid, -in, -aar.*

› **De** vergader*ing* over de toekomst van het bedrijf duurde tot diep in de nacht.
› Bij een verschil van mening ligt **de** waar*heid* vaak in het midden.

4. **De** gebruik je voor bomen, groente, planten, vruchten en cijfers.

› **De** eik op het plein moet gekapt worden.
› **De** chrysant in de tuin bloeit ieder jaar.
› Esther schrijf je met een h achter **de** t.

5. **De** gebruik je bij een familienaam in het meervoud als je over het echtpaar of over de hele familie praat.

› **De** Dekkers gaan morgen op vakantie naar Frankrijk.
› **De** Jansens hebben ons uitgenodigd voor een feestje.

lidwoord het

6. **Het** gebruik je voor onzijdige zelfstandige naamwoorden in het enkelvoud, voor verkleinwoorden en voor nader bepaalde talen, landen of steden. Soms vind je **het** bij een taal die niet nader bepaald is.

› Ik heb **het** boek in één adem uitgelezen.
› **Het** kindje van mijn collega is gisteren geboren.
› De gebouwen van **het** oude Rome zijn adembenemend mooi.
› **Het** Engels van Engeland is anders dan **het** Engels dat mensen in Amerika spreken.
› Hoe zeg je *arrivederci* in **het** Nederlands?

7. **Het** gebruik je vaak bij *metalen* en *sporten* en altijd bij *windrichtingen.*

› De zilversmid woog **het** *zilver* af op een piepklein weegschaaltje.
› Het *voetbal* zoals wij dat tegenwoordig kennen komt uit Engeland.
› De provincie Limburg ligt in **het** *zuiden* van Nederland.

8. **Het** gebruik je als je de *infinitief* als zelfstandig naamwoord gebruikt.

› **Het** *lopen* gaat haar moeilijker af nu ze wat ouder is.

9.	**Het** gebruik je bij woorden met twee lettergrepen die beginnen met *be-*, *ge-*, *ver-* of *ont-*.	› Zij waren zich niet bewust van **het** *gevaar*. › **Het** *be*stand dat je me stuurde, is te groot. › Bij **het** *ont*bijt eet ik altijd vier boterhammen met kaas.
10.	**Het** gebruik je bij woorden die eindigen op *-isme*, *-ment* en *-sel*.	› In Griekenland werken veel mensen in **het** toer*isme*. › **Het** docu*ment* waarmee hij zich legitimeerde, bleek vals te zijn. › **Het** brandstofmeng*sel* in deze pomp is speciaal voor de bromfiets.
11.	**Het** gebruik je bij woorden uit het Latijn die eindigen op *-um*.	› **Het** lyce*um* ligt in **het** centr*um* van de stad, naast **het** muse*um*.

gebruik van de en het

12.	**De** en **het** gebruik je als de persoon, het dier of de zaak bekend is. Tussen het **lidwoord** en het *zelfstandig naamwoord* mogen andere woorden staan. Deze andere woorden moeten betrekking hebben op het zelfstandig naamwoord.	› Gerrit koopt binnenkort een motor. › **De** nieuwe *motor* moet aan enkele criteria voldoen. › **De** nieuw te kopen *motor* moet snel en betrouwbaar zijn.
13.	**De** of **het** gebruik je bij namen van rivieren, meren, zeeën, eilandengroepen, oceanen. **De** of **het** gebruik je ook om personen of dieren te benoemen.	› De minister bezocht **de** Nederlandse Antillen. › **De** loodgieter heeft het hele jaar door volop werk. › **De** leeuw is een roofdier.
14.	**De** of **het** gebruik je bij *zelfstandig gebruikte voornaamwoorden*.	› Mijn pen is leeg. Mag ik **de** *jouwe*? › Jij hebt je boek al, maar waar is **het** *mijne*?
15.	**De** of **het** gebruik je bij *zelfstandig gebruikte bijvoeglijke naamwoorden*.	› Welke auto is van jou, **de** *gele* of **de** *rode*? › Wil je het zilveren of het gouden horloge? Geef mij **het** *zilveren* maar.
16.	**Dé** of **hét** gebruik je als je vindt dat iets of iemand het meest geschikt is voor een bepaald doel. Het lidwoord krijgt dan nadruk.	› Dit is **dé** persoon die we zoeken voor deze moeilijke opdracht. › Dit is geweldig, dit is je van **hét**.
17.	Samengestelde zelfstandige naamwoorden waarvan de delen elk apart gebruikt kunnen worden, krijgen het lidwoord dat bij het laatste deel hoort.	› de keuken › het licht › **het** keukenlicht › het werk › de tijd › **de** werktijd › de les › het boek › **het** lesboek
18.	**Der** wordt soms nog gebruikt in formeel taalgebruik en betekent *van de*.	› In naam **der** wet, geef u over! › Dat verhaal behoort tot het rijk **der** fabelen.
19.	**Des** wordt alleen in vaste uitdrukkingen gebruikt. Het komt ook in afgekorte vorm (**'s**) voor.	› De zoon **des** huizes kwam midden in de nacht dronken thuis. › **'s** Middags doe ik altijd een dutje.

A1

Onbepaald lidwoord

	mannelijk - vrouwelijk - onzijdig
enkelvoud	een

gebruik van een

1.	**Een** gebruik je als je de persoon, het dier of de zaak nog niet kent.	› **een** man, **een** hond, **een** fiets, **een** grote boom
2.	**Een** gebruik je voor zelfstandige naamwoorden in het enkelvoud.	› **een** vrouw, **een** man, **een** tafel, **een** stoel, **een** hond, **een** boek, **een** kind, **een** vliegtuig, **een** been, **een** vak, **een** raam
3.	**Een** gebruik je voor zelfstandige naamwoorden die je kunt tellen.	› **een** stoel, **een** sok, **een** boek, **een** jas, **een** fles, **een** kast

B1

Onbepaald lidwoord

	mannelijk - vrouwelijk - onzijdig
enkelvoud	een

gebruik van een

1. **Een** gebruik je voor onbekende, telbare zelfstandige naamwoorden in het enkelvoud.	› Martin gaat **een** cd van Guus Meeuwis kopen. › **Een** vogel heeft veren, vleugels en een snavel. › Er staat **een** nieuw bureau in het kantoor van de chef.
2. Soms staat **een** voor een zelfstandig naamwoord dat je niet kunt tellen.	› Er ging **een** gejuich door het stadion.
3. **Een** gebruik je ook in vraagzinnen in de combinatie *wat voor een.*	› *Wat voor* **een** auto wil je gaan kopen?
4. **Een** komt vaak samen voor met *van een* in de constructie **een** + zelfstandig naamwoord + *van een* + zelfstandig naamwoord. Het woord na **een** is dan een vergelijking met het woord achter *van een.*	› Die agent is **een** boom *van een* kerel. › Zij is **een** schat *van een* meid. › Dit is echt **een** draak *van een* film.
5. **Een** kun je afkorten tot **'n** .	› Er staat daar **'n** vrouw al uren op de bus te wachten.
6. **Een** of **'n** gebruik je in sommige uitroepen voor een zelfstandig naamwoord in het meervoud.	› Wat **een** mensen waren er op het feest! › Wat **een** lieve kinderen zijn jullie toch!
7. **Een** of **'n** gebruik je in sommige uitroepen voor een zelfstandig naamwoord dat je niet kunt tellen.	› **'n** Geld dat ie heeft! › Wat **een** herrie hier! › **Een** dorst dat we hadden! › **'n** Water dat we gedronken hebben!
8. **Een** staat soms voor hoofdtelwoorden in de betekenis van *ongeveer.* Vaak zie je **zo'n**.	› **Een** vijftig jaar geleden stond hier een zwembad. › Er waren **zo'n** honderd mensen op het feest. › Het bereiden van dit recept zal **zo'n** twintig minuten duren.

A2

Geen lidwoord

geen bepaald lidwoord

1.	Je gebruikt vaak geen lidwoord als een *zelfstandig naamwoord* in het meervoud algemeen wordt gebruikt.	› Hij verkoopt *motoren.* › Zij houdt van *honden* en *katten.* › Daar lopen *kinderen.*
2.	**De** en **het** gebruik je niet bij namen van *personen, werelddelen, de meeste landen, eilanden, provincies, steden en dorpen.*	› Zijn naam is *Piet Jansen.* › *Azië* is het grootste werelddeel op aarde. › *Italië* heeft meer dan honderd provincies. › *Texel* is het grootste eiland van Nederland. › *Limburg* ligt in het zuiden van Nederland. › *Amsterdam* is de hoofdstad van Nederland. › Hij woont al zijn hele leven in *Hoofddorp.*
3.	**De** en **het** gebruik je niet bij sommige vaste uitdrukkingen.	› op straat, op school, per jaar, in staat zijn, op weg zijn, pen en papier, dag en nacht
4.	**De** en **het** gebruik je niet bij *maanden* en *dagen.*	› In *juli* gaat ze op vakantie. › Ik ga *zondag* naar het park.
5.	**De** en **het** gebruik je soms niet bij een *zelfstandig naamwoord dat je niet kunt tellen.*	› Het kind drinkt *melk* bij het ontbijt. › Ik neem nooit *suiker* in mijn thee.

geen onbepaald lidwoord

6.	**Een** gebruik je meestal niet als je het *zelfstandig naamwoord* niet kunt tellen.	› Hij drinkt *suiker* in zijn koffie. › Hardlopen kost *energie.*
7.	**Een** gebruik je niet als het *zelfstandig naamwoord* in het meervoud staat.	› *Mannen* en *vrouwen* liepen door het park.
8.	**Een** gebruik je niet als je het *beroep* of de *nationaliteit* van iemand wilt noemen.	› De man van mijn collega is *buschauffeur.* › Mijn schoonvader is *bakker.* › John is *Engelsman*, dat hoor je direct.

Geen lidwoord

B2

geen bepaald lidwoord

1.	Je gebruikt vaak geen lidwoord als een *zelfstandig naamwoord* in het meervoud algemeen wordt gebruikt. Je gebruikt het lidwoord niet bij sommige vaste uitdrukkingen en soms ook niet bij een *niet-telbaar zelfstandig naamwoord.*	› *Crossmotoren* mogen niet op de openbare weg rijden. › Gert stond *dag en nacht* voor zijn kinderen klaar. › Zij is allergisch voor *koemelk.*
2.	**De** en **het** gebruik je niet bij namen van *personen, werelddelen, de meeste landen, eilanden, provincies, steden, dorpen, maanden en dagen.*	› Dit is de collega die ons team komt versterken. Hij heet *Piet.* › *Texel* is het grootste Waddeneiland en ligt in het noordwesten van Nederland. › *Hoofddorp* ligt tussen *Schiphol* en *Leiden.* › Zij viert in *februari* haar vijfenzestigste verjaardag.
3.	**De** en **het** gebruik je niet na *als* en *zonder.*	› Hij gebruikt het boek *als* opstapje om bij de bovenste plank te komen. › *Zonder* paraplu word je nat in de regen.
4.	**De** en **het** gebruik je niet bij woorden die het *beroep* van iemand aangeven. Het beroep staat dan altijd in het enkelvoud.	› Paul is *adviseur* bij een grote verzekeringsmaatschappij. › Wie *piloot* wil worden, moet goede ogen hebben.
5.	**De** en **het** gebruik je niet voor woorden die een *functie* of een *nationaliteit* van iemand aangeven.	› Ik ben al jarenlang *lid* van een motorclub. › Zij is sinds kort *manager* bij een groot bedrijf. › Hij komt oorspronkelijk uit China, maar nu is hij *Nederlander.*
6.	**De** en **het** gebruik je niet bij woorden die een bepaalde *categorie* aangeven.	› We hebben *eten* gehaald bij de supermarkt. › Veel mensen vinden *insecten* vies, maar deze beestjes kunnen heel nuttig zijn.
7.	**Het** gebruik je niet bij *werkwoorden* die als zelfstandig naamwoord in het algemeen worden gebruikt.	› *Werken* is goed voor een mens. › *Praten* tijdens de film is in deze bioscoop verboden.

geen onbepaald lidwoord

8.	**Een** gebruik je meestal niet bij een *niet-telbaar zelfstandig naamwoord*, bij een *zelfstandig naamwoord in het meervoud* of bij het noemen van een beroep of nationaliteit.	› Hij neemt *suiker* in zijn koffie. › *Mannen* en *vrouwen* liepen hand in hand door het park te wandelen. › Zij is *professor* aan de universiteit.

Zelfstandig naamwoord

zelfstandig naamwoord *substantief*

Met een **zelfstandig naamwoord** of **substantief** worden mensen, dieren en zaken benoemd.

› de **vrouw**, de **man**, de **kat**, de **hond**, de **fabriek**, de **doos**

Een **zelfstandig naamwoord** kan een eigennaam zijn.

› **Marga**, **Kees**, **Amsterdam**, **Nederland**, **Philips**

Bij een **zelfstandig naamwoord** hoort meestal een lidwoord.

› de **vrouw,** de **fiets,** de **deur,** het **werk,** het **huis,** het **ei,** een **kind,** een **straat**

Een **zelfstandig naamwoord** heeft meestal een enkelvoud en een **meervoud.**

› de boom	› de **bomen**
› de bril	› de **brillen**
› de lepel	› de **lepels**
› de auto	› de **auto's**

Een **zelfstandig naamwoord** heeft meestal een **verkleinwoord**.

› de fiets	› het **fietsje**
› de boom	› het **boompje**
› de poes	› het **poesje**
› de kast	› het **kastje**

meervoud

mannelijk - **vrouwelijk**	**-en**	› de boom	› de bom**en**
	-s	› de tafel	› de tafel**s**
	's	› de auto	› de auto**'s**
onzijdig	**-en**	› het boek	› de boek**en**
	-s	› het bureau	› de bureau**s**
	's	› het casino	› de casino**'s**

bijzondere regelmatigheden bij -en meervoud

Eindigt een zelfstandig naamwoord op **één klinker** en **één medeklinker**, dan verdubbelt in het meervoud de medeklinker.

› de **jas**	› de jassen
› de **les**	› de lessen
› de **kip**	› de kippen
› de **rok**	› de rokken
› de **bus**	› de bussen

Eindigt een zelfstandig naamwoord op **een dubbele klinker** en **één medeklinker,** dan verdwijnt in het meervoud één klinker.

› de **maan**	› de manen
› het **been**	› de benen
› de **boom**	› de bomen
› het **vuur**	› de vuren

Eindigt een zelfstandig naamwoord op -**f** of -**s,** dan staat er in het meervoud een -**v** of -**z.**

› de brie**f**	› de brie**v**en
› het hui**s**	› de hui**z**en

A1

Zelfstandig naamwoord

		enkelvoud	meervoud
mannelijk - vrouwelijk	-en	de boom	de bom**en**
	-s	de tafel	de tafel**s**
	's	de auto	de auto**'s**
onzijdig	-en	het boek	de boek**en**
	-s	het bureau	de bureau**s**
	's	het casino	de casino**'s**

meervoud op -en

1. Zelfstandige naamwoorden die eindigen op **twee of drie medeklinkers**, krijgen -**en** in het meervoud.

› de ko**rst** › de korst**en**
› het di**ng** › de ding**en**
› de ha**nd** › de hand**en**
› de be**rg** › de berg**en**

2. Zelfstandige naamwoorden die eindigen op -**au**, -**ou**, -**ei**, -**ij**, -**oe**, -**ie**, -**eu**, -**ui** + **één medeklinker**, krijgen -**en** in het meervoud.

› de f**out** › de fout**en**
› de kl**auw** › de klauw**en**
› de m**eid** › de meid**en**
› de d**ijk** › de dijk**en**
› het b**oek** › de boek**en**
› het d**ier** › de dier**en**
› de d**eur** › de deur**en**
› de t**uin** › de tuin**en**

meervoud op -s

3. Zelfstandige naamwoorden die eindigen op -**el**, -**em**, -**en**, -**er**, vaak op -**e** en soms op -**ie** krijgen -**s** in het meervoud.

› de taf**el** › de taf**els**
› de bez**em** › de bez**ems**
› de dek**en** › de dek**ens**
› de moed**er** › de moed**ers**
› de garag**e** › de garage**s**
› de vakant**ie** › de vakant**ies**

4. **Verkleinwoorden** krijgen -**s** in het meervoud.

› het jas**je** › de jasje**s**
› het tafel**tje** › de tafeltje**s**
› het boom**pje** › de boompje**s**
› het kop**je** › de kopje**s**

meervoud op -'s

5. Zelfstandige naamwoorden die eindigen op -**a**, -**i**, -**o**, -**u**, -**y**, krijgen in het meervoud **'s**.

› het programm**a** › de programma**'s**
› de tax**i** › de taxi**'s**
› de aut**o** › de auto**'s**
› de parapl**u** › de paraplu**'s**
› de bab**y** › de baby**'s**

A2

Zelfstandig naamwoord

		enkelvoud	meervoud
mannelijk - vrouwelijk	-en	de boom	de bom**en**
	-s	de tafel	de tafel**s**
	's	de auto	de auto**'s**
onzijdig	-en	het boek	de boek**en**
	-s	het bureau	de bureau**s**
	's	het casino	de casino**'s**

meervoud op -en

1. Zelfstandige naamwoorden die eindigen op **twee of drie medeklinkers** of op -**au**, -**ou**, -**ei**, -**ij**, -**oe**, -**ie**, -**eu**, -**ui** + **één medeklinker**, krijgen -**en** in het meervoud.

› De ke**rsen** zijn dit jaar erg zoet.
› Ik haal altijd de ko**rsten** van het brood.
› Ik had heel weinig f**outen** in mijn examen.
› De b**oeken** van Baantjer verkopen goed.

2. Zelfstandige naamwoorden die eindigen op -**ei**, -**ij**, -**eu**, -**ui** krijgen -**en** in het meervoud.

› de k**ei** › de k**eien** › de r**eu** › de r**euen**
› de part**ij** › de part**ijen** › de tr**ui** › de tr**uien**

meervoud op -s

3. Zelfstandige naamwoorden die eindigen op -**el**, -**em**, -**en**, -**er**, vaak op -**e** en soms op -**ie** krijgen -**s** in het meervoud.
Verkleinwoorden krijgen ook -**s**.

› De meisj**es** zijn op tijd in de klas.
› Ik gebruik geen dek**ens** meer.
› Pak jij even de kop**jes**?

4. Zelfstandige naamwoorden die eindigen op -**ie** zonder klemtoon, krijgen meestal -**s** in het meervoud.

› de provinc**ie** › de provinc**ies**
› de famil**ie** › de famil**ies**
› de generat**ie** › de generat**ies**

5. Zelfstandige naamwoorden die uit een andere taal komen, krijgen vaak -**s** in het meervoud.

› het restaurant › de restaurant**s**
› de tram › de tram**s**
› de e-mail › de e-mail**s**

6. Zelfstandige naamwoorden die eindigen op -**é** krijgen -**s** in het meervoud.

› het caf**é** › de caf**és**
› de log**é** › de log**és**

meervoud op 's

7. Zelfstandige naamwoorden die eindigen op -**a**, -**i**, -**o**, -**u**, -**y** krijgen **'s** in het meervoud.

› Er rijden veel tax**i's** in de stad.
› Mijn dochter heeft twee bab**y's**.

geen meervoud

8. Na een getal krijgt een **maat** of een **gewicht** geen meervoud.

› vijf **kilo** aardappelen, dertig **liter** benzine, vijftien **kilometer**

9. Na een getal krijgen **jaar**, **kwartier** en **uur** geen meervoud.

› Hij is vandaag vijf **jaar** geworden.
› Ik ben er over twee **uur**.

10. **Euro** en **cent** krijgen geen meervoud bij het noemen van de prijs.

› Die jurk kost vijftig **euro**.
› Het ijsje kost tachtig **cent**.

11. **Keer** en **maal** krijgen geen meervoud na een getal. **Maal** wordt aan het getal vast geschreven.

› Ik krijg vijf **keer** per week les.
› Ik ga twee**maal** in de week naar de markt.

Zelfstandig naamwoord

	meervoud
mannelijk - vrouwelijk	**-en** **-s** **'s**
onzijdig	**-en** **-s** **'s**

herkenning van het zelfstandig naamwoord

1. Als een woord eindigt op één van de achtervoegsels: -**er**, -**heid**, -**in**, -**ing**, -**schap** en -**aar**, dan is het een zelfstandig naamwoord.
   - › De **bakker** brengt het brood naar de klanten.
   - › Zijn **gezondheid** was niet zo goed.
   - › De **boerin** geeft de kippen op de boerderij te eten.

meervoud op -en

2. Zelfstandige naamwoorden die eindigen op *twee of drie medeklinkers* of op *-au, -ou, -ei, -ij, -oe, -ie, -eu, -ui + één medeklinker* krijgen -**en** in het meervoud.
   - › We hebben op het werk nieuwe ka*st***en** gekregen.
   - › Ik maakte in die belangrijke brief ontzettend veel f*out***en**.

3. Zelfstandige naamwoorden die eindigen op *-ei, -ij, -eu, -ui* krijgen -**en** in het meervoud.
   - › De kinderen hadden warme trui**en** aangetrokken, want het was koud.

meervoud op -s

4. Zelfstandige naamwoorden die eindigen op *-e, -el, -em, -en, -er* krijgen vaak -**s** in het meervoud. Een zelfstandig naamwoord op *-ie* zonder klemtoon krijgt meestal -**s** in het meervoud.
   - › De meisj*e***s** wachten op de postbode.
   - › Nederland heeft sinds 1986 twaalf provinc*ie***s**.

5. Verkleinwoorden krijgen -**s** in het meervoud.
   - › Pak jij even de kopje**s** uit de kast?

6. Zelfstandige naamwoorden die uit een andere taal komen, waaronder zelfstandige naamwoorden die op *-é* eindigen, krijgen vaak -**s** in het meervoud.
   - › In coffeeshop**s** verkopen ze softdrug**s** in kleine zakjes.
   - › De caf*é***s** moeten tegenwoordig eerder sluiten.

7. Persoonsnamen die eindigen op *-ier* of *-eur* krijgen -**s** in het meervoud.
   - › De leveranc*ier***s** moeten hun producten aan de achterkant leveren.
   - › Dit bedrijf heeft goede mont*eur***s** in dienst.

8. Vrouwelijke beroepen die eindigen op *-e* of *-ster* krijgen -**s** in het meervoud.
   - › De agente**s** rijden op hun fiets door de stad.
   - › Er werken in deze winkel veel zeer jonge verkoop*ster***s**.

9. Sommige andere woorden die een persoon aanduiden, krijgen -**s** in het meervoud.
   - › De kok**s** in dit restaurant zijn beroemd om hun kookkunst.
   - › Gianni heeft twee broer**s** en twee zussen.
   - › Mijn oom**s** en tante**s** komen vanavond op visite.

B1

meervoud op 's

10. Zelfstandige naamwoorden die op *-a*, *-i*, *-o*, *-u*, *-y* eindigen, krijgen **'s**.

› In het centrum van de stad rijden 's nachts veel taxi**'s**.
› De baby**'s** kruipen in het rond.

geen meervoud

11. Na een getal krijgen **jaar, kwartier, uur, euro, cent, keer** en **maal** geen meervoud. Hetzelfde geldt voor zelfstandige naamwoorden die een **maat** of een **gewicht** uitdrukken.

› Een decennium is een periode van tien **jaar**, een eeuw heeft honderd **jaar**.
› Deze pen is twee **keer** zo duur als die andere.
› Het is vijftien **kilometer** naar de andere kant van de stad.

12. Als het woord **man** na een getal staat, krijgt het geen meervoud. **Man** betekent dan mensen.

› Er waren zo'n vijftig **man** op het verjaardagsfeest.
› Er doen elk jaar zo'n 45.000 **man** mee aan de Vierdaagse van Nijmegen.

werkwoord als zelfstandig naamwoord

13. Je gebruikt het **werkwoord in de infinitief** als zelfstandig naamwoord voor een algemene handeling of een handeling die een tijd duurt. Je gebruikt dan het lidwoord *het*.

› *Het* **eten** van fruit is goed voor de gezondheid.
› *Het* **storten** van beton is een lastig karwei.
› Sinds het ongeluk doet *het* **lopen** zeer.

Zelfstandig naamwoord

	meervoud
mannelijk - vrouwelijk	**-en**
	-s
	's
onzijdig	**-en**
	-s
	's

herkenning van het zelfstandig naamwoord

1. Alle woorden waar je een bepaald lidwoord voor kunt zetten, zijn **zelfstandige naamwoorden.**

› Hans gaat naar de **drukker** om de **folders** op te halen.
› Door zijn **onzekerheid** is hij die goede **baan** misgelopen.
› Omdat hij veel verdient moet hij elk **jaar** veel **belasting** betalen.
› Toen Maria voor haar **examen** slaagde, sprong ze van **blijdschap** een **gat** in de **lucht**.

2. Woorden met één van de Nederlandse achtervoegsels -**de**, -**te**, -**heid**, -**ing** -**nis**, -**schap**, -**st** en -**ij** zijn meestal vrouwelijk en krijgen het lidwoord *de*.

› *De* waar**de** van dit pand is flink gestegen.
› *De* belastingaangif**te** moet vóór 1 april worden opgestuurd.
› Hij maakte van *de* gelegen**heid** gebruik om zijn vertrek aan te kondigen.
› Wil jij straks even die betal**ing** invoeren?
› Esther is even een bood**schap** doen.
› Zijn kom**st** gooide al hun plannen in de war.
› *De* batter**ij** van de wekker was leeg, waardoor hij niet afging.

meervoud op -en

3. Zelfstandige naamwoorden die eindigen op *twee of drie medeklinkers*, of op *-au, -ou, -ei, -ij, -oe, -ie, -eu, -ui + één medeklinker* krijgen -**en** in het meervoud.

› Deze printer heeft twee sta*nd***en**: kleur of zwart-wit.
› Gerben maakte door zijn slordigheid veel f*out***en** in die brief.

4. Zelfstandige naamwoorden die eindigen op *-ei, -ij, -eu, -ui*, krijgen -**en**.

› B*ij***en** maken honing.
› Tussen de b*ui***en** door is het droog.

meervoud op -s

5. Verkleinwoorden en zelfstandige naamwoorden die eindigen op *-e, -el, -em, -en, -er*, en soms op *-ie* krijgen vaak -**s** in het meervoud.

› De kop*je***s** en de schotelt*je***s** staan in de kast.
› De schoonmak*er***s** hebben nieuwe bez*em***s** nodig.
› Nederland heeft sinds 1986 twaalf provinc*ie***s**.

B2

6.	Zelfstandige naamwoorden met een onbeklemtoonde *-ie* en zelfstandige naamwoorden die *uit een andere taal* komen, krijgen meestal **-s** in het meervoud.	› Hij zit in drie verschillende commiss*ie***s**. › De caf*é***s** hebben tegenwoordig strengere sluitingstijden. › Henk krijgt meer dan honderd *e-mail***s** per dag. › Op deze verdieping staan twaalf computer**s**. › De hotel**s** in deze stad zitten helemaal vol vanwege het congres.
7.	Persoonsnamen die eindigen op *-ier* of *-eur* of vrouwelijke persoonsnamen die eindigen op *-e* of *-ster*, krijgen **-s** in het meervoud.	› De bank*ier***s** van de vier grootste banken vergaderen samen. › De chauff*eur***s** reden voorzichtig door de sneeuw. › De docent*e***s** gaven les aan verschillende groepen cursisten. › Er werken veel goede verkoop*ster***s** bij die winkel.
8.	Sommige andere persoonsnamen krijgen **-s** in het meervoud.	› De bruidegom**s** stonden nerveus te wachten. › De kok**s** in dit restaurant zijn beroemd om hun uitmuntende kookkunst.
9.	Zelfstandige naamwoorden die eindigen op de Nederlandse achtervoegsels *-aar, -aard, -er, -erd, -sel, -te*, krijgen **-s** in het meervoud.	› In de stad zie je soms bedel*aar***s**. › Ieder mens heeft zo zijn goede en slechte gewoon*te***s**.
10.	Zelfstandige naamwoorden die eindigen op een achtervoegsel uit een andere taal, krijgen **-s** in het meervoud. Hiertoe behoren onder andere *-age, -ette, -ine, -oir, -trice.*	› De mach*ine***s** in deze fabriek zijn pas nog nagekeken. › Deze reserv*oir***s** zitten helemaal vol. › De producten lagen in lange stell*age***s** in de verkoophal. › Vrouwen met bruin haar noem je brun*ette***s**.

meervoud op 's

11.	Zelfstandige naamwoorden die eindigen op *-a, -i, -o, -u, -y* krijgen **'s** in het meervoud.	› Altijd zie je tax*i***'s** rijden, behalve als je er een nodig hebt. › Zij brengen altijd samen hun bab*y***'s** naar de kinderopvang.

geen meervoud

12.	Na een getal krijgen **jaar**, **kwartier**, **uur**, **euro**, **cent**, **keer** en **maal** geen meervoud. Ook zelfstandige naamwoorden die een **maat** of een **gewicht** uitdrukken, krijgen geen meervoud.	› Na 45 **jaar** gewerkt te hebben, ging Karel met pensioen. › Ik heb je dit nu al twee **keer** uitgelegd, ik blijf niet aan de gang. › Als wij op vakantie gaan, rijden wij de eerste dag altijd duizend **kilometer**.
13.	Als je het woord **man** na een getal gebruikt, blijft het enkelvoud. **Man** betekent dan mensen.	› Er doen elk jaar zo'n 45.000 **man** mee aan de Nijmeegse Vierdaagse.

B2

14. Sommige zelfstandige naamwoorden hebben geen eigen meervoud. Zij gebruiken het **meervoud van een synoniem**.

het aanbod	› De **aanbiedingen** van deze week staan in het blaadje.
het werk	› De **werkzaamheden** gaan traag maar gestaag.
de dank	› Van alle kanten ontving hij **dankbetuigingen**.
de hoop	› De **verwachtingen** waren hooggespannen.
de rede	› Alle **redevoeringen** gingen over hetzelfde onderwerp.
de vent	› Die **kerels** bezorgen ons niets dan overlast.

werkwoord als zelfstandig naamwoord

15. Je gebruikt het werkwoord in de infinitief als je het over een algemene handeling hebt, of over een handeling die een tijd duurt.

› Het **drinken** van veel frisdrank is slecht voor je tanden.
› Het **opstaan** in de vroege ochtend viel hem zwaar.
› Het lange **werken** achter de computer leverde haar een pijnlijke arm op.

16. **Ge** + **stam** van het werkwoord gebruik je als zelfstandig naamwoord om herhaling, duur of een negatief oordeel uit te drukken.

› Elke keer als je aanbelt, hoor je **geblaf**.
› Op de achtergrond klonk het **gezoem** van de computer.
› Je **gezeur** hangt me de keel uit.

A2

Samengesteld zelfstandig naamwoord

samengestelde zelfstandige naamwoorden

1.	Een **samengesteld zelfstandig naamwoord** of **samenstelling** is een zelfstandig naamwoord dat uit twee of meer delen bestaat.	› de keuken › de kast › de bus	› de tafel › de deur › het station	› de keukentafel › de kastdeur › het busstation
2.	Samenstellingen krijgen soms geen tussenvoegsel.	› de deur › de tafel › de voet	› de bel › de poot › de bal	› de deurbel › de tafelpoot › de voetbal
3.	Samenstellingen krijgen soms **-s-** tussen de twee delen.	› het dorp › de stad	› de school › de bus	› de dorp**s**school › de stad**s**bus
4.	Samenstellingen krijgen soms **-en-** tussen de twee delen.	› de hond › het woord	› het hok › het boek	› het hond**en**hok › het woord**en**boek

Samengesteld zelfstandig naamwoord

geen tussenvoegsel

1.	Een **samengesteld zelfstandig naamwoord** of **samenstelling** is een zelfstandig naamwoord dat uit twee of meer delen bestaat.	› Het slot van de **huisdeur** is kapot en moet gerepareerd worden.
2.	Als het eerste woord op een **klinker** eindigt en een meervoud op -s heeft, wordt geen tussenvoegsel gebruikt.	› De saté**s**aus staat al op tafel. › De milie**u**groep voerde actie voor een schoner milieu. › Betty werkt in een horloge**w**inkel.
3.	Als het eerste woord op **-el**, **-em**, **-en** of **-er** eindigt, wordt geen tussenvoegsel gebruikt.	› Je moet een vog**el**kooi vaak schoonmaken. › De schoonmaker had een nieuwe bez**em**steel nodig. › Het ov**en**deurtje sluit niet goed meer. › Die spijk**er**broek moet in de was.
4.	Als het eerste woord een **stofnaam** is, wordt geen tussenvoegsel gebruikt.	› De **goud**prijs is hoog op dit moment. › De **melk**opbrengst van deze koe is vrij laag. › Het **peper**busje is bijna leeg.
5.	Als het eerste woord een ding is en eindigt op **-er**, **-eur**, **-ier** of **-aar**, wordt geen tussenvoegsel gebruikt.	› Likeur serveer je in een lik**eur**glas. › Na de gymles had ze vreselijke sp**ier**pijn. › Zij deed een h**aar**netje om de krulspelden.

-s- als tussenvoegsel

6.	Is het eerste woord een *verkleinwoord*, dan is het tussenvoegsel **-s-**.	› Zij heeft op een *meisje***s**school gezeten › Op het station is een *tasje***s**dief actief. › Zij werkt in een *broodje***s**zaak.
7.	Is het eerste woord een mannelijke persoonsnaam die eindigt op **-er**, **-eur**, **-ier** of **-aar** met een meervoud op **-s**, dan is het tussenvoegsel **-s-**.	› Mijn zus werkt in een bakk**ers**winkel. › Victor heeft zijn mont**eurs**diploma gehaald. › Hij komt uit een bekende bank**iers**familie. › Gerrit werkt op een makel**aars**kantoor.

-en- als tussenvoegsel

8.	Is het eerste woord een mannelijke persoonsnaam die eindigt op **-eur**, **-ier** of **-aar** met een meervoud op -en, dan is het tussenvoegsel **-en-**.	› Als bedrijf moet je een debit**euren**boek bijhouden. › Als je nog op school zit, heb je recht op een schol**ieren**abonnement. › Er was een grote handel**aren**beurs in de stad.
9.	Heeft het eerste woord een meervoud op **-en**, dan krijgt het meestal ook **-en-** als tussenvoegsel.	› Er zitten dit jaar weer veel bessen aan de bess**en**struik. › Kees en Fleur hebben een grote vriend**en**kring opgebouwd. › Zij eet bij de lunch altijd een krent**en**bol.

B2

-e- als tussenvoegsel

10. Bestaat er van het eerste woord maar één exemplaar, dan krijg je meestal -**e**- als tussenvoegsel.

› Wij maakten vroeger altijd een wandeling in de man**e**schijn.
› Op Koninginn**e**dag is er vrijmarkt in de stad.
› Met zonn**e**panelen kan je elektriciteit opwekken.

11. Is het eerste woord geen zelfstandig naamwoord maar een bijvoeglijk naamwoord of een werkwoordsvorm, dan krijgt het samengestelde woord -**e**- als tussenvoegsel.

› Haar man houdt niet van rod**e**kool
› Als kind was hij een echte brek**e**been.
› Ze had een ontstoken blind**e**darm.
› Niet alle eerst**e**jaarsstudenten worden lid van een studentenvereniging.

-er- als tussenvoegsel

12. Als het eerste woord van een samenstelling een meervoud heeft op -eren, dan is het tussenvoegsel vaak -**er**.

› De baby zit lief in de kind**er**stoel te spelen.
› Heeft u voor mij een kilo rund**er**gehakt?
› Zij is dol op ei**er**koek.

Uitzondering bij meervoud

uitzonderingen bij meervoud

1.	Soms verandert de **klinker** in het meervoud.	› het l**i**d › het sch**i**p › de st**a**d	› de l**e**den › de sch**e**pen › de st**e**den
2.	Soms wordt een korte klinker een **lange klinker** in het meervoud.	› de dag › het dak › het gat › het glas › de weg	› de d**a**gen › de d**a**ken › de g**a**ten › de gl**a**zen › de w**e**gen
3.	Enkele woorden hebben een meervoud op -**eren**.	› het kind › het ei › het blad	› de kind**eren** › de ei**eren** › de blad**eren**
4.	andere uitzonderingen op -**s** in het meervoud	› de broer › de oom	› de broer**s** › de oom**s**

B1

Uitzondering bij meervoud

uitzonderingen bij meervoud

1.	Soms verandert er in het meervoud een **klinker** of wordt een korte klinker **lang**.	› Amsterdam en Rotterdam zijn de grootste st**e**den van Nederland › Een maand heeft dertig of eenendertig d**a**gen.
2.	Enkele woorden hebben een meervoud op -**eren**.	› De kind**eren** spelen op straat.
3.	Het achtervoegsel -**heid** wordt -**heden** in het meervoud.	› Door zijn gedrag komt hij steeds in moeilijk**heden**.
4.	Zelfstandige naamwoorden die eindigen op -**ee** of -**ie** met klemtoon, krijgen vaak -**ën** in het meervoud.	› De Middellandse Zee is één van de vele **zeeën** rond Italië. › China en India zijn landen met groeiende econom**ieën**.
5.	Bij zelfstandige naamwoorden die uit een andere taal komen en eindigen op -**graaf** en -**soof** blijft de **f** een **f** in het meervoud.	› De foto**graf**en verdrongen zich rond het beroemde bruidspaar. › Plato en Socrates waren grote filo**sof**en.
6.	Bij zelfstandige naamwoorden die eindigen op een **lange klinker** + -s of **een tweeklank** + -s, verandert de **s** in het meervoud meestal in een **z**.	› De arbeiders in de kas moesten de r**oz**en water geven. › De ha**z**en renden door het veld. › Het gas stroomt door de b**uiz**en. › Ik heb veel r**eiz**en door Zuid-Europa gemaakt.
7.	Bij zelfstandige naamwoorden die eindigen op -**l**, -**m**-, -**n**, -**r** + -**s**, verandert de **s** in het meervoud vaak in een **z**.	› Ga**nz**en zijn watervogels. › De beu**rz**en in de wereld daalden vandaag.
8.	Bij veel zelfstandige naamwoorden die eindigen op -**l**, -**m**-, -**n**, -**r** + -**s**, blijft de **s** in het meervoud een **s**.	› Zoveel me**ns**en, zoveel we**ns**en. › De wa**ls**en maken het nieuwe asfalt plat. › De koe**rs**en zijn flink gestegen.

Uitzondering bij meervoud

B2

uitzonderingen bij meervoud

1. Soms verandert er in het meervoud een **klinker**, of wordt een korte klinker **lang**.
   - › Er varen veel vrachtsch**e**pen over de Rijn naar Duitsland.
   - › Februari is de maand met de minste d**a**gen.

2. Enkele woorden hebben een meervoud op -**eren**. Soms komt er een **d** voor de uitgang -**eren**.
   - › De juffrouw leert kind**eren** hoe ze moeten schrijven.
   - › Met Pasen verstopt hij overal ei**eren** van chocola.
   - › In het museum lagen been**deren** uit de oertijd.

3. Soms wordt een korte klinker lang voor de uitgang -**eren**.
   - › De bl**aderen** vallen van de bomen.
   - › De r**aderen** van de oude klok draaien weer soepel in het rond.

4. Het achtervoegsel -**heid** wordt in het meervoud -**heden**.
   - › Alles was rustig. De bewaker meldde aan de centrale dat er geen bijzonder**heden** waren.

5. Zelfstandige naamwoorden die op een -**ee** of een beklemtoonde -**ie** eindigen, krijgen -**ën** in het meervoud.
   - › Italië wordt door meerdere z**eeën** omringd.
   - › China en India bestormen met hun opkomende econom**ieën** de wereldmarkt.

6. Bij zelfstandige naamwoorden die uit een andere taal komen en eindigen op -**graaf** en -**soof** blijft de **f** een **f** in het meervoud.
   - › Wij moesten voor het eindexamen veertig moeilijke para**graf**en bestuderen.
   - › Plato en Socrates zijn twee van de grootste filo**sof**en uit de geschiedenis.

7. Bij zelfstandige naamwoorden die eindigen op een **lange klinker** + -**s** of **een tweeklank** + -**s**, verandert de **s** in het meervoud meestal in een **z**.
   - › De kasarbeiders moesten de r**oz**en plukken.
   - › Het gas stroomt door de b**uiz**en.
   - › Maar: De directie wilde niet aan de **eis**en van de werknemers tegemoetkomen.

8. Bij zelfstandige naamwoorden die eindigen op -**l**, -**m**-, -**n**, -**r** + -**s**, verandert de **s** in het meervoud vaak in een **z**.
   - › Ga**nz**en zijn watervogels.
   - › De hu**lz**en lagen naast het pistool.
   - › De beu**rz**en in de wereld daalden vandaag.

9. Bij veel zelfstandige naamwoorden die eindigen op -**l**, -**m**-, -**n**, -**r** + -**s**, blijft de **s** in het meervoud ongewijzigd.
   - › Zoveel me**ns**en, zoveel we**ns**en.
   - › De wa**ls**en maken het nieuwe asfalt plat.
   - › De koe**rs**en zijn flink gestegen.

10. Woorden die uit het Latijn komen hebben vaak zowel de Latijnse meervoudsvorm als de Nederlandse.
    - › De nieuwe catalog**ussen** zullen morgen klaar zijn.
    - › De nieuwe catalog**i** zullen morgen klaar zijn.

11. Als een woord eindigt op **een klinker zonder klemtoon** + **een medeklinker**, dan verdubbelt de medeklinker in het meervoud niet.
    - › De havi**ken** maakten het luchtruim onveilig.
    - › Die stommeri**ken** hebben alle enveloppen verkeerd dichtgeplakt.

B2

12.	Zelfstandige naamwoorden die op -**man** eindigen, krijgen in het meervoud vaak -**lieden** of -**lui.**		› De timmer**lieden** werkten aan een stuk door. › De werk**lui** beginnen al om zeven uur te werken en stoppen om half vier.
13.	Enkele zelfstandige naamwoorden die eindigen op -**or** zonder klemtoon hebben twee vormen in het meervoud.		› Zonder nieuwe sponsor**en** kan de marathon niet doorgaan. › Zonder nieuwe sponsor**s** kan de marathon niet doorgaan.
14.	Enkele zelfstandige naamwoorden hebben twee vormen in het meervoud met een verschil in betekenis.	tekens	› Het alfabet heeft 26 letter**s**.
		studie	› Hij studeert letter**en** aan de Vrije Universiteit.
		speelgoed	› De spel**len** van dat merk zijn altijd van goede kwaliteit.
		sport	› De Olympische Spel**en** stammen uit Griekenland.
		letters	› Hij heeft een tatoeage van Chinese teken**s**.
		aanwijzingen	› De teken**en** voorspelden niet veel goeds.
		deel	› Hij verdeelde de taart in acht stuk**ken**.
		aantal	› Mag ik drie stuk**s** van dat artikel?
15.	Een zelfstandig naamwoord heeft soms twee betekenissen. Vaak is dan ook het meervoud anders.	blad (boom)	› In de herfst vallen de **bladeren** van de boom.
		tijdschrift	› Elke week krijg ik vijf **bladen** in de bus.
		lichaamsdeel	› Die vrouw heeft mooie lange **benen**.
		bot	› In de woestijn liggen veel gebleekte **beenderen**.
		dier	› Deze **padden** zijn zeldzaam.
		weg	› Die **paden** komen allebei uit bij het hotel.
		bewaker	› De **portiers** stonden voor het dure hotel.
		autodeur	› De **portieren** van mijn auto sluiten niet goed.
		afscheiding	› Zet jij de **schotten** weer even op hun plaats?
		schieten	› Er klonken verschillende **schoten** in de nacht.
		veer (vogel)	› Een vogel heeft veel **veren**.
		pont	› De **veerdiensten** varen niet vanwege het hoge water.

geen enkelvoud

16. Sommige zelfstandige naamwoorden hebben geen enkelvoud.

› De boekhouder zorgt ervoor dat de **financiën** kloppen.
› De **hersenen** van een mens kun je zien als de harde schijf van een computer.
› Hij heeft vaak last van zijn **ingewanden**.
› Zijn **inkomsten** zijn gehalveerd sinds hij zonder werk zit.
› **Kleren** maken de man.
› Door de griep deden al zijn **ledematen** hem zeer.
› Hier heb je wat geld om de **onkosten** te dekken.

A1

Verkleinwoord

verkleinwoord

1.	Het verkleinwoord maak je door -**je**, -**tje**, -**etje**, -**kje** of -**pje** achter het zelfstandig naamwoord te zetten.	› de jas › de deur › de weg › de woning › de arm	› het jas**je** › het deur**tje** › het wegg**etje** › het wonin**kje** › het arm**pje**
2.	Het verkleinwoord gebruik je in de volgende gevallen: voor iets dat klein is, als iets positief is, als je iets negatief vindt.	› klein › positief › negatief	› het boompje › een leuk cadeautje › een vies praatje

Verkleinwoord

verkleinwoord

1. Het verkleinwoord maak je door -**je**, -**tje**, -**etje**, -**kje** of -**pje** achter het zelfstandig naamwoord te zetten.
   - › Het jas**je** past goed bij je overhemd.
   - › Het deur**tje** van de kast sluit niet meer.
   - › De auto reed over een smal wegg**etje**.
   - › Ik heb sinds kort een heel leuk won**inkje**.
   - › Zullen we een film**pje** kijken?

2. Het **verkleinwoord** gebruik je als iets klein is, als je iemand aardig vindt, als iets positief is, als je iets negatief vindt en bij kinderspelen.
   - › Ik heb een klein **kerstboompje** gekocht.
   - › Dag **liefje**, tot straks.
   - › Ik heb een mooi **cadeautje** gehad.
   - › Die vent vertelt alleen maar vieze **praatjes**.
   - › De kinderen speelden een **spelletje**.

verkleinwoord met -tje

3. De uitgang is -**tje** als het zelfstandig naamwoord eindigt op een klinker. De klinker **verdubbelt**, -i wordt -**ie**, -é wordt -**ee**.
   - › Het l**aa**tje van dat bureau klemt.
   - › Het aut**oo**tje had maar drie wielen.
   - › Het kind kreeg sk**ie**tjes voor zijn verjaardag.
   - › Ik ben laatst in een leuk caf**ee**tje geweest!

4. De uitgang is -**tje** als het zelfstandig naamwoord eindigt op **een lange klinker** of -**ie**, -**ei**, -**ij**, -**au**, -**ou**, -**eu**, -**ui** met -**n**, -**l**, of -**r**.
   - › In het l**aantje** achter de kerk staan heel oude bomen.
   - › Er zat een sch**eur**tje in de romp van het vliegtuig.

5. De uitgang is **'tje** als het zelfstandig naamwoord eindigt op -**y**.
   - › Nou vooruit, nog één sherr**y'tje**.

6. De uitgang is -**tje** als het zelfstandig naamwoord eindigt op -**el**, -**en**, -**er**, of -**or** zonder klemtoon.
   - › Zet de koffie maar op het taf**eltje** in de hoek.
   - › In de kantine staat een ov**entje** om brood in op te warmen.
   - › Die rode pep**ertje**s zijn heel heet.
   - › Het mot**ortje** van het speelgoedtreintje is stuk.

7. De uitgang is -**tje** als het zelfstandig naamwoord eindigt op een -**w**.
   - › Bind uw oud papier samen met een tou**wtje**.

verkleinwoord met -pje

8. De uitgang is -**pje** als het zelfstandig naamwoord eindigt op een -**m**. Voor de -**m** staat een lange klinker of een tweeklank
   - › Op de markt stonden veel kraam**pje**s.
   - › Het boo**mpje** staat in bloei.
   - › Het riem**pje** laat los.

9. De uitgang is -**pje** als het zelfstandig naamwoord eindigt op -**lm** of -**rm**.
   - › Zullen we een film**pje** kijken?
   - › Het sche**rmpje** van de minicomputer werd ineens zwart.

10. De uitgang is -**pje** als het zelfstandig naamwoord eindigt op -**em** of -**um zonder klemtoon**.
    - › Wil je nog een bod**empje** koffie?
    - › Ik ben dit weekend toch in een leuk muse**umpje** geweest!

B1

verkleinwoord met -etje

11.	De uitgang is -**etje** als het zelfstandig naamwoord eindigt op een **korte klinker met klemtoon** en -**l**, -**m**, -**n**, -**ng** of -**r**. De -l, -m, -n of -r *verdubbelt* in het verkleinwoord.	› Mag ik van u een r*oll***etje** euromunten? › Er stond een l*amm***etje** in de wei. › Heeft u voor mij het b*onn***etje**? › Ze heeft een mooi r*i***ngetje** voor haar verjaardag gehad. › We gaan straks naar het b*arr***etje** op de hoek.
12.	De uitgang is -**etje** bij enkele zelfstandige naamwoorden die eindigen op -**b**, -**g** of -**p**. Vóór deze letters staat een *korte klinker* die de klemtoon heeft. De medeklinker *verdubbelt* voor -**etje**.	› Het kind had een sl*abb***etje** om tegen het knoeien. › *Bigg***etjes** zijn jonge varkens. › Het hondje had zo'n lief k*opp***etje**. › Maar: de kop**jes** in de kast.
13.	De uitgang is -**etje** bij zelfstandige naamwoorden die eindigen op -**ing** zonder klemtoon. De lettergreep vóór -**ing** is ook zonder klemtoon.	› Deze tekst is bijna goed, je moet nog één verander**ingetje** toepassen. › Voor het eten maakte hij altijd een wande**lingetje**.

verkleinwoord met -kje

14.	De uitgang is -**kje** als het zelfstandig naamwoord eindigt op -**ing** zonder klemtoon, en de lettergreep vóór -**ing** een klemtoon heeft. De -*g* vervalt dan.	› Het kettin**kje** brak toen ze eraan trok. › Ik heb sinds kort een heel leuk won**inkje**. › We hebben een aanrijdin**kje** gehad.

bijzonderheden bij verkleinwoord

15.	Sommige zelfstandige naamwoorden zijn er alleen in de vorm van een **verkleinwoord**.		› Ik moet bekennen dat hij mij een **beetje** geholpen heeft. › Het **meisje** vroeg of ze eerder naar huis mocht. › Het **praatje** ging dat ze in de gevangenis had gezeten.
16.	Bij sommige verkleinwoorden verandert de klinker van **kort** naar **lang**.	het bl**a**d	› Ik kreeg het bl**aa**dje vanmorgen in de brievenbus.
		het g**a**t	› De tandarts zei vanmorgen dat ik een g**aa**tje had.
		het gl**a**s	› Geef mij maar een gl**aa**sje wijn, alsjeblieft.
		het p**a**d	› Het p**aa**dje langs de kerk is afgesloten.
		het sch**i**p	› De golven slingerden het sch**ee**pje heen en weer.

Bijvoeglijk naamwoord

bijvoeglijk naamwoord *adjectief*

Een **bijvoeglijk naamwoord** of **adjectief** zegt iets over een zelfstandig naamwoord.

	de/het	**een**
Een **bijvoeglijk naamwoord** staat vóór een zelfstandig naamwoord.	› de **rode** bal › het **grote** huis › de **gele** jassen	› een **rode** bal › een **groot** huis › -
Een **bijvoeglijk naamwoord** staat ná een koppelwerkwoord.	› De bal is **rond**. › De ijsbeer is **wit**. › Het kind is **jong**.	› Een bal is **rond**. › Een ijsbeer is **wit**. › Een kind is **jong**.

zelfstandig naamwoord

	de, het of een	**wel/geen -e**
Als het *zelfstandig naamwoord* in het **enkelvoud** staat en wordt gebruikt **met het lidwoord de** of **het**, krijgt het bijvoeglijk naamwoord een -**e**.	› de *broek* › het *meisje*	› de blauwe *broek* › het mooie *meisje*
Als het *zelfstandig naamwoord* in het **meervoud** staat, krijgt het bijvoeglijk naamwoord altijd een -**e**.	› de *broeken*	› de blauwe *broeken*
Staat er **een** + *de-woord*, dan krijgt het bijvoeglijk naamwoord een -**e**.	› een *bal*	› een blauwe *bal*
Staat er **een** + *het-woord*, dan krijgt het bijvoeglijk naamwoord geen -**e**.	› een *meisje*	› een mooi *meisje*

bijzondere regelmatigheden

Eindigt het bijvoeglijk naamwoord op **één klinker en één medeklinker**, dan **verdubbelt** de medeklinker als je de -e moet schrijven.	› De bal is wi**t**. › De vrouw is di**k**. › De straat is n**at**.	› de wi**tt**e bal › de di**kk**e vrouw › de na**tt**e straat
Eindigt het bijvoeglijk naamwoord op **twee dezelfde klinkers en één medeklinker**, dan haal je **één klinker weg** als je de -e moet schrijven.	› De man is gr**oot**. › De bal is r**ood**. › De vrouw is kw**aad**.	› de gr**o**te man › de r**o**de bal › de kw**a**de vrouw
Eindigt het bijvoeglijk naamwoord op een -**f** of een -**s**, dan verandert de -f in een -**v** en de -s in een -**z** als je de -e moet schrijven.	› De hond is doo**f**. › Het meisje is lie**f**. › Het kind is boo**s**. › Het haar is grij**s**.	› de do**v**e hond › het lie**v**e meisje › het bo**z**e kind › het grij**z**e haar
Als het bijvoeglijk naamwoord eindigt op -**au, -ou**, -**ei**, -**ij**, -**oe**, -**ie**, -**eu**, -**ui** + **één medeklinker** hoef je alleen een -**e** toe te voegen.	› bl**auw** › kl**ein** › g**oed** › l**euk** › v**uil**	› de blauw**e** stoel › de klein**e** man › het goed**e** doel › het leuk**e** meisje › de vuil**e** was

A1

Bijvoeglijk naamwoord

zelfstandig naamwoord	de- of het-woord	bijvoeglijk naamwoord wel/geen -e
enkelvoud	de	+e
	het	+e
meervoud	de	+e
met lidwoord een	bij de-woord	+e
	bij het-woord	-

Plaats

1.	Het bijvoeglijk naamwoord staat vaak vóór het zelfstandig naamwoord en krijgt meestal een -**e**.	› de grot**e** hond › het dikk**e** boek	
2.	Staat er **een** + *het-woord*, dan krijgt het bijvoeglijk naamwoord geen -e.	› **het** grote huis › **het** dikke boek	› **een** groot huis › **een** dik boek
3.	Het bijvoeglijk naamwoord kan ook ná een vorm van *zijn* staan en krijgt dan nooit een -**e**.	› Het kind *is* **lief**. › De man *is* **groot**.	

A2

Bijvoeglijk naamwoord

zelfstandig naamwoord		bijvoeglijk naamwoord
	de- of het-woord	**wel/geen -e**
enkelvoud	de	+e
	het	+e
meervoud	de	+e
met lidwoord een	bij de-woord	+e
	bij het-woord	-

Plaats

1. Het **bijvoeglijk naamwoord** staat vaak vóór het zelfstandig naamwoord en krijgt dan een -**e**. Staat er *een* + het-woord, dan krijgt het **bijvoeglijk naamwoord** geen -e.

› De bruid heeft een **witte** jurk aan.
› Het **grote** huis is van ons.
› Wij hebben *een* **groot** huis.

2. Het **bijvoeglijk naamwoord** staat vaak na de werkwoorden *zijn* en *worden* achteraan in de zin. Het bijvoeglijk naamwoord krijgt dan nooit een -**e**.

› Jan *is* heel erg **ziek**.
› Onze Pietje *wordt* al **groot**.
› Pas op! De hond *is* **gevaarlijk**.

wel een uitgang -e

3. Het bijvoeglijk naamwoord krijgt een -**e** als er *deze, dit, die* of *dat* voor staat.

› *deze* grot**e** man
› *dit* liev**e** kind
› *die* jong**e** vrouw
› *dat* leuk**e** liedje

4. Het bijvoeglijk naamwoord krijgt een -**e** als er *mijn, jouw, zijn, haar, uw, ons, onze, jullie* of *hun* voor staat.

› *mijn* nieuw**e** broek
› *jouw* aardig**e** man
› *zijn* oud**e** agenda
› *haar* jong**e** hond
› *uw* juist**e** adres
› *ons* nieuw**e** huis
› *onze* grot**e** tuin
› *jullie* rod**e** auto
› *hun* laatst**e** wens

zelfstandig gebruik

5. Het zelfstandig bijvoeglijk naamwoord krijgt nooit een -**e** na de uitroep *wat*.

› *Wat* **aardig**!
› *Wat* **lief** van je!
› *Wat* **goed** van je!

B1

Bijvoeglijk naamwoord

zelfstandig naamwoord		**bijvoeglijk naamwoord**
	de- of het-woord	**wel/geen -e**
enkelvoud	de	+e
	het	+e
meervoud	de	+e
met lidwoord een	bij de-woord	+e
	bij het-woord	–

herkenning

1. Woorden die eindigen op -**lijk**, -**ig**, -**isch**, -**baar** of -**loos** zijn bijvoeglijke naamwoorden.

› Hij deed als kind veel gevaar**lijk**e dingen.
› Hij is een gelukk**ig**e jongen.
› De Arab**isch**e taal heeft andere tekens dan Europese talen.
› Ze zoekt af en toe eet**bar**e paddenstoelen in het bos.
› De situatie is echt hope**loos**.

plaats

2. Het **bijvoeglijk naamwoord** staat vaak vóór het *zelfstandig naamwoord* en krijgt dan een -**e**. Staat er *een* + *het-woord*, dan krijgt het **bijvoeglijk naamwoord** geen -e.

› Zij had op haar bruiloft *een* **prachtige witte** *jurk* aan.
› Wij hebben sinds kort *een* **groot** *kantoor* in het centrum van de stad.

3. Het **bijvoeglijk naamwoord** staat vaak achteraan in de zin. Het koppelwerkwoord *zijn* of *worden* staat dan meestal op de tweede plaats in de zin. Na een koppelwerkwoord krijgt het bijvoeglijk naamwoord nooit een -**e**.

› Jan *is* al een tijdje ernstig **ziek**.
› Pietje, het zoontje van de buurman, *wordt* al **groot**.

nooit een uitgang -e

4. Als het bijvoeglijk naamwoord eindigt op -**en** krijg je nooit een -**e**.

› Hij wilde met zijn eig**en** auto naar het werk komen.
› Door het op**en** raam vloog een vogel naar binnen.

5. Als het bijvoeglijk naamwoord een voltooid deelwoord is en eindigt op -**en**, dan gebruik je geen -**e**.

› We hebben de gered**en** kilometers opgeschreven.
› Hij heeft me de geschrev**en** brief laten zien.
› Ze bestelde gebakk**en** eieren.
› Ze las het gekreg**en** boek achter elkaar uit.
› De leraar deed het nagekek**en** huiswerk in zijn tas.

6. Als het bijvoeglijk naamwoord eindigt op een **klinker**, dan krijg je meestal geen -**e**.

› De cursist haalde prim**a** cijfers bij het examen.
› De roz**e** rok stond haar ontzettend goed.

7. **Rechter** en **linker** krijgen geen **-e.** Vaak zitten deze woorden vast aan het zelfstandig naamwoord.

> Het stadhuis ligt aan de **rechter**kant van de weg.
> Ik heb sinds gisteren pijn in mijn **linker**arm.

8. Als je iets in het algemeen bedoelt, gebruik je het zelfstandig naamwoord in het enkelvoud en zonder lidwoord. Voor een *het-woord* krijgt het **bijvoeglijk naamwoord** dan geen -e.

> Ik geef **oud** *brood* aan de vogeltjes.
> De vrouw koopt **vers** *vlees* bij de slager. **Verse** *groente* koopt ze bij de groenteboer.
> Het kind houdt van **warm** *eten.*
> Behalve **droge** *rijst* hadden ze niets te eten.

9. Na *een, elk, geen, genoeg, ieder, veel, wat, weinig* of *welk* krijgt het **bijvoeglijk naamwoord** geen **-e** als het voor een *het-woord* staat.

> Ik heb altijd graag in *een* **oud** huis willen wonen.
> Hij leest *elk* **nieuw** boek van die schrijver.
> Er was nog steeds *geen* **nieuw** bericht.
> Er is *genoeg* **lekker** snoep voor iedereen.
> *Ieder* **ziek** mens is er één te veel.
> *Veel* **goed** weer hebben we deze zomer nog niet gehad.
> Ik heb nog *wat* **gekleurd** papier nodig voor deze printer.
> Er was nog maar *weinig* **vers** sap over.
> *Welk* **hoog** gebouw bedoel je?

wel een uitgang -e

10. Het bijvoeglijk naamwoord krijgt een **-e** als er een *aanwijzend voornaamwoord* voor staat.

> *Deze* aardig**e** man wordt onze nieuwe chef.
> *Dit* klein**e** meisje wil graag een ijsje.
> *Die* nieuw**e** kasten moeten in de hoek komen te staan.
> In *dat* mooi**e** huis daar woont een schilder.

11. Het bijvoeglijk naamwoord krijgt een **-e** als er een *bezittelijk voornaamwoord* voor staat.

> Heb je *mijn* groen**e** sokken ergens gezien?
> Wij gaan beginnen met *onze* nieuw**e** opdracht.
> Hij heeft *zijn* oud**e** werk verlaten voor een nieuwe baan.

zelfstandig gebruik

12. Het zelfstandig gebruikt bijvoeglijk naamwoord krijgt een **-s** als het na de woorden *iets, niets* of *wat* komt. Staat het **zelfstandig bijvoeglijk naamwoord** na de uitroep *wat,* dan krijgt het geen **-s** of **-e.**

> Laten we vanavond *iets* gezellig**s** doen met z'n allen.
> Ik heb op de markt niets leuk**s** gevonden.
> Zullen we *wat* lekker**s** kopen voor bij de thee?
> *Wat* **goed** van je dat je me geholpen hebt!

13. Gaat het bij het zelfstandig gebruikt bijvoeglijk naamwoord om één persoon of om zaken, dan komt er meestal een **-e** achter het zelfstandig gebruikt bijvoeglijk naamwoord.

> Wie is je vriend? Die lang**e** of die dikk**e**?
> Welk boek is van jou? Dat rod**e.**
> Wat een mooie meubels! Ja, het zijn antiek**e.**

B1

vorm

14.	Het **bijvoeglijk naamwoord** kan een voltooid deelwoord of tegenwoordig deelwoord zijn.	› Zijn **gebroken** arm moest zes weken in het gips. › Uiteindelijk werd de **gezochte** man gearresteerd door de politie. › Tijdens *een* **lopend** onderzoek wordt er geen informatie gegeven.
15.	Bijvoeglijke naamwoorden die eindigen op -**en**, zijn vaak stofnamen.	› Om zijn nek droeg de man een goud**en** ketting. › Op tafel ligt een linn**en** tafelkleed.
16.	**Stofnamen** die uit een andere taal komen, eindigen niet op -**en**.	› Neem maar een **plastic** tas mee bij de supermarkt. › De zanger ontving een **platina** plaat uit handen van de presentator.
17.	Stofnamen kunnen zelfstandig na een koppelwerkwoord gebruikt worden als er **van** voor staat.	› Het bankje in het park is **van** hout. › Deze dure pen is **van** goud. › Die oude brug is **van** steen.
18.	Je kunt het zelfstandig naamwoord achter het **bijvoeglijk naamwoord** weglaten als duidelijk is wat je ermee bedoelt.	› Ik heb twee auto's, een **witte** en een **rode**. › Welke stoelen zijn bezet? De **voorste**. › Ik heb twee boeken gelezen. Een **dik** en een **dun**.

Bijvoeglijk naamwoord

zelfstandig naamwoord		bijvoeglijk naamwoord
	de- of het-woord	**wel/geen -e**
enkelvoud	de	+e
	het	+e
meervoud	de	+e
met lidwoord een	bij de-woord	+e
	bij het-woord	–

herkenning

1. Woorden die eindigen op -**lijk**, -**ig**, -**isch**, -**baar** of -**loos** zijn bijvoeglijke naamwoorden.

> De minister sprak duideli**jk**e taal.
> Piedro spreekt na al die jaren nog steeds gebrekk**ig** Nederlands.
> De Arab**ische** taal heeft een ander schrift.
> Het schip was door beschadiging van het roer onbestuur**baar**.
> De arge**loze** toeschouwers kregen de schrik van hun leven.

plaats

2. Het **bijvoeglijk naamwoord** staat vaak vóór het *zelfstandig naamwoord*. Het krijgt dan meestal een -**e**, behalve bij een *onzijdig zelfstandig naamwoord* met het lidwoord *een*.

> Die **simpele** *uitvinding* was een gat in de markt.
> Tijdens de vergadering deed zij *een* **opmerkelijk** *voorstel*.

3. Het **bijvoeglijk naamwoord** staat na een *koppelwerkwoord zijn* of *worden* meestal achteraan in de zin. Het bijvoeglijk naamwoord is dan onveranderlijk.

> Na het horen van de goede uitslag *was* hij ontzettend **blij**.
> Het dossier over deze zaak *wordt* nu wel erg **dik**.

4. Andere koppelwerkwoorden zijn **blijven**, **blijken**, **dunken**, **heten**, **lijken**, **schijnen** **voorkomen**.

> Stelen *blijft* **verkeerd**, hoe je het ook wendt of keert.
> Het printerpapier *blijkt* helemaal **verkleurd** te zijn.
> Het *dunkt* me **goed** dat jullie dat karwei samen opknappen.
> Die jas *lijkt* me **splinternieuw**.
> Dat verhaal van hem *komt* me **vreemd** *voor*.

nooit een uitgang -e

5. Als het bijvoeglijk naamwoord eindigt op -**en**, krijg je nooit een -e. Dit zijn vaak stofnamen. Ook als het bijvoeglijk naamwoord de vorm heeft van een voltooid deelwoord dat eindigt op -**en**, gebruik je geen -e.

> Hij kon zijn eig**en** boek niet vinden en leende dat van zijn buurvrouw.
> Je moet niet voor het op**en** raam gaan zitten; zo word je ziek.
> De goud**en** ketting die ik om heb, heb ik gisteren gekregen.
> Het bericht was een handgeschrev**en** brief.

6.	Als het bijvoeglijk naamwoord eindigt op een **klinker**, dan krijg je meestal geen **-e.** Eindigt het bijvoeglijk naamwoord op **-u**, **-oe**, of **-ee**, dan krijg je wel een **-e.**	> De student haalde **prima** cijfers bij het tentamen. > Zijn contin**ue** gezeur werkte haar op de zenuwen. > Dat m**oeë** gevoel in mijn benen gaat maar niet over. > Zij rook een **weeë** lucht in de kamer.
7.	Als het **bijvoeglijk naamwoord** een stofnaam uit een andere taal is, krijgt het geen **-e.**	> Ik heb de mappen in deze **plastic** tas gedaan.
8.	**Rechter** en **linker** krijgen geen **-e** en zitten vaak aan het zelfstandig naamwoord vast.	> Het huis dat hij wil hebben, ligt aan de **rechter**kant van de weg. > Ik heb al weken een ontzettende pijn in mijn **linker**bovenarm.
9.	Als je iets in het algemeen bedoelt, gebruik je het zelfstandig naamwoord in het enkelvoud en zonder lidwoord. Voor een *het-woord* krijgt het **bijvoeglijk naamwoord** dan geen -e.	> Ik geef in de winter **oud** *brood* aan de eendjes in de sloot. > De vrouw koopt wekelijks **vers** *vlees* bij de slager op de hoek. **Verse** *groente* koopt ze bij de groenteboer.
10.	Na *een, elk, geen, genoeg, ieder, veel, wat, weinig* of *welk* krijg het **bijvoeglijk naamwoord** geen -e als het vóór een het-woord staat.	> Ik heb sinds mijn jeugd altijd graag in *een* **oud** huis willen wonen. > *Elk* **nieuw** boek van mijn favoriete schrijver lees ik vol aandacht.
11.	Als het bijvoeglijk naamwoord begint met een **rangtelwoord** dan schrijf je er geen **-e** achter.	> Ik ben **eerstegraads** docent Italiaans. > Hij rijdt in een **tweedehands** auto. > Bij de hevige brand had ze **derdegraads** brandwonden opgelopen.
12.	Als *allerlei, enig, menig, wat voor, zo'n* of *zulk* voor een het-woord staan, dan komt er geen -e achter het **bijvoeglijk naamwoord**.	> Ik kreeg *allerlei* **goed** nieuws te horen. > Ondanks de menigte was er geen sprake van *enig* **hard** geluid. > *Menig* **nieuwsgierig** aagje heeft haar neus al eens gestoten. > *Wat voor* **dik** boek heb je daar in je hand? > *In zo'n* **vieze** keuken wil hij niet koken. > *Zulk* **moeilijk** werk is aan hem niet besteed.
13.	In **vaak voorkomende combinaties** schrijf je geen **-e** achter het bijvoeglijk naamwoord.	> Het **algemeen ziekenhuis** ligt aan de rand van de stad. > Het **centraal station** ligt op loopafstand. > Het **bijvoeglijk naamwoord** zegt iets over het **zelfstandig naamwoord**.
14.	Soms geeft wel of geen **-e** bij woorden in het enkelvoud een verschil in betekenis.	> Het is een erg grot**e** man (lange man). > Churchill was een groot staatsman (een zeer goede staatsman).
15.	Als het bijvoeglijk naamwoord afgeleid is van een aardrijkskundige naam en eindigt op **-er**, dan komt er geen **-e** achter het bijvoeglijk naamwoord.	> Heeft u voor mij een stuk Edamm**er** kaas? > In het Groning**er** museum zijn mooie dingen te zien.

wel een uitgang -e

16. Het bijvoeglijk naamwoord krijgt een -**e** als er een *aanwijzend voornaamwoord* of een *bezittelijk voornaamwoord* voor staat.

› *Dit* grot**e** bureau past niet door het raam.
› Ik hou ontzettend veel van *dit* liev**e** kind.
› Ik vind *mijn* nieuw**e** baan heel erg leuk en interessant.
› *Onze* nieuw**e** televisie wordt morgen bezorgd.

zelfstandig gebruik

17. Het zelfstandig bijvoeglijk naamwoord komt vaak voor na de woorden *iets*, *niets of wat* en krijgt dan een -**s.** In een uitroep staat na *wat* nooit een -**e** achter het bijvoeglijk naamwoord.

› Laten we vanavond samen eens *iets* gezellig**s** doen.
› *Wat* ontzettend goed van je, dat je geslaagd bent!

18. Na *allerlei, genoeg, iets, niets, veel, wat, wat voor, weinig* wordt het bijvoeglijk naamwoord zelfstandig gebruikt en krijgt het een -**s.**

› Er lag *allerlei* mooi**s** voor de Kerst in de etalage.
› Er is *genoeg* lekker**s** voor iedereen.
› Gaan we vanavond samen *iets* leuk**s** doen?
› We hebben *niets* vreemd**s** gezien.
› We hebben in het museum *veel* fraai**s** gezien.
› Ik heb me toch *wat* vervelend**s** gehoord.
› *Wat voor* aardig**s** kun je over hem zeggen?
› Na die regenbui heb ik *weinig* droog**s** meer aan mijn lijf.

19. Eindigt het zelfstandig gebruikt bijvoeglijk naamwoord op -**s** of -**isch**, komt er geen -**s** achter.

› Ik wil vandaag graag iets ver**s** eten.
› Wat is dat voor iets vie**s**?
› Er werd veel Arab**isch** gesproken.

vorm

20. Het **bijvoeglijk naamwoord** kan een voltooid deelwoord of tegenwoordig deelwoord zijn.

› De **verdwaalde** kinderen werden gelukkig snel gevonden.
› Over een **lopend** onderzoek wordt geen informatie gegeven.

21. Bijvoeglijk naamwoorden van stoffen en materialen eindigen op -**en**, behalve stofnamen uit een andere taal.

› De man had een goud**en** tand in zijn mond.
› De katoen**en** jurk die je gisteren aanhad, staat je erg mooi.
› Ik heb een flinke ladder in mijn **nylon** kous.

22. Stofnamen kunnen zelfstandig na een koppelwerkwoord gebruikt worden als er **van** voor staat.

› De bank die in de tuin van de buren staat, *is* **van** hout.
› Volgens hem *is* deze mooie brug niet **van** beton, maar **van** steen.

B2

23. **Af, anders, benieuwd, bereid, gewend, jammer, klaar, kwijt, onwel** en **op** worden alleen gebruikt na een *koppelwerkwoord.*	› Het werk *is* op tijd **af.** › Het *is* allemaal **anders** dan hij het je verteld heeft. › Ik *ben* **benieuwd** hoe het met het zoontje van de buurman gaat. › Jan *is* **bereid** je met alles te helpen. › De kat *is* eraan **gewend** dat hij veel alleen is. › Het *is* **jammer** dat je al zo vroeg weg moet. › Het eten *is* met een halfuurtje **klaar.** › Ik *ben* de sleutels van mijn kantoor **kwijt.** › Zij *is* in de bibliotheek **onwel** geworden. › De koek *is* **op**, we kunnen dit niet langer volhouden.
24. Als duidelijk is wat wordt bedoeld, kan het *zelfstandig naamwoord* worden weggelaten.	› Wil je een *wijntje* bij het eten? Een witte of een rode? › Ik ga *drop* kopen. Wil je zoete of zoute?
25. Als personen worden aangeduid met het zelfstandig gebruikt bijvoeglijk naamwoord, dan komt er -**en** achter. Gaat het om één persoon of om zaken, dan komt er meestal een -**e** achter het bijvoeglijk naamwoord.	› Op de televisie kun je ondertiteling inschakelen voor dov**en** en slechthorend**en.** › Welke man bedoel je? Die lang**e** of die kort**e**? › Wat een mooie schoenen heb je aan! Ja, het zijn nieuw**e.**

spelling

26. Eindigt het bijvoeglijk naamwoord op -f of -s, dan wordt de -f vaak een -**v** en de -s vaak een -**z** voor de uitgangs-e.	› Het lie**v**e kind zat de hele dag te spelen. › Je zou die sche**v**e plank recht moeten hangen. › Met een bo**z**e blik smeet hij de deur dicht. › Oude mensen hebben vaak grij**z**e haren.
27. Soms blijft de -**s** aan het eind van een woord een -**s** voor de uitgangs-e. Afleidingen van aardrijkskundige namen op -**s** houden ook de -**s** voor de uitgangs-**e.**	› Door zijn verkoudheid had hij een he**s**e stem. › Ik ben dol op de Milane**s**e keuken. › De Nederlandse Antillen behoren tot de overzee**s**e gebieden. › Oranjekoek is een Frie**s**e specialiteit.

Trappen van vergelijking

trappen van vergelijking

De **trappen van vergelijking** worden gebruikt om personen, zaken, situaties of eigenschappen te vergelijken.

Er zijn drie trappen van vergelijking: stellende, vergrotende, overtreffende. De vergrotende trap wordt ook wel **comparatief** genoemd, de overtreffende trap wordt ook wel **superlatief** genoemd.

de **stellende trap**	› Jan is **mager**. › Het huis is **groot**. › De vrouw is **mooi**. › Het **dikke** boek.
de **vergrotende trap**	› Piet is **magerder** dan Jan. › Mijn huis is **groter** dan jouw huis. › Deze vrouw is **mooier** dan die vrouw. › Zijn boek is **dikker** dan jouw boek.
de **overtreffende trap**	› Kees is het **magerst**. › Haar huis is het **grootst**. › Mijn moeder is het **mooist**. › Dit is **het dikste** boek.

stellende trap	**vergrotende trap**	**overtreffende trap**
-	**+er**	**+st(e)**
› groot	› groter	› het grootst
› mooi	› mooier	› het mooist
› dik	› dikker	› het dikst
› klein	› kleiner	› het kleinst
› lief	› liever	› het liefst

A1

Trappen van vergelijking

stellende trap	vergrotende trap	overtreffende trap
-	**+er**	**+st(e)**
groot	groter	het grootst
mooi	mooier	het mooist
dik	dikker	het dikst
klein	kleiner	het kleinst
lief	liever	het liefst

stellende trap

1. De stellende trap is het gewone **bijvoeglijk naamwoord**.

› De man is **lang**.
› Het kind is **lief**.

vergrotende trap

2. De vergrotende trap of **comparatief** maak je door -**er** achter het bijvoeglijk naamwoord te zetten. Je gebruikt de vergrotende trap om een vergelijking te maken.

› Mijn man is lang**er** dan jouw man.
› Dit huis is klein**er** dan dat huis.

overtreffende trap

3. De overtreffende trap of **superlatief** maak je door -**st** achter het bijvoeglijk naamwoord te zetten.

› Haar man is het lang**st**.
› Dit huis is het klein**st**.

4. Voor de overtreffende trap staat een **lidwoord**.

› Mijn boek is **het** dikst.
› Haar broer is **het** grootst.
› Dat is **de** dikste jongen van de drie.

bijzondere vormen bij de trappen van vergelijking

5. **Goed**, **graag**, **veel** en **weinig** hebben onregelmatige trappen. **Graag**, **veel** en **weinig** zijn geen bijvoeglijke naamwoorden, maar ze hebben wel trappen van vergelijking.

› goed	› beter	› het best
› graag	› liever	› het liefst
› veel	› meer	› het meest
› weinig	› minder	› het minst

Trappen van vergelijking

stellende trap	**vergrotende trap**	**overtreffende trap**
-	**+er**	**+st(e)**
groot	groter	het grootst
mooi	mooier	het mooist
dik	dikker	het dikst
klein	kleiner	het kleinst
lief	liever	het liefst

vorm

1. De stellende trap is de basisvorm van het *bijvoeglijk naamwoord.* De vergrotende trap krijgt -**er** en de overtreffende trap krijgt -**st** achter het bijvoeglijk naamwoord. Vóór de overtreffende trap staat een **bepaald lidwoord.**

› Op mijn werk is het *druk*.
› Op haar werk is het *drukk***er**.
› Op zijn werk is het **het** *druk***st**.

2. Als de vergrotende trap vóór het zelfstandig naamwoord staat, dan gelden de regels van wel of geen -**e** aan het eind van het bijvoeglijk naamwoord ook voor de vergrotende trap.

› Ik heb een groter**e** doos nodig om deze boeken in te pakken.
› We zijn pas naar een groter kantoor verhuisd.

3. Als de *overtreffende trap* niet vóór een zelfstandig naamwoord staat, wordt **het** gebruikt als lidwoord. In de schrijftaal gebruik je geen -**e**. In de spreektaal hoor je de -e soms wel.

› Het kantoor van de directeur is **het** *grootst*.
› Ik vind het schilderij van deze schilder **het** *mooist*.

4. Voor een zelfstandig naamwoord krijgt de overtreffende trap altijd een -**e**, omdat er altijd een bepaald lidwoord voor staat.

› Dit is de grootst**e** doos die ik kon vinden.
› Het grootst**e** kantoor waar ik ooit gewerkt heb, staat in Amsterdam.

bijzondere vormen bij de trappen van vergelijking

5. **Goed** (bijvoeglijk naamwoord), **graag** (bijwoord), **veel** en **weinig** (onbepaalde telwoorden) hebben onregelmatige trappen van vergelijking.

› goed	› beter	› het best
› graag	› liever	› het liefst
› veel	› meer	› meest
› weinig	› minder	› minst

bijzonderheden bij de trappen van vergelijking

6. Bijvoeglijke naamwoorden die eindigen op een -**r** krijgen bij de vergrotende trap -**der** als uitgang.

› Die jas is duu**rder** dan deze jas.
› Een citroen is zuu**rder** dan een appel.
› Dit kind is verschrikkelijk mager, maar dat kind is nog veel mage**rder**.

7. Bijvoeglijke naamwoorden van drie of meer lettergrepen krijgen in de overtreffende trap **meest** voor zich. Voor **meest** schrijf je **de** of **het**.

› **Het meest** geconcentreerde meisje kreeg de beste cijfers.
› Zij kreeg de prijs voor **de meest** succesvolle zakenvrouw van het jaar.

8. Bijvoeglijke naamwoorden die op -**s** eindigen, krijgen -**t(e)** in de overtreffende trap.

› Dit brood is het ver**st**.
› Haar vader was het trot**st** op haar.
› Die kroket was het vie**ste** dat ik ooit gegeten heb.

B1

gebruik

9.	Met de overtreffende trap geef je aan wie van twee of meer personen of zaken een eigenschap het meest bezit.	› Dit is **de grootste** man van die drie. › Van al mijn collega's is zij **het jongst**. › Dit is **de grootste** kast, die andere zijn kleiner.
10.	Bij het vergelijken van gelijke personen of zaken, gebruik je **even ... als** of **net zo ... als**. Het *bijvoeglijk naamwoord* staat in de stellende trap zonder *-e*.	› Kees is precies **even** *groot* **als** Jan. › Zijn huis is **net zo** *mooi* **als** jouw huis.
11.	Je kunt de overtreffende trap versterken door **aller**- voor de overtreffende vorm te zetten.	› Dit dossier is het **aller**dikste dat ik ooit behandeld heb. › In dit kantoor gebruiken ze de **aller**nieuwste snufjes. › Piet heeft het **aller**meest gedaan vandaag.
12.	Je gebruikt de *vergrotende trap* na **hoe ... hoe** en na **hoe ... des te**.	› **Hoe** *langer* het duurde, **hoe** *vervelender* het werd. › **Hoe** *meer* je vraagt, **des te** *minder* je krijgt.
13.	Je gebruikt de *vergrotende trap* na **al(maar)**, **hoe langer hoe**, **steeds**, als het steeds erger, beter enz. wordt.	› De benzine wordt **almaar** *duurder*. › Het gaat **hoe langer hoe** *beter*. › Het wordt **steeds** *leuker*.

Telwoord

telwoord *numerale*

Het **telwoord** gebruik je om een hoeveelheid aan te geven.

Er zijn:	hoofdtelwoorden	› Mijn moeder is **vijfenvijftig**.
	rangtelwoorden	› Dit is haar **eerste** baan.
	onbepaalde telwoorden	› Zij heeft **enkele** leuke cadeautjes gehad.
	veelvouden	› Een brood kost nu **dubbel** zo veel als tien jaar geleden.

A1

Hoofdtelwoord

0	nul	29	negenentwintig
1	een	30	dertig
2	twee	31	eenendertig
3	drie	32	tweeëndertig
4	vier	33	drieëndertig
5	vijf	34	vierendertig
6	zes	35	vijfendertig
7	zeven	36	zesendertig
8	acht	37	zevenendertig
9	negen	38	achtendertig
10	tien	39	negenendertig
11	elf	40	veertig
12	twaalf	41	eenenveertig
13	dertien	42	tweeënveertig
14	veertien	43	drieënveertig
15	vijftien	44	vierenveertig
16	zestien	45	vijfenveertig
17	zeventien	46	zesenveertig
18	achttien	47	zevenenveertig
19	negentien	48	achtenveertig
20	twintig	49	negenenveertig
21	eenentwintig	50	vijftig
22	tweeëntwintig	60	zestig
23	drieëntwintig	70	zeventig
24	vierentwintig	80	tachtig
25	vijfentwintig	90	negentig
26	zesentwintig	100	honderd
27	zevenentwintig	200	tweehonderd
28	achtentwintig	300	driehonderd

vorm

1. Het getal **een** krijgt vaak een accent. *Een* zonder accent is meestal het onbepaald lidwoord *een*.

› Ik zei **één** brood, ik wil geen twee broden.
› Haal jij even een brood voor me.

2. Tot en met negenennegentig zeg je eerst het **laatste getal**.

31 › **een**endertig
94 › **vier**ennegentig

3. Tussen het eerste deel en het tweede deel zeg je -**en**-.

35 › vijf**en**dertig
78 › acht**en**zeventig

4. Getallen van één cijfer zijn **0 tot 9**.

0	› nul	5	› vijf
1	› een	6	› zes
2	› twee	7	› zeven
3	› drie	8	› acht
4	› vier	9	› negen

5. Van vijftien tot en met negentien schrijf je **tien** achter de getallen vijf-, zes-, zeven-, acht- en negen-.

10	› tien	15	› vijf**tien**
11	› elf	16	› zes**tien**
12	› twaalf	17	› zeven**tien**
13	› dertien	18	› acht**tien**
14	› veertien	19	› negen**tien**

gebruik

6. **Telwoorden** geven informatie over de hoeveelheid en staan vaak vóór het zelfstandig naamwoord.

› Ik heb **vijf** kinderen.
› Mijn collega heeft **twee** huizen.

7. Het **zelfstandig naamwoord** staat in het meervoud, behalve bij één.

› Ik heb twee **kinderen.**
› Ik wil graag één **brood**.

8. Je gebruikt **telwoorden** bij het aangeven van de tijd. In plaats van vijftien minuten over of vijftien minuten vóór gebruik je *kwart over*, *kwart vóór*. In plaats van dertig minuten over twaalf, zeg je *half* één.

12.00	› het is **twaalf** uur
12.05	› het is **vijf** over **twaalf**
12.10	› het is **tien** over **twaalf**
12.15	› het is *kwart over* **twaalf**
12.20	› het is **tien** voor half **een**
12.25	› het is **vijf** voor half **een**
12.30	› het is *half* **een**
12.35	› het is **vijf** over *half* **een**
12.40	› het is **tien** over *half* **een**
12.45	› het is *kwart voor* **een**
12.50	› het is **tien** voor **een**
12.55	› het is **vijf** voor **een**
13.00	› het is een **uur**

Hoofdtelwoord

0	nul
1	een
2	twee
3	drie
4	vier
5	vijf
6	zes
7	zeven
8	acht
9	negen
10	tien
11	elf
12	twaalf
13	dertien
14	veertien
15	vijftien
16	zestien
17	zeventien
18	achttien
19	negentien
20	twintig
21	eenentwintig
22	tweeëntwintig
23	drieëntwintig
24	vierentwintig
25	vijfentwintig
26	zesentwintig
27	zevenentwintig
28	achtentwintig
29	negenentwintig
30	dertig
31	eenendertig
32	tweeëndertig
33	drieëndertig
34	vierendertig
35	vijfendertig
36	zesendertig
37	zevenendertig
38	achtendertig
39	negenendertig
40	veertig
41	eenenveertig
42	tweeënveertig
43	drieënveertig
44	vierenveertig
45	vijfenveertig
46	zesenveertig
47	zevenenveertig
48	achtenveertig
49	negenenveertig

50	vijftig
60	zestig
70	zeventig
80	tachtig
90	negentig
100	honderd
152	honderdtweeënvijftig
200	tweehonderd
300	driehonderd
400	vierhonderd
500	vijfhonderd
600	zeshonderd
700	zevenhonderd
800	achthonderd
900	negenhonderd
1.000	duizend
1.200	twaalfhonderd
	duizend tweehonderd
1.250	twaalfhonderdvijftig
	duizendtweehonderdvijftig
2.000	tweeduizend
2.125	eenentwintighonderdvijfentwintig
	tweeduizend honderdvijfentwintig
3.000	drieduizend
4.000	vierduizend
5.000	vijfduizend
6.000	zesduizend
7.000	zevenduizend
8.000	achtduizend
9.000	negenduizend
10.000	tienduizend
16.750	zestienduizend zevenhonderdvijftig
20.000	twintigduizend
100.000	honderdduizend
170.000	honderdzeventigduizend
200.000	tweehonderdduizend
1.000.000	een miljoen
1.254.000	een miljoen tweehonderdvierenvijftigduizend
1.900.000	een miljoen negenhonderdduizend
2.000.000	twee miljoen
2.480.000	twee miljoen vierhonderdtachtigduizend
1.000.000.000	een miljard

A2

vorm en schrijfwijze

1.	**Een** krijgt een accent als je duidelijk wilt maken dat het een getal is. Het voorkomt dat je in de war raakt met het lidwoord *een*.	› Ik zei **één** brood, ik wil geen twee broden. › Haal jij even *een* brood voor me.
2.	Tot en met negenennegentig zeg je eerst het *laatste getal*. Tussen het eerste deel en het tweede deel zeg je -**en**-.	**35** › vijf**en***dertig* **78** › acht**en***zeventig*
3.	**Getallen van één cijfer** noem je eenheden. Het eerste cijfer van een getal van twee cijfers noem je een *tiental*.	**een** › *tien* **twee** › *twintig* **drie** › *dertig* **vier** › *veertig* **vijf** › *vijftig* **zes** › *zestig* **zeven** › *zeventig* **acht** › *tachtig* **negen** › *negentig*
4.	Van vijftien tot en met negentien schrijf je **tien** achter de *eenheid*.	**11** › elf **12** › twaalf **13** › dertien **14** › veertien **15** › *vijf***tien** **16** › *zes***tien** **17** › *zeven***tien** **18** › *acht***tien** **19** › *negen***tien**
5.	De cijfers 4 en 8 in grotere getallen hebben verschillende vormen: v**ier**, v**ee**rtien, v**ee**rtig, v**ier**honderd en **acht**, **acht**tien, **tachtig** en **acht**honderd.	**4** › v**ier** **14** › v**ee**rtien **40** › v**ee**rtig **400** › v**ier**honderd **8** › acht **18** › achttien **80** › **t**achtig **800** › achthonderd
6.	Tussen *twee + een tiental* en *drie + een tiental* schrijf je -**ën**-.	**22** › *twee***ën***twintig* **73** › *drie***ën***zeventig*
7.	Het eerste cijfer van een getal van drie cijfers noem je een **honderdtal**.	107 › **honderd**zeven 574 › **vijfhonderd**vierenzeventig
8.	Bij getallen vanaf **honderd** noem je eerst het honderdtal. Daarna weer eerst het achterste getal. Tussen **honderd** en de getallen erachter komt geen tussenvoegsel.	131 › **honderd**eenendertig 654 › **zeshonderd**vierenvijftig
9.	Tussen duizend, miljoen, miljard en de getallen erachter komt geen -**en**-. Miljoen en miljard schrijft je los. Ook na duizend begint een nieuw woord.	**3.256** › drieduizend tweehonderdzesenvijftig **2.980.320** › twee miljoen negenhonderdtachtigduizend driehonderdtwintig **6.111.500.330** › zes miljard honderdelf miljoen vijfhonderdduizend driehonderddertig
10.	In sommige vaste uitdrukkingen zie je wel -**en**- na honderd of duizend.	› Zij heeft altijd honderd-**en**-een ideeën, maar er gebeurt nooit iets mee. › Ken je de verhalen van Duizend-**en**-een nacht?
11.	Een getal kan de uitgang -**er** krijgen bij het aangeven van een leeftijd of bij periodes van tien jaar.	› Herman is een vijftig**er**. › Ik ben dol op muziek uit de zestig**er** jaren.

A2

uitspraak

12. Getallen tussen de 1.100 en 9.999 kun je op twee verschillende manieren uitspreken. Bij de ene manier begin je met het duizendtal en noem je daarna de andere drie cijfers. Bij de andere manier noem je de eerste twee cijfers gevolgd door honderd en daarna de laatste twee cijfers.	**3.576**	> drieduizend vijfhonderdzesenzeventig > vijfendertighonderd-zesenzeventig
13. Jaartallen kunnen maar op één manier uitgesproken worden.		> Ik ben in negentienhonderdvijfenvijftig geboren. > Mijn kleinkind is in negentienhonderd-negenennegentig geboren.
14. Jaartallen kun je wel afkorten.	**1955** **1999** **1922**	> negentienvijfenvijftig > negentiennegenennegentig > negentientweeëntwintig
15. Vanaf het jaar 2000 gebruik je wel het duizendtal.		> Ik heb in tweeduizend vier mijn examen gehaald. > De eenentwintigste eeuw duurt tot tweeduizend negenennegentig.

gebruik

16. Getallen staan vaak voor zelfstandige naamwoorden. Het **zelfstandig naamwoord** staat dan in het meervoud, behalve bij een.		> Ik heb vijf **opdrachten**. > Ik heb maar één **baan**.
17. Je gebruikt getallen bij **bedragen**.		> Die jurk kost **vijfentachtig euro** (€ 85,-). > Een brood kost **twee (euro) veertig** (€ 2,40).
18. Je gebruikt getallen in de **datum**.	**01-01-2012** **08-02-1980**	> één januari tweeduizendtwaalf > acht februari negentientachtig
19. Je gebruikt getallen bij maten: **lengtematen, afstandsmaten, inhoudsmaten, oppervlaktematen, gewicht**.	1,67 meter	> Hij is een **meter** zevenenzestig
	3 kilometer	> Het is drie **kilometer** naar het winkelcentrum.
	75 liter	> De chauffeur tankt vijfenzeventig **liter** diesel.
	210 m^3	> De inhoud van dit huis is tweehonderdtien **kubieke meter**.
	16 m^2	> Deze kamer is zestien **vierkante meter**.
	5 kilogram	> De klant koopt vijf **kilo** aardappelen.
	1,5 ons	> Zij koopt anderhalf **ons** kaas.
	100 ton	> Dit schip kan honderd **ton** vervoeren.
	200 gram	> Tweehonderd **gram** is hetzelfde als twee ons.

20. Je gebruikt getallen bij het aangeven van de **tijd**. In plaats van vijftien minuten over of vijftien minuten vóór gebruik je *kwart over*, *kwart vóór*. In plaats van dertig minuten over twaalf, zeg je *half*één.

- 12.00 › het is **twaalf** uur
- 12.10 › het is **tien** over **twaalf**
- 12.15 › het is *kwart* over **twaalf**
- 12.25 › het is **vijf** voor *half* **een**
- 12.30 › het is *half* **een**
- 12.40 › het is **tien** over *half* **een**
- 12.50 › het is **tien** voor **een**

21. Als voor het telwoord een bezittelijk voornaamwoord staat, dan kan het telwoord -**en** aan het eind krijgen.

› Wij waren thuis met ons zeven**en**.
› Met z'n twee**ën** gingen we de stad in.

22. Getallen kunnen soms in het **meervoud** voorkomen.

› Het liep al tegen zess**en** toen ik eindelijk naar huis kon.
› Ik werd pas na negen**en** wakker.
› Een computertaal werkt met **enen** en **nullen**.

23. De uitgang -**en** na honderd, duizend, miljoen of miljard geeft aan dat het (veel) meer is dan honderd, duizend, miljoen of miljard.

› Er waren honderd**en** mensen in de disco.
› Duizend**en** mensen stonden in de kou te wachten op het winnende elftal.
› In Nederland wonen miljoen**en** huisdieren.
› In de wereldeconomie gaan miljard**en** om.

24. Van een **telwoord** kun je ook een **verkleinwoord** maken.

› We zijn met z'n **tweetjes** lekker op de bank gekropen met een filmpje erbij.
› Hij had alleen maar **zesjes** op zijn rapport.
› Hij heeft al het werk in z'n **eentje** gedaan.
› Heb je even een **tientje** voor me?

enkelvoud na getal

25. Woorden die een **afmeting** of **inhoud** aangeven, staan na een getal in het enkelvoud.

› De kamer is drie bij vier **meter**.
› Ik wil twee **liter** melk
› Die plank is veertig **centimeter** hoog.

26. **Miljoen**, **miljard** en **procent** staan ook in het enkelvoud na een getal.

› Dat huis heeft twee **miljoen** gekost.
› Het maken van die weg kost vijf **miljard** euro.
› Meer dan vijftig **procent** van de bevolking woont in een stad.

27. Woorden die een **gewicht** aangeven, staan in het enkelvoud na een getal.

› Geeft u mij maar drie **kilo** appels.
› Heeft u twee **ons** kaas voor me?
› Een ons is honderd **gram**.

28. Een **munt** komt nooit in het meervoud na een getal.

› Dat huis kost tweehonderdduizend **euro**.
› Ik heb dit horloge voor vijfentwintig **dollar** in Amerika gekocht.

29. **Maal**, **keer** en **man** blijven ook in het enkelvoud na een getal.

› Ik heb hem wel tien **keer** gebeld, maar hij neemt niet op.
› Ik heb het je al twee**maal** gezegd.
› Er waren honderd **man** op het feest.

30. **Uur** staat in het enkelvoud na een getal.

› Het is tien **uur**.

31. **Seconde**, **minuut**, **dag**, **week**, **maand** en **eeuw** staan in het meervoud na een getal.
    - › Hennie kan wel zestig **seconden** zijn adem inhouden.
    - › Dit programma duurt dertig **minuten**.
    - › Veertien **dagen** is hetzelfde als twee **weken**.
    - › Ik moet nog zes **maanden** naar school.
    - › De Gouden Eeuw was meer dan drie **eeuwen** geleden.

32. **Jaar** staat in het enkelvoud na een getal.
    - › Over tien **jaar** gaat hij met pensioen.

veelvouden

33. Veelvouden maak je door **dubbel** achter het *hoofdtelwoord* te schrijven.
    - › Hij krijgt *drie***dubbel** betaald voor die klus.

34. Bij **twee** gebruik je alleen dubbel.
    - › Hij moet **dubbel** zo hard werken om het werk af te krijgen.

35. In plaats van *dubbel* kun je ook **keer** of **maal** gebruiken. Maal schrijf je aan het hoofdtelwoord vast, keer niet.
    - › Hij is twee**maal** zo oud als zijn broer.
    - › Mijn oma vertelde alles altijd drie of vier **keer**.

36. Je kunt ook -**voudig** achter het *hoofdtelwoord* zetten.
    - › Zij is *drie***voudig** kampioen op de schaats.
    - › Hij verdient het *vier***voudige** van mijn salaris.

37. Je kunt **ver**+*hoofdtelwoord*+**voudigen** of **ver**+*hoofdtelwoord*+**dubbelen** gebruiken om een werkwoord te maken. Bij twee keer de hoeveelheid gebruik je **verdubbelen**.
    - › Je moet dit getal **ver***vijf***voudigen**.
    - › **Ver***drie***dubbel** de hoeveelheid tot 900 gram.
    - › In twee jaar tijd is het aantal bezoekers van het pretpark **verdubbeld**.

A2

Rangtelwoord

1e	eerste	11e	elfde
2e	tweede	12e	twaalfde
3e	derde	13e	dertiende
4e	vierde	14e	veertiende
5e	vijfde	15e	vijftiende
6e	zesde	16e	zestiende
7e	zevende	17e	zeventiende
8e	achtste	18e	achttiende
9e	negende	19e	negentiende
10e	tiende	20e	twintigste

vorm

1. Tot *negentiende* wordt het rangtelwoord gevormd door -**de** achter het hoofdtelwoord te zetten.

> Mijn zoon viert vandaag zijn twee**de** verjaardag.
> Hij kwam als tien**de** binnen bij de hardloopwedstrijd.

2. Uitzonderingen op deze regel zijn de rangtelwoorden van **een, drie** en **acht**.

> Het is vandaag de **eerste** januari.
> Mijn zoon is **derde** geworden bij de zwemwedstrijd.
> Dit is de **achtste** keer dat ik hier ben.

3. Vanaf twintig schrijf je -**ste** achter het hoofdtelwoord om het rangtelwoord te maken.

35e	› vijfendertig**ste**
100e	› honderd**ste**
1000e	› duizend**ste**
3.000.000e	› driemiljoen**ste**

gebruik

4. Je gebruikt een **rangtelwoord** om een volgorde aan te geven.

> Zij gaat als **eerste** naar binnen, jij als **tweede**.

5. Bij breuken gebruik je een *hoofdtelwoord* en een **rangtelwoord**.

2/3	› *twee* **derde**
7/9	› *zeven* **negende**

6. Je gebruikt een **rangtelwoord** bij data.

> De **eerste** juni.
> De **vierde** oktober is het Werelddierendag.

7. Als bekend is welke maand het is, mag de maand worden weglaten.

> De hoeveelste is het vandaag? Het is de **zesentwintigste**.

8. Je gebruikt een **rangtelwoord** bij leeftijd.

> Veel piloten gaan op hun **zestigste** al met pensioen.

9. Je gebruikt een **rangtelwoord** bij een opsomming als je *ten* gebruikt.

> Ik ben het niet met je eens. *Ten* **eerste** omdat die kleur niet mooi is, *ten* **tweede** omdat die kleur veel te donker is.

A2

10. Je gebruikt een **rangtelwoord** bij de naam van een koning(in) of van een paus.

> Lodewijk de **Veertiende** werd ook wel de Zonnekoning genoemd.
> Mohammed de **Zesde** is de oudste zoon van Hassan de Tweede van Marokko.
> Paus Johannes de **Drieëntwintigste** was een zeer geliefde paus.

A2

Onbepaald telwoord

een paar	veel
enige	wat
genoeg	weinig
sommige	

gebruik

1. **Onbepaalde telwoorden** gebruik je om een hoeveelheid aan te geven, die niet precies bekend is.	› Ik heb **een paar** appels nodig. › Zij heeft **weinig** kennis van computers. › Hij heeft **wat** bier gedronken. › We hebben **geen** koekjes meer.
2. Als je met de zelfstandige vormen in het meervoud personen bedoelt, krijgt het onbepaald telwoord een -**n**.	› Sommige mensen kopen een nieuwe auto. › Sommige**n** kopen een nieuwe auto.
3. De meeste onbepaalde telwoorden krijgen een -**e** als ze voor een zelfstandig naamwoord staan.	› Hij heeft sinds enig**e** jaren een winkel. › Sommig**e** mensen gaan drie keer per jaar met vakantie.
4. **Een paar**, **genoeg** en **wat** krijgen geen -**e.**	› Heeft u **een paar** schoenen voor me? › Ik heb **genoeg** eten bij me. › Neem je **wat** fruit mee van de markt?

trappen

5. **Veel** en **weinig** hebben een vergrotende en een overtreffende trap.	› **veel**	› **meer**	› **meest**
	› **weinig**	› **minder**	› **minst**

B1

Onbepaald telwoord

een paar	**veel**
enige	**verscheidene**
enkele	**verschillende**
geen	**voldoende**
genoeg	**wat**
menige	**weinig**
sommige	**zat**

gebruik

1. **Onbepaalde telwoorden** gebruik je om een niet precies bekende hoeveelheid aan te geven.

   › **Enkele** seconden scheidden hem van de overwinning.

2. De meeste **onbepaalde telwoorden** kunnen bijvoeglijk en zelfstandig gebruikt worden. Als je met de zelfstandige vormen in het meervoud personen bedoelt, krijgt het onbepaald telwoord een **-n.**

   › **Verschillende** auto's hadden startproblemen. **Een paar** moesten zelfs worden weggesleept.
   › **Sommigen** wilden niet meewerken aan het project.
   › **Enkelen** deden mee, maar de meeste**n** gingen weg.

3. De meeste onbepaalde telwoorden krijgen een **-e** als ze voor een zelfstandig naamwoord staan. Hierbij gelden dezelfde regels als voor bijvoeglijk naamwoorden. **Een paar**, **geen, genoeg** en **wat** krijgen geen **-e.**

   › Hij heeft al enig**e** jaren een winkel in Ede.
   › Heeft u **een paar** pennen voor me?
   › Ik heb **genoeg** werk te doen.
   › Er waren **geen** mensen op straat.
   › Heeft u **wat** printpapier voor me? Ik ben er doorheen.

4. Een zelfstandig naamwoord waar in de bevestigende zin *een* voor staat of helemaal geen lidwoord, ontken je met **geen**.

› Ik wil nu koffie.	› Ik wil nu **geen** koffie.
› Zij hebben kinderen.	› Zij hebben **geen** kinderen.
› Hij neemt *een* boek mee uit de bibliotheek.	› Hij neemt **geen** boek mee uit de bibliotheek.

5. Tussen **geen** en het zelfstandig naamwoord mogen een *bijvoeglijk naamwoord, een bijvoeglijk naamwoord+bijwoord of een bepaald telwoord* staan.

   › Ik wil geen *zwarte* koffie.
   › Dat is geen *erg spannend* boek.
   › Zij hebben geen *drie* kinderen, maar vier.

6. **Veel** en **weinig** kunnen gebruikt worden met een zelfstandig naamwoord in het enkelvoud of meervoud. Ze worden meestal zonder -e gebruikt.

   › Dora heeft vandaag ontzettend **veel** werk te doen.
   › Er zijn **weinig** mensen langs geweest vandaag.

7. **Veel** en **weinig** krijgen na een *bepaald lidwoord*, een *aanwijzend* of een *bezittelijk voornaamwoord* een **-e.**

   › *De* **vele** artikelen die hij verkocht, lagen netjes in de marktkraam.
   › U kunt kiezen uit *deze* **vele** mogelijkheden.
   › *Mijn* **weinige** boeken zitten in deze tas.

B1

8.	De onbepaalde telwoorden kunnen *zelfstandig* gebruikt worden als je weet waarvoor ze in de plaats staan.	› We moeten veel opdrachten maken. **Sommige** vind ik erg moeilijk.
9.	**Sommige**, **verscheidene** en **verschillende** hebben altijd een **-e** omdat ze alleen voor een zelfstandig naamwoord in het meervoud kunnen staan.	› **Sommige** collega's werken heel hard. › **Verscheidene** mensen zijn omgekomen bij het ongeluk. › **Verschillende** collega's kwamen te laat.

trappen

10.	**Veel** en w**einig** hebben een vergrotende en een overtreffende trap.	› Ik heb ontzettend **veel** werk. › Hij heeft veel **meer** werk dan jij. › Zij heeft het **meeste** werk. › Ik heb **weinig** geld. › Zij heeft **minder** geld. › Hij heeft **het minste** geld.

Voornaamwoord

voornaamwoorden *pronomina*

Voornaamwoorden of **pronomina** zeggen iets over personen, dieren en zaken. Zij komen bijvoeglijk of zelfstandig voor.

persoonlijke voornaamwoorden	**onderwerp**	› **ik, 'k, jij, je, u, hij, ie, die, zij, ze, het, 't, wij, we, jullie, u, zij, ze**
persoonlijke voornaamwoorden	**voorwerp**	› **mij, me, jou, je, u, hem, 'm, haar, 'r, het, 't, ons, jullie, je, u, hun, hen, ze**
wederkerende voornaamwoorden		› **me, je, zich, ons, u**
wederkerige voornaamwoorden		› **elkaar, mekaar**
bezittelijke voornaamwoorden		› **mijn, m'n, jouw, je, zijn, z'n, haar, d'r, uw, ons, onze, jullie, je, hun**
aanwijzende voornaamwoorden		› **deze, die, dit, dat, zo'n, zulke**
onbepaalde voornaamwoorden		› **iets, niets/niks, iemand, niemand, iedereen, alles, ergens, nergens, ooit, nooit**
betrekkelijke voornaamwoorden		› **die, dat, wie, wat, welk(e), hetgeen**
vragende voornaamwoorden		› **wie?, wat?, welk(e)?, wat voor (een)?**

Persoonlijk voornaamwoord: onderwerp

		met nadruk	zonder nadruk
eerste persoon	**enkelvoud**	ik	'k
tweede persoon	**enkelvoud**	jij u	je u
derde persoon	**enkelvoud**	hij zij het	ie/die ze 't
eerste persoon	**meervoud**	wij	we
tweede persoon	**meervoud**	u jullie	u jullie
derde persoon	**meervoud**	zij	ze

onderwerp

1. **Ik, 'k, jij, je, u, hij, zij, ze, het, 't, wij, we, u, jullie, zij** en **ze** worden gebruikt als onderwerp van de zin. Ze komen alleen zelfstandig voor.

› **Ik** houd van lekker eten.
› **Je** komt toch ook?
› **Hij** loopt elke dag vijf kilometer.
› **Wij** gaan naar de markt.
› **Jullie** moeten je huiswerk maken.
› **Zij** zijn met vakantie.

nadruk onderwerp

2. **Ik, jij, u, hij, zij, het, wij, u, jullie** en **zij** krijgen nadruk als je twee mensen met elkaar vergelijkt.

› **Zij** heeft al haar werk al klaar, maar **jij** nog niet.

3. **Ik, jij, u, hij, zij, het, wij, u, jullie** en **zij** krijgen nadruk in een antwoord op een vraag.

› Wie gaat er mee naar de markt? **Wij**.
› Wie maakt de tafel straks leeg? **Ik** niet, **hij** is aan de beurt.

onderwerp 1e persoon

4. De **eerste persoon enkelvoud** wordt gebruikt als iemand over zichzelf spreekt.

› **Ik** schrijf kinderboeken.

5. De **eerste persoon meervoud** wordt gebruikt als iemand over zichzelf en anderen spreekt.

› **We** gaan straks naar de markt.

onderwerp 2e persoon

6. De **tweede persoon enkelvoud** wordt gebruikt voor de persoon of het dier tegen wie je praat.

› Vind **je** het leuk op school?
› Ga **je** mee naar buiten, Fikkie?
› Dag mevrouw, komt **u** binnen.

7. **Jij/je** gebruik je voor vrienden, ouders, kinderen en jongeren tot ongeveer 18 jaar.

› Hoi Peter, ga **je** mee naar de stad?
› Mam, heb **je** tien euro voor me?
› Jan, haal **jij** straks even boodschappen?
› Jongeman, weet **je** misschien waar het station is?

A1

8.	**U** gebruik je voor onbekenden en voor personen tegen wie je meneer of mevrouw zegt.	› Bent **u** meneer Bruinsma? › Dag mevrouw Jansen, **u** bent mooi op tijd.
9.	**Jullie** gebruik je voor twee of meer personen.	› Beginnen **jullie** met werken, jongens? › **Jullie** moeten boodschappen doen.
10.	**U** gebruik je voor twee of meer onbekenden en personen tegen wie je meneer of mevrouw zegt.	› Dames en heren, neemt **u** vast iets te drinken! › Meneer en mevrouw Visser, gaat **u** zitten. Wilt **u** misschien een kopje koffie?

onderwerp 3e persoon

11.	**Hij** gebruik je bij een mannelijke persoon en bij de meeste de-woorden.	› Waar is Piet? **Hij** is naar zijn werk. › Waar is meneer De Groot? **Hij** is in Italië. › Zie jij de kat? **Hij** is in de tuin. › Is de koelkast goed dicht? Ja, **hij** is goed dicht.
12.	**Zij/ze** gebruik je bij een vrouwelijke persoon.	› Maria is ziek. **Ze** werkt vandaag niet.
13.	**Het** gebruik je als onderwerp bij werkwoorden die het weer aanduiden en bij het noemen van tijd.	› **Het** *regent*. › **Het** *waait* hard. › **Het** *sneeuwt* al de hele dag. › **Het** is twaalf uur. › **Het** is vandaag dinsdag.
14.	**Het** staat als onderwerp alleen op de eerste plaats in de zin. In de vraagzin komt **het** op de tweede plaats, direct na de *persoonsvorm*.	› **Het** regent. › **Het** is al bijna vier uur. › *Is* **het** al zo laat? Dan moet ik weg.
15.	**Zij/ze** gebruik je bij mannelijke en vrouwelijke personen in het meervoud.	› Jan en Lidia komen wat later. **Ze** wachten op de bus.

Persoonlijk voornaamwoord: onderwerp

	beklemtoond	onbeklemtoond
enkelvoud	ik	'k
enkelvoud	jij u	je u
enkelvoud	hij zij het	ie/die ze 't
meervoud	wij	we
meervoud	u jullie	u jullie
meervoud	zij	ze

onderwerp

1. De **onderwerpsvorm** van het persoonlijk voornaamwoord gebruik je als onderwerp en komt alleen zelfstandig voor.
   - › **Wij** moeten morgen de hele dag werken.
   - › **Hij** gaat ons binnenkort verlaten voor een andere baan.

2. De **onderwerpsvorm** gebruik je na *als* en *dan*.
   - › Maria is bijna even groot *als* **hij**.
   - › Kees is groter *dan* **jij**.

3. De **onderwerpsvorm** gebruik je als je iemand direct aanspreekt.
   - › **Jij** daar, wat ben je aan het doen?
   - › Hebt **u** dat betaald?

4. De **onderwerpsvorm** gebruik je in het naamwoordelijk gezegde.
   - › Daar links op die foto, dat zijn **wij**.
   - › Ken je mijn chef niet? Kijk daar is **hij**.

nadruk onderwerp

5. Het **persoonlijk voornaamwoord** krijgt nadruk of is beklemtoond als je twee mensen met elkaar vergelijkt, als het onderwerp uit twee personen bestaat met *en* ertussen en in een antwoord op een vraag.
   - › **Zij** is al klaar met haar werk, maar **jij** nog niet.
   - › Wie gaan deze dossiers behandelen? **Wij**.
   - › Mieke *en* **ik** gaan straks de stad in.

onderwerp 1e persoon

6. De **eerste persoon enkelvoud** wordt gebruikt als iemand over zichzelf spreekt.
   - › **Ik** moet iedere dag tot vijf uur werken.

7. In de spreektaal komt **'k** vaak voor.
   - › **'k** Heb je wel gezien hoor! Je hoeft je niet te verstoppen.

8. De **eerste persoon meervoud** wordt gebruikt als iemand over zichzelf en anderen spreekt.
   - › **We** hebben eindelijk de keuken geschilderd.

9. **Wij** gebruik je vooral in de schrijftaal of als het onderwerp beklemtoond is.
   - › Zij zijn gisteren thuisgebleven, maar **wij** hebben de hele dag gewerkt.

B1

onderwerp 2e persoon

10\. De **tweede persoon enkelvoud** wordt gebruikt als iemand tegen een persoon of dier spreekt.

> Moet **je** volgend weekend werken?
> Wil **je** een lekker kluifje, Fikkie?
> Dag mevrouw, **u** bent toch gekomen?

11\. **Jij/je** gebruik je voor vrienden, ouders, kinderen en jongeren tot ongeveer 18 jaar.
Jij gebruik je vooral in de schrijftaal of als er nadruk op ligt. **Jij** is dan beklemtoond.

> Kom **je** morgen een spelletje doen?
> Jan, haal **jij** eens een pak papier voor de printer.

12\. **Je** gebruik je vooral in de spreektaal als je spreekt in het algemeen. Het vervangt dan **men**.

> Meneer, hoe kom **je** van hier in het centrum?
> Hoe maak **je** kopieën met deze machine?
> Waar koop **je** hier ergens postzegels?

13\. **Jij/je** gebruik je als je iemand bij de voornaam noemt of bij de achternaam zonder meneer of mevrouw.

> Piet, kom **je** ook?
> Maria, **je** vergeet je tas.
> Jansen, **je** moet dit nog even afmaken.

14\. **U** gebruik je voor onbekenden en voor personen die je aanspreekt met meneer, mevrouw of een andere aanspreektitel.

> O, hallo meneer Bruinsma, komt **u** straks ook naar de vergadering?
> Dag mevrouw Jansen, **u** bent vroeg vandaag.
> Dag dokter, **u** heeft me goed geholpen.
> Mevrouw de rechter, wilt **u** koffie?

15\. De **tweede persoon meervoud** gebruik je als iemand tegen twee of meer personen spreekt.

> **Jullie** moeten even goed luisteren.
> Sorry meneer, waar kunnen wij het station vinden? **U** moet de tweede straat rechts nemen.

16\. **Jullie** gebruik je voor twee of meer personen.

> Gaan **jullie** aan de gang, jongens?
> **Jullie** moeten eerst je werk afmaken.

17\. **U** gebruik je voor twee of meer onbekende personen of voor personen die je aanspreekt met meneer of mevrouw.

> Dames en heren, neemt **u** plaats! Ik kom zo bij u.
> Meneer en mevrouw Visser, geeft **u** uw jassen maar hier, dan hang ik ze even weg.

18\. Het *werkwoord* bij **u** staat in het enkelvoud, ook als met **u** meerdere personen worden bedoeld.

> Heren, wat goed dat **u** er *bent*. *Komt* **u** binnen!

onderwerp 3e persoon

19\. De **derde persoon enkelvoud** wordt gebruikt als iemand over een persoon, dier of zaak spreekt.

> Jan is onze nieuwe collega. **Hij** werkt op de postkamer.

20\. **Hij** gebruik je bij een mannelijke persoon en bij de meeste de-woorden. **Zij/ze** gebruik je bij een vrouwelijke persoon.

> **Hij** heeft een afspraak bij de tandarts gemaakt.
> Maria is ziek. **Ze** komt vandaag niet werken.

21\. **Ie** is een vorm van *hij*, zonder nadruk of klemtoon. Je gebruikt *ie* alleen in de spreektaal.

> Hoe staat het met zijn werk? Heeft-**ie** het al klaar?

22.	**Het** gebruik je als **onderwerp** bij werkwoorden die het *weer* aanduiden, bij het noemen van de *tijd* en in de plaats van *het-woorden*. **Het** staat als onderwerp alleen op de eerste plaats in de zin, behalve in vraagzinnen.	› **Het** *regent* al de hele dag keihard. › **Het** is al weer bijna *vier uur*. › Waar is *dat boek* toch? **Het** lag hier net nog. › Ligt **het** niet op je bureau?
23.	**Het** is soms het (voorlopig) onderwerp in een zin.	› Hoor je dat beest? **Het** lijkt me een hond.
24.	De **derde persoon meervoud** wordt gebruikt als iemand over twee of meer personen, dieren of zaken spreekt.	› Heb je de collega's van de postkamer gezien? Ja, **ze** waren net hier. › Mijn honden zijn ziek, **ze** moeten naar de dierenarts. › De deuren zijn helemaal vies, **ze** moeten nodig schoongemaakt worden.
25.	**Zij/ze** gebruik je bij mannelijke en vrouwelijke personen in het meervoud.	› Jan en Lidia komen wat later. **Ze** hebben de trein gemist.
26.	**Zij** gebruik je vooral in de schrijftaal en als het persoonlijk voornaamwoord beklemtoond is.	› Hebben Lars en Rimke al een nieuwe auto gekocht? Nee, **zij** niet maar ik wel.
27.	**Ze** gebruik je in plaats van **men** als je spreekt in het algemeen.	› **Ze** zeggen dat hij gestolen heeft. › In die bioscoop draaien **ze** de nieuwste film van deze regisseur.

men

28.	**Men** gebruik je voor mensen in het algemeen. Men kan je alleen als onderwerp gebruiken en is formeel. Bij **men** staat het *werkwoord* in het enkelvoud. In plaats van **men** kun je ook **je** of **ze** zeggen. Na **ze** staat het *werkwoord* in het meervoud.	› **Men** *mag* zonder rijbewijs niet autorijden. › **Men** *zegt* dat alles met de euro alleen maar duurder is geworden. › **Je** mag zonder rijbewijs niet autorijden. › **Ze** *zeggen* dat alles met de euro alleen maar duurder is geworden.

A1

Persoonlijk voornaamwoord: voorwerp

		met nadruk	zonder nadruk
eerste persoon	**enkelvoud**	mij	me
tweede persoon	**enkelvoud**	jou u	je u
derde persoon	**enkelvoud**	hem haar het	'm 'r 't
eerste persoon	**meervoud**	ons	ons
tweede persoon	**meervoud**	u jullie	u je
derde persoon	**meervoud**	hen, hun	ze

voorwerp

1. De **voorwerpsvorm** van het persoonlijk voornaamwoord gebruik je vaak na een *voorzetsel.*

> We gaan *met* **haar** naar de stad.
> Hij doet het *voor* **ons.**

voorwerp 1e persoon

2. De **eerste persoon enkelvoud** gebruik je als je over jezelf praat.

> Kunt u iets voor **me** doen?

3. De **eerste persoon meervoud** gebruik je als je over jezelf en anderen praat.

> Geef je de sleutels aan **ons**?

voorwerp 2e persoon

4. De **tweede persoon enkelvoud** gebruik je als je tegen iemand praat.

> Gerrit, ik heb hier een brief voor **je.**
> Hij vertelt het straks aan **u.**
> Jansen, ik heb een nieuwe opdracht voor **je.**

5. **Jou/je** gebruik je voor vrienden, ouders, kinderen en jongeren tot ongeveer 18 jaar.

> Peter, ik hoor al een tijdje niets van **je.**
> Mam, mag het van **jou**?
> Pietje, ik heb iets voor **je.**
> Jongeman, ik heb een baan voor **je.**

6. **U** gebruik je voor onbekenden en personen tegen wie je meneer of mevrouw zegt.

> Meneer Jansen, hoe gaat het met **u**?
> Mevrouw, ik heb een pakje voor **u.**

7. De **tweede persoon meervoud** gebruik je als je tegen twee of meer personen praat.

> Jongens, ik praat tegen **jullie.**
> Meisjes, kom eens, ik heb iets voor **jullie.**
> Mevrouw en meneer De Vries, hoe gaat het met **u**?

voorwerp 3e persoon

8. **Hem** gebruik je voor een *mannelijk persoon.*

> Hoor je nog wel eens iets van *Karel*? Nee, ik hoor niets meer van **hem.**

9.	**Hem** gebruik je voor mannelijke *de-woorden*.	› Is dat je *auto*? Nee, dat is **hem** niet.
10.	**Haar** gebruik je voor een *vrouwelijke persoon*.	› Mijn *moeder* is ziek. Ik ga straks naar **haar** toe.
11.	**Het** gebruik je voor een *het-woord*.	› Heb je het *boek*? Nee, ik heb **het** nog niet.
12.	**Ze/hun/hen** gebruik je als je over twee of meer personen, dieren of zaken praat.	› Jan en Kees komen zo. Ik zag **hen** lopen. › De honden? Ik geef **hun** een bot. › De sleutels? Nee, ik heb **ze** niet.
13.	**Hun** en **hen** gebruik je voor personen.	› Ik zie **hen** morgen op het werk. › De portier geeft **hun** de sleutels. › De portier geeft de sleutels *aan* **hen**.
14.	**Ze** gebruik je vooral voor zaken.	› Zie jij mijn schoenen? Nee, ik zie **ze** niet.
15.	**Ze** kun je in de spreektaal ook voor personen gebruiken.	› Zie jij Jan en Kees nog vandaag? Ik zie **ze** straks.

B1

Persoonlijk voornaamwoord: voorwerp

		met nadruk	zonder nadruk
eerste persoon	**enkelvoud**	mij	me
tweede persoon	**enkelvoud**	jou u	je u
derde persoon	**enkelvoud**	hem haar het	'm 'r 't
eerste persoon	**meervoud**	ons	ons
tweede persoon	**meervoud**	u jullie	u je
derde persoon	**meervoud**	hen, hun	ze

voorwerp

1. De **voorwerpsvormen** van het persoonlijk voornaamwoord gebruik je voor het **lijdend** of **meewerkend voorwerp.**
   › Hij heeft **me** in Amsterdam zien lopen.
   › Ik heb de map **aan haar** gegeven.

2. De **voorwerpsvormen** van het persoonlijk voornaamwoord gebruik je na een *voorzetsel.*
   › We zijn *met* **haar** naar de stad gegaan.
   › Hij heeft het *voor* **ons** gedaan.

nadruk voorwerp

3. Het **persoonlijk voornaamwoord** krijgt nadruk in tegenstellingen. Het persoonlijk voornaamwoord is dan beklemtoond.
   › Hij moest **jou** niet hebben maar **mij.**
   › Hij wilde **hen** niet spreken maar **ons.**

4. Het **persoonlijk voornaamwoord** is beklemtoond als het op de eerste plaats in de zin staat.
   › **Hem** zal ze nooit meer vertrouwen.
   › **Ons** is helemaal niets verteld.
   › **Jou** zocht ik.

5. Het **persoonlijk voornaamwoord** is onbeklemtoond als het niet naar een persoon verwijst.
   › Waar zijn de dossiers? Daar heb je **ze**, in de kast.

voorwerp 1e persoon

6. De **eerste persoon enkelvoud** gebruik je als je over jezelf praat.
   › Mag ik **me** even voorstellen? Ik heet Ria.

7. De **eerste persoon meervoud** gebruik je als je over jezelf en anderen praat.
   › Kent u **ons** niet meer? Wij zijn toen op uw feest geweest.

voorwerp 2e persoon

8. De **tweede persoon enkelvoud** gebruik je als je tegen iemand praat.
   › Gerrit, er zijn enkele brieven voor **je** aangekomen.
   › Heeft hij **u** verteld waarom hij zo laat is?
   › Jansen, ik heb een nieuwe opdracht voor **je** bij een andere klant.

9.	**Jou** gebruik je vooral in de schrijftaal en als het beklemtoond is.	› Ik heb het aan **jou** gegeven, niet aan hem.
10.	**Jou/je** gebruik je voor vrienden, ouders, kinderen en jongeren tot ongeveer 18 jaar.	› Peter, wat leuk dat ik **je** weer terugzie. › Mag ik van **jou** even een pen lenen? › Jongeman, ik heb een baan voor **je** bij een bank.
11.	**Jou/je** gebruik je als je iemand bij de voornaam noemt of bij de achternaam zonder meneer of mevrouw.	› Hé Jan, ik kom straks even bij **jou** langs. › Pietersen, ik heb een moeilijke opdracht voor **je**.
12.	**U** gebruik je voor onbekenden en voor personen die je aanspreekt met meneer, mevrouw of een andere aanspreektitel.	› Meneer Jansen, hoe gaat het met **u**? › Meneer, ik heb een pakje voor **u**. › Professor, ik heb hier mijn scriptie voor **u**.
13.	De **tweede persoon meervoud** gebruik je als je tegen twee of meer personen praat.	› Ik weet niet of jullie het in de gaten hebben, maar ik praat tegen **jullie**. › Mevrouw en meneer De Vries, hoe is het nu met **u**?

voorwerp 3e persoon

14.	**Hem** gebruik je voor een *mannelijk persoon* en voor mannelijke *de-woorden*.	› Weet jij waar *Karel* is? Nee, ik heb nog niets van **hem** gehoord. › Heb je *de laatste cd* van Adele al? Nee, ik heb **hem** nog niet.
15.	**Haar** gebruik je voor een vrouwelijke persoon.	› Je moet voor die banden bij Anke zijn, ik heb ze aan **haar** gegeven.
16.	**Het** gebruik je voor een *het-woord*.	› Heb je *het kantoor* van de chef al gevonden? Nee, ik heb **het** nog niet gevonden.
17.	**Het/'t** staat in sommige vaste uitdrukkingen.	› De dokter heeft **het** erg druk. › Ik ben **het** niet met je eens. › We hebben **het** er later nog wel eens over.
18.	Soms kunnen enkele woorden of een *hele zin* door **het** vervangen worden.	› Wie *heeft de brief op de post gedaan*? Ria heeft **het** gedaan.
19.	**Ze/hun/hen** gebruik je als je over twee of meer personen, dieren of zaken praat.	› Geen zorgen, ik heb **hun** gezegd dat ze op tijd moeten zijn.
20.	**Hun** gebruik je als het voornaamwoord de functie van **meewerkend voorwerp** heeft en er geen voorzetsel voor staat.	› Ik heb **hun** de mappen gegeven. › Zij heeft **hun** verteld wat er is gebeurd.
21.	**Hen** gebruik je als het voornaamwoord de functie van een **lijdend voorwerp** heeft of als het na een *voorzetsel* staat.	› Ik heb **hen** in de kantine gezien. › Zij heeft het *tegen* **hen** gezegd. › Ik heb onze oude koelkast *aan* **hen** gegeven.

B1

22. **Hun/hen** gebruik je als het voornaamwoord beklemtoond is.

> Ik heb Ria en Lies niet gezien, maar **hen** wel.
> Ik heb jou de cd's gegeven, maar **hun** nog niets.

23. **Hun** en **hen** gebruik je voor personen. **Ze** gebruik je vooral voor zaken. **Ze** kun je in de spreektaal ook voor personen gebruiken.

> De portier heeft **hun** de sleutels van het nieuwe huis gegeven.
> Zij heeft de dossiers aan **hen** gegeven.
> Jan en Kees? Ik heb **ze** net nog in de kantine gezien.

B2

Persoonlijk voornaamwoord: voorwerp

		met nadruk	zonder nadruk
eerste persoon	**enkelvoud**	mij	me
tweede persoon	**enkelvoud**	jou u	je u
derde persoon	**enkelvoud**	hem haar het	'm 'r 't
eerste persoon	**meervoud**	ons	ons
tweede persoon	**meervoud**	u jullie	u je
derde persoon	**meervoud**	hen, hun	ze

voorwerp

1. De **voorwerpsvormen** van het persoonlijk voornaamwoord gebruik je voor het **lijdend** of **meewerkend voorwerp** en als het persoonlijk naamwoord na een *voorzetsel* komt.

> Hij heeft **me** op mijn werk opgebeld *om* **me** uit te nodigen.
> Ik heb de sleutels van kantoor *aan* **haar** gegeven.
> Hij heeft dit werk *voor* **mij** gedaan

2. Een **persoonlijk voornaamwoord zonder voorzetsel** in de functie van meewerkend voorwerp verwijst bijna altijd naar personen.

> De baas heeft **hem** de opdracht gegeven.
> De docent heeft **haar** het probleem uitgelegd.
> Kees heeft het **hun** geschreven.

3. De **onbeklemtoonde vormen van het voorwerp** gebruik je als er naar personen gevraagd wordt en je de klemtoon niet op het voornaamwoord legt.

> Ik kan Peter niet vinden, heb jij **'m** gezien?

4. De **onbeklemtoonde vormen van het voorwerp** gebruik je in sommige vaste uitdrukkingen. Vaak wordt ook de volledige, beklemtoonde vorm geschreven.

> Dat is 't **'m**.
> Hij zit **'m** te knijpen.
> Daar zit **'m** de kneep.
> Hij is **'m** gesmeerd.
> Daar zit 't **'m** in.
> Hij heeft **'m** zitten.
> Hij heeft **'m** om.
> Hij heeft 't **'m** geflikt.
> Het is **'m** gelukt.

nadruk voorwerp

5. Het **persoonlijk voornaamwoord** is beklemtoond in tegenstellingen en als het op de eerste plaats in de zin staat. Als het **persoonlijk voornaamwoord** niet naar een persoon verwijst, is het onbeklemtoond.

> De baas heeft **jou** die opdracht niet gegeven, maar **mij**.
> **Hem** zal ze nooit meer in vertrouwen nemen.
> Heb je die dossiers gezien? Ik heb **ze** net hier neergelegd.

B2

6. Het **persoonlijk voornaamwoord** is beklemtoond in *uitdrukkingen met een vast voorzetsel.*	› Hij *denkt* alleen *aan* **haar**. › Ik *ben het met* **jou** *eens.* › Ze *maakt gebruik van* **hem**.
7. Het **persoonlijk voornaamwoord** is beklemtoond als het een *bepaling* bij zich heeft die direct op het voornaamwoord slaat.	› Ze hebben *ook* **háár** daar gezien. › *Zelfs* **hem** hebben ze niet gespaard. › Ze wilden *alleen* **jou** voor die baan hebben.

voorwerp 1e persoon

8. De **eerste persoon enkelvoud** gebruik je als je over jezelf praat.	› Mag ik **me** even voorstellen? Ik ben Ria, de vrouw van Hans.
9. De **eerste persoon meervoud** gebruik je als je over jezelf en anderen praat.	› Heeft u nog nooit van **ons** gehoord?

voorwerp 2e persoon

10. De **tweede persoon enkelvoud** gebruik je als je tegen iemand praat. **Jou** gebruik je vooral in de schrijftaal en als het beklemtoond is.	› Fred, ik heb een lastige vraag voor **je**. › Ik heb het aan **jou** gegeven, niet aan hem.
11. **Jou/je** gebruik je voor vrienden, ouders, kinderen, jongeren tot ongeveer 18 jaar en als je iemand bij de voornaam noemt of bij de achternaam zonder meneer of mevrouw.	› Papa, mag ik iets aan **je** vragen? › Henk, ga even zitten. Ik moet **je** iets vertellen.
12. **U** gebruik je voor onbekenden en voor personen die je aanspreekt met meneer, mevrouw of een andere aanspreektitel.	› Professor, ik heb een pakketje uit Amerika voor **u**.
13. De **tweede persoon meervoud** gebruik je als je tegen twee of meer personen praat.	› Collega's, luister even, ik wil **jullie** iets belangrijks meedelen. › Mevrouw en meneer De Vries, wat leuk dat ik **u** zie. Hoe gaat het met **u**?

voorwerp 3e persoon

14. **Hem** gebruik je voor een *mannelijk persoon* en bij de-woorden.	› Heb je al iets van *de loodgieter* gehoord? Nee, ik heb nog niets van **hem** gehoord.
15. Als een voornaamwoord aan het begin van een zin naar *een zaak* verwijst, gebruik je **die** in plaats van hem.	› Hoe doet je nieuwe *computer* het? **Die** heb ik nog niet geïnstalleerd.
16. **Hem** kan wel aan het begin van de zin staan als dit voornaamwoord naar een persoon verwijst.	› Heb je Kees al gezien? **Hém** heb ik nog niet gezien, maar Jos wel.
17. **Haar** gebruik je voor een vrouwelijke persoon en vrouwelijke woorden in het enkelvoud.	› Je moet voor dat dossier bij Anke zijn, ik heb het **haar** gegeven. › De lerares vroeg om mijn werkstuk en ik heb het **haar** per e-mail toegestuurd.

18.	**Het** gebruik je vaak als vooruit- of terugverwijzing naar een zin of iets dat bekend verondersteld wordt.	› Ik zie **het** niet dat je naar de kapper geweest bent. › Ik geloof **het** zo wel, je hoeft niets te bewijzen. › Ik weet nog niet of het doorgaat maar ik denk **het** wel. › Weet je nu hoe je die som moet maken? Ja, ik begrijp **het** nu.
19.	**Het** wordt ook gebruikt in: *persoonlijk voornaamwoord als onderwerp* + een vorm van het werkwoord zijn + **het** als voorwerp.	› *Zij* is **het** die de prijs gewonnen heeft. › Wie is daar? *Ik* ben **het**. › *Wij* zijn **het** die deze klus afgemaakt hebben.
20.	Als een voornaamwoord aan het begin van een zin naar *een zaak* verwijst, gebruik je **dat** in plaats van *het*. Na het werkwoord kan je wel **het** gebruiken.	› Hoe vind je dat nieuwe liedje? › **Dat** heb ik nog nooit gehoord. › Ik heb **het** nog nooit gehoord.
21.	Soms kunnen *enkele woorden* of *een hele zin* door **het** vervangen worden.	› Wie *heeft de brief op de post gedaan*? Ria heeft **het** gedaan direct nadat hij klaar was.
22.	**Ze/hun/hen** gebruik je als je over twee of meer personen, dieren of zaken praat.	› Maak je niet druk, ik heb **hun** op het hart gedrukt om op tijd te zijn.
23.	**Hun** gebruik je voor personen als het voornaamwoord een meewerkend voorwerp is en er geen voorzetsel voor staat.	› De makelaar heeft **hun** de sleutels van het nieuwe huis overhandigd. › De chef heeft **hun** een speciale opdracht gegeven.
24.	**Hen** gebruik je als het voornaamwoord een **lijdend voorwerp** is of na een *voorzetsel* staat.	› Ik heb **hen** in de kantine koffie zien drinken. › Zij heeft *tegen* **hen** gezegd dat ze moesten opschieten. › Ik heb de gevraagde informatie *aan* **hen** gegeven.
25.	**Hun/hen** gebruik je als het voornaamwoord beklemtoond is.	› Ik heb nog niets van Lili en Hessel gehoord maar van **hen** wel. › Ineke heeft mij die telefoonnummers wel gestuurd, maar **hun** nog niet.
26.	**Ze** gebruik je vooral voor zaken.	› Heb jij die dossiers gezien? Ze lagen hier net nog. Nee, ik heb **ze** niet gezien. Misschien heeft Ria **ze** meegenomen.
27.	**Ze** kun je in de spreektaal ook voor personen gebruiken.	› Heb je Jan en Kees gezien? Ik heb **ze** net nog in de kantine gezien.

A2

Wederkerend voornaamwoord

eerste persoon	**enkelvoud**	me/mij
tweede persoon	**enkelvoud**	je u/zich
derde persoon	**enkelvoud**	zich zich zich
eerste persoon	**meervoud**	ons
tweede persoon	**meervoud**	je zich
derde persoon	**meervoud**	zich

vorm

1.	**Wederkerende voornaamwoorden** of **reflexieve pronomina** zijn een deel van *wederkerende* werkwoorden.	› Ik *was* **me** elke dag. › Hij *scheert* **zich** nooit. › Heb je **je** al *gewassen*? › U heeft **zich** *vergist*.
2.	Sommige werkwoorden kunnen met of zonder **wederkerend voornaamwoord** gebruikt worden.	› Papa wast **zich**. › Papa wast het kind. › Jantje kleedt **zich** aan. › Moeder kleedt Jantje aan.
3.	Sommige werkwoorden hebben altijd een **wederkerend voornaamwoord** bij zich.	› Sorry, ik heb **me** vergist.
4.	Het **onderwerp** van een wederkerend werkwoord kan een persoon zijn.	› **Piet** stootte zich aan de tafel.
5.	Het **onderwerp** van een wederkerend werkwoord kan een dier zijn.	› **Een kat** wast zich de hele dag.
6.	Het **onderwerp** van een wederkerend werkwoord kan een zaak zijn.	› **De geschiedenis** herhaalt zich.
7.	Bij de *beleefdheidsvorm met u* gebruik je **zich** als wederkerend voornaamwoord.	› *Vergist u* **zich** niet in de weg? › Hoe laat *kleedt u* **zich** aan?
8.	Bij de beleefdheidsvorm met u gebruik je na een *voorzetsel* **u** of **zich**.	› Heeft u uw jas *bij* **u**? › Heeft u uw jas *bij* **zich**?

verwijzing

9.	**Wederkerende voornaamwoorden** zeggen iets over het *onderwerp* van een zin.	› *Mijn broer* wast **zich** elke dag. › *Een kat* wast **zich** de hele dag door. › *Zij* vergist **zich** in de weg.
10.	**Wederkerend voornaamwoord** en *onderwerp* gaan over dezelfde persoon.	› *Ik* was **me** met koud water.

11.	**Wederkerende voornaamwoorden** komen alleen zelfstandig voor.	› Jij scheert **je** bijna nooit.

plaats

12.	Het **wederkerend voornaamwoord** staat achter het *werkwoord.*	› Hij *vergist* **zich** in de weg.
13.	In de infinitief of onbepaalde wijs staat het **wederkerend voornaamwoord** vóór het *werkwoord.*	› Iedereen kan **zich** *vergissen.*
14.	Als de persoonsvorm vooraan in de zin staat, komt het **wederkerend voornaamwoord** na het *onderwerp.*	› Herinner *jij* **je** nog hoe hij heet? › Vanmorgen heeft *ze* **zich** gewassen.

B1

Wederkerend voornaamwoord

	enkelvoudige vorm	zelf-vorm
eerste persoon enkelvoud	me/mij	mezelf/mijzelf
tweede persoon enkelvoud	je u/zich	jezelf uzelf/zichzelf
derde persoon enkelvoud	zich zich zich	zichzelf zichzelf zichzelf
eerste persoon meervoud	ons	onszelf
tweede persoon meervoud	je zich	jezelf uzelf/zichzelf
derde persoon meervoud	zich	zichzelf

enkelvoudige vorm

1. **Wederkerende voornaamwoorden** zijn een onderdeel van wederkerende werkwoorden. Het *onderwerp* van dat werkwoord kan een persoon, een dier of een zaak zijn.

› *De vrouw* realiseerde **zich** al gauw dat ze een fout gemaakt had.
› *Een kat* wast **zich** de hele dag.
› *De geschiedenis* herhaalt **zich**.

2. Sommige werkwoorden kunnen met of zonder **wederkerend voornaamwoord** gebruikt worden. Het werkwoord is dan toevallig wederkerend.

› Hij **snijdt zich** in zijn vinger.
› De kok **snijdt** de uien fijn.

3. Sommige werkwoorden moeten een **wederkerend voornaamwoord** bij zich hebben. Het werkwoord is dan noodzakelijk wederkerend.

› Hij vergiste **zich** bij het tellen.
› Schaam je **je** niet?
› Ik verheug **me** op het feestje.

4. De **enkelvoudige vorm** gebruik je bij noodzakelijk wederkerende werkwoorden.

› De kinderen verheugen **zich** op het feestje.

5. De **enkelvoudige vorm** gebruik je bij *toevallig wederkerende werkwoorden* als het voornaamwoord geen nadruk heeft.

› Mijn broer *scheert* **zich** elke dag.
› Ik ga **me** even *omkleden* voor ik naar mijn werk ga.
› Jullie *vermaken* **je** wel?

6. De **enkelvoudige vorm** gebruik je na een *voorzetsel*, als dit voorzetsel een plaats aanduidt.

› Hij zet zijn laptop *voor* **zich** op tafel.
› De vrouw legt de baby *naast* **zich** in bed.

7. Als het onderwerp *u* is, dan gebruik je meestal **zich** als **voornaamwoord**.

› Heeft *u* **zich** niet vergist?
› Schaamt *u* **zich** niet?
› Scheert *u* **zich** elke dag?

8. In een gebiedende wijs in de beleefdheidsvorm kun je alleen **u** als **voornaamwoord** gebruiken.

› Vergis **u** niet bij het tellen van het geld!
› Was **u** elke dag met koud water en gebruik een goede bodylotion.

9.	Na een *voorzetsel* gebruik je **u** of **zich**.	› Heeft u de formulieren *bij* **u**? › Heeft u de formulieren *bij* **zich**?
10.	Na inversie gebruik je meestal **zich** in de beleefdheidsvorm.	› Heeft u **zich** zeer gedaan?

zelf-vorm

11.	De **zelf-vorm** gebruik je bij noodzakelijk *wederkerende uitdrukkingen* met een voorzetsel.	› Na de ruzie moest ze even *tot* **zichzelf** *komen.* › Mijn dochter *woont* al jaren *op* **zichzelf.** › De man *was buiten* **zichzelf** van woede. › Ik wil even *op* **mezelf** *zijn.*

verwijzing

12.	**Wederkerende voornaamwoorden** komen alleen zelfstandig voor. Wederkerend voornaamwoord en *onderwerp* zijn dezelfde persoon.	› *Ik* herinner **me** zijn naam niet meer. › *Wij* schaamden **ons** voor die stomme fout. › *Zij* haastten **zich** naar het loket.

plaats

13.	**Wederkerende voornaamwoorden** komen direct na de *persoonsvorm.* Bij inversie staan ze na het *onderwerp.* In de *infinitief* staat het voornaamwoord vóór het werkwoord.	› Zij *herinnert* **zich** niets meer van het ongeluk. › Vanmorgen heeft *ze* **zich** in de straat vergist. › Iedereen kan **zich** *aanmelden.*
14.	In de bijzin staat het **wederkerend voornaamwoord** vlak na het *onderwerp.*	› Ik weet dat *hij* **zich** schaamde voor zijn domme fout.

B2

Wederkerend voornaamwoord

	enkelvoudige vorm	zelf-vorm
eerste persoon enkelvoud	me/mij	mezelf/mijzelf
tweede persoon enkelvoud	je u/zich	jezelf uzelf/zichzelf
derde persoon enkelvoud	zich zich zich	zichzelf zichzelf zichzelf
eerste persoon meervoud	ons	onszelf
tweede persoon meervoud	je zich	jezelf uzelf/zichzelf
derde persoon meervoud	zich	zichzelf

enkelvoudige vorm

1. **Wederkerende voornaamwoorden** maken deel uit van wederkerende werkwoorden. Het onderwerp van dit werkwoord kan een *persoon*, een *dier* of een *zaak* zijn.
   - › Kunt *u* **zich** die moeilijke zaak nog herinneren?
   - › *Een kat* wast **zich** de hele dag door met behulp van zijn tong.
   - › Door de eeuwen heen herhaalt *de geschiedenis* **zich** geregeld.

2. Sommige werkwoorden zijn toevallig wederkerend. Ze kunnen ook zonder wederkerend voornaamwoord voorkomen.
   - › Hij scheert **zich** dan wel elke ochtend, maar dat zou je 's middags niet zeggen.
   - › De kapper scheert hem dagelijks.

3. Sommige werkwoorden zijn noodzakelijk wederkerend. Ze kunnen niet zonder wederkerend voornaamwoord voorkomen.
   - › Hij vergiste **zich** bij het tellen, zonder dat hij het in de gaten had.
   - › Wij verheugden **ons** op het uitje, maar het ging niet door.

4. De **enkelvoudige vorm** gebruik je bij noodzakelijk wederkerende werkwoorden en bij toevallige wederkerende werkwoorden als het voornaamwoord geen nadruk heeft.
   - › De agent vond dat de man **zich** vreemd gedroeg en vroeg naar zijn papieren.
   - › Heb jij **je** ook aangemeld aan voor een cursus Spaans?

5. De **enkelvoudige vorm** gebruik je na een voorzetsel als dit *voorzetsel* een plaats aanduidt.
   - › Hij zette zijn splinternieuwe laptop *voor* **zich** op tafel.
   - › De vrouw legde de baby *naast* **zich** in bed.

6. Is het onderwerp *u*, gebruik je gewoonlijk **zich** als voornaamwoord.
   - › Heeft *u* **zich** niet in de weg vergist?
   - › Schaamt *u* **zich** niet voor uw gedrag?
   - › Scheert *u* **zich** elke dag met de hand?

7. In een gebiedende wijs in de beleefdheidsvorm kun je alleen **u** als **voornaamwoord** gebruiken.
   - › *Verslik* **u** niet in de graatjes!

8. In een gebiedende wijs in de beleefdheidsvorm kun je **zich** wel als voornaamwoord gebruiken als je **u** als *onderwerp* in de zin zet.
   - › Vergist *u* **zich** niet!

B2

9.	Na een *voorzetsel* gebruik je **u** of **zich**.	> Heeft u uw paspoort *bij* **u**? > Laat u het maar *over* **u** heenkomen, dan is het zo voorbij.	> Heeft u uw paspoort *bij* **zich**? > Laat u het maar *over* **zich** heenkomen, dan is het zo voorbij.
10.	Na inversie gebruik je meestal **zich** in de beleefdheidsvorm.	> Heeft u **zich** zeer gedaan bij die val? > Voortaan zou u **zich** wat meer kunnen inspannen.	

zelf-vorm

11.	De **zelf-vorm** gebruik je bij noodzakelijk wederkerende verbindingen met een *voorzetsel* en bij toevallig wederkerende verbindingen waarvan het voornaamwoord nadruk krijgt.	> Na de ruzie moest ze even *tot* **zichzelf** komen. > Er was niemand om ons te begeleiden. Toen hebben we **onszelf** maar vermaakt.
12.	Als het **voornaamwoord** onderdeel van een *nevenschikking* is (na '*en*'), gebruik je altijd de zelf-vorm.	> Ze kocht een trui voor haar man *en* voor **zichzelf**.
13.	Als het voornaamwoord op de **eerste plaats** in de zin staat, gebruik je altijd de zelf-vorm.	> **Zichzelf** stond hij het nooit toe om zwak te zijn.

plaats

14.	De enkelvoudige vorm van **wederkerende voornaamwoorden** komt direct na de *persoonsvorm* of, bij inversie, na het *onderwerp*. In de *infinitief* staat het voornaamwoord vóór het werkwoord. In de bijzin staat het wederkerend voornaamwoord vlak na het *onderwerp*.	> Zij *herinnert* **zich** helemaal niets meer van het ongeluk. > Toen ze buiten kwam, vroeg *ze* **zich** af waar haar fiets stond. > Iedereen kan **zich** *vergissen*. > Ik weet dat *hij* **zich** vanmorgen geschoren heeft, maar je zou het niet zeggen.
15.	De **zelf-vorm** staat meestal na een *voorzetsel*.	> *Buiten* **zichzelf** van woede schreeuwde hij dat ze het dan zelf maar moest uitzoeken.
16.	De **zelf-vorm** staat ná de *persoonsvorm* in de hoofdzin of ná het *onderwerp* in de bijzin. Als inversie optreedt staat de **zelf-vorm** ná het *onderwerp*.	> Hij *was* **zichzelf** niet meer na die gebeurtenis. > Hoewel *hij* **zichzelf** niet was, probeerde hij toch mee te doen. > Na die gebeurtenis was *hij* **zichzelf** niet meer.

A2

Wederkerig voornaamwoord

	zelfstandig	bijvoeglijk
neutraal	elkaar	elkaars
informeel	mekaar	mekaars

zelfstandig

1. Het meest gebruikte **wederkerig voornaamwoord** is elkaar.
   > Wij houden **elkaar** op de hoogte.
   > Zij komen bij **elkaar** op bezoek.

2. Het **wederkerig voornaamwoord** is altijd te vervangen door een **zelfstandig naamwoord**, zonder dat de betekenis van het werkwoord verandert.
   > Johan en Maria houden van **elkaar**.
   > Johan en Maria houden van **sporten**.

bijvoeglijk

3. Het **bijvoeglijk gebruikt wederkerig voornaamwoord** staat voor een *zelfstandig naamwoord*.
   > Zij houden **elkaars** *hand* vast.
   > Zij gebruiken **elkaars** *pen*.

4. Het **bijvoeglijk gebruikt wederkerig voornaamwoord** geeft een bezit weer.
   > Wij delen **elkaars** spullen: zij gebruikt mijn spullen en ik gebruik haar spullen.

gebruik

5. Het **wederkerig voornaamwoord** kan na een *voorzetsel* komen.
   > Ze stapelt de borden *op* **elkaar**.
   > *Achter* **elkaar** lopen we over de smalle weg.
   > De bezoekers komen *na* **elkaar** binnen.

verwijzing

6. Het **wederkerig voornaamwoord** zegt iets over het *onderwerp* van een zin.
   > *Wij* helpen **elkaar** altijd.
   > *Zij* gaven **elkaar** een kus toen ze elkaar zagen.

7. Het **onderwerp** bestaat uit twee of meer personen, dieren of zaken.
   > **Mensen** kijken elkaar aan als ze met elkaar praten.
   > **Katten** vechten vaak met elkaar.
   > **De kasten** staan naast elkaar in het kantoor.

B1

Wederkerig voornaamwoord

	zelfstandig	bijvoeglijk
neutraal	elkaar	elkaars
informeel	mekaar	mekaars

zelfstandig

1.	Het meest gebruikte **wederkerig voornaamwoord** is elkaar.	› Wij houden **elkaar** van de zaak op de hoogte. › Wij zien **elkaar** straks weer op het werk.
2.	Het **wederkerig voornaamwoord** is altijd te vervangen door een **zinsdeel met dezelfde functie**, zonder dat de betekenis van het werkwoord verandert.	› Johan en Maria houden erg veel van **elkaar**. › Johan en Maria houden erg veel van **wandelen**.
3.	In de spreektaal wordt soms **mekaar** gebruikt.	› We hebben **mekaar** al jaren niet gezien.

bijvoeglijk

4.	Het **bijvoeglijk gebruikt wederkerig voornaamwoord** staat voor een *zelfstandig naamwoord* en geeft een bezit weer.	› Wij gebruiken altijd **elkaars** *bureau* en *computer*.
5.	In de spreektaal wordt soms **mekaars** gebruikt.	› Ze verzorgen altijd **mekaars** planten.

gebruik

6.	Het **wederkerig voornaamwoord** kan een **lijdend** of **meewerkend voorwerp** zijn en het kan na een *voorzetsel* voorkomen.	› We ontmoeten **elkaar** op het station. › Zij geven **elkaar** cadeautjes. › De bezoekers van de beurs komen *na* **elkaar** binnen.

verwijzing

7.	Het **wederkerig voornaamwoord** zegt iets over het *onderwerp* van de zin. Het onderwerp bestaat uit twee of meer personen, dieren of zaken.	› *Mensen* horen **elkaar** aan te kijken als ze met elkaar praten. › *Katten* vechten vaak met **elkaar**. › *De kasten* staan vlak naast **elkaar** in de gang.
8.	**Elkaar** kan iets zeggen over twee personen met *en* ertussen.	› Maria *en* Jan houden van **elkaar**.
9.	**Elkaar** kan iets zeggen over een *zelfstandig naamwoord* in het meervoud.	› *De kinderen* maken altijd ruzie met **elkaar**. › Iedere week komen de *leden* bij **elkaar**. › Na hun redding vielen de *mijnwerkers* **elkaar** in de armen.
10.	**Elkaar** kan iets zeggen over een *meervoudig voornaamwoord*.	› In die buurt helpen *ze* **elkaar** altijd.
11.	**Elkaar** kan verwijzen naar een *voornaamwoord met algemene betekenis*.	› Als *je* **elkaar** verwijten maakt, kom je niet verder. › In tijden van nood moet *je* **elkaar** helpen.

A1

Bezittelijk voornaamwoord: bijvoeglijk

			met nadruk	zonder nadruk
eerste persoon	**enkelvoud**		mijn	m'n
tweede persoon	**enkelvoud**		jouw uw	je uw
derde persoon	**enkelvoud**	man vrouw het	zijn haar zijn	z'n d'r z'n
eerste persoon	**meervoud**		ons/onze	ons/onze
tweede persoon	**meervoud**		jullie uw	je uw
derde persoon	**meervoud**		hun	hun

algemeen

1. Het **bezittelijk voornaamwoord** of **possessief pronomen** vertelt iets over een bezit of verband.
   - › Dit is **mijn** tas.
   - › Is dat **jouw** kind?
   - › Dat is **hun** huis.
   - › **Onze** ouders zijn op vakantie.

2. Het **bezittelijk voornaamwoord** staat vóór het *zelfstandig naamwoord.*
   - › **zijn** *jas*
   - › **onze** *winkel*

3. Je kunt een **bijvoeglijk naamwoord** zetten tussen het *voornaamwoord* en het *zelfstandig naamwoord.*
   - › *Zijn* **dure** *jas* is stuk.
   - › *Onze* **nieuwe** *winkel* gaat om negen uur open.

1e persoon

4. **Mijn** gebruik je als jij een band hebt met een persoon of als een dier of een zaak van jou is.
   - › Dat is **mijn** broer.
   - › Ik ga met **mijn** hond naar buiten.
   - › Ik ben **mijn** sleutels kwijt.

5. **Ons/onze** gebruik je als jij en nog een persoon een band hebben met één of meer andere personen.
   - › Dat is **onze** broer.
   - › Dat zijn **onze** kinderen.

6. **Ons/onze** gebruik je als een dier of zaak van jou en één of meer andere personen is.
   - › We gaan **onze** hond uitlaten.
   - › We gaan **ons** huis verkopen.

2e persoon

7. **Je/jouw** gebruik je als je *jij* tegen de bezitter zegt.
   - › Piet, is dit **jouw** jas?
   - › Ria, vergeet **je** sleutels niet.

8. **Uw** gebruik je als je *u* zegt tegen de *bezitter(s).*
   - › Meneer Pietersen, hoe gaat het met **uw** vrouw?
   - › Dag *mevrouw en meneer De Ridder*, hier is **uw** post.

9. **Je** gebruik je voor meer bezitters als je ze aanspreekt met *jullie*.	› Jongens, ruimen jullie **je** troep op! › Hebben *jullie* **je** zwembroek bij je?

3e persoon

10. **Zijn** gebruik je als de *bezitter* een *man* is.	› *Hans* is **zijn** jas vergeten. › *Meneer Jansen* komt **zijn** kast ophalen.
11. **Zijn** gebruik je voor *zaken*.	› De *stoel* staat met **zijn** poten in het gras. › De *televisie* staat met **zijn** achterkant naar het raam.
12. **Haar** gebruik je als de *bezitter* een *vrouw* is.	› *Ria* komt zo **haar** kind ophalen. › *Mevrouw Jansen* is bij **haar** zus.
13. Is de *bezitter* een *het-woord*, dan is het bezittelijk voornaamwoord **zijn**.	› *Het kind* heeft **zijn** lolly nog niet op. › *Het dier* beschermt **zijn** nest.
14. **Hun** gebruik je als je over *meerdere bezitters* praat.	› **Hun** kinderen zijn al groot. › *Ria en Ans* hebben **hun** vakantie uitgesteld. › *De studenten* maken **hun** keuken schoon.

bijzonderheden

15. Bezittelijke voornaamwoorden zijn onveranderlijk, behalve **ons/onze.**	› **Onze** hond is een Duitse dog. › **Onze** jassen hangen in de gang. › **Ons** huis staat in een rustige straat.	
16. *De-woorden* en alle woorden in het meervoud krijgen **onze**.	› de hond › de jassen	› **onze** hond › **onze** jassen
17. *Het-woorden* in het enkelvoud krijgen **ons**.	› het kind › het huis	› **ons** kind › **ons** huis

B1

Bezittelijk voornaamwoord: bijvoeglijk

			met nadruk	zonder nadruk
eerste persoon	**enkelvoud**		mijn	m'n
tweede persoon	**enkelvoud**		jouw uw	je uw
derde persoon	**enkelvoud**	man vrouw het	zijn haar zijn	z'n d'r z'n
eerste persoon	**meervoud**		ons/onze	ons/onze
tweede persoon	**meervoud**		jullie uw	je uw
derde persoon	**meervoud**		hun	hun

algemeen

1. Het **bezittelijk voornaamwoord** geeft een bezit of verband aan en staat vóór het *zelfstandig naamwoord.*

› Dit is **zijn** *garage* met **zijn** *werkbank.*

2. Je kunt een *bijvoeglijk naamwoord* zetten tussen het **voornaamwoord** en het zelfstandig naamwoord.

› **Mijn** *volle* agenda laat geen ander werk toe.

3. Je kunt een *bijwoord* en een bijvoeglijk naamwoord zetten tussen het **voornaamwoord** en het zelfstandig naamwoord.

› **Zijn** *net* nieuwe computer ging dezelfde dag stuk.

4. **M'n**, **je**, **z'n**, **d'r** zijn onbeklemtoonde vormen. Ze zijn informeel en worden vooral in de spreektaal gebruikt.

› Heb je **m'n** collega nog gezien, gisteren?
› Ik heb **je** pen gevonden, maar waar heb ik hem nu?
› Hij is **z'n** boek vergeten mee te nemen.
› Zij is **d'r** sleutels kwijtgeraakt in de bus.

5. De vormen met **nadruk** gebruik je vooral in geschreven taal of als het voornaamwoord nadruk heeft.

› Dat is **mijn** pen, niet de jouwe.
› Is dat **hun** idee of is het **jouw** idee?
› Van wie is deze tas? Dat is **zijn** tas.

6. De combinatie **met** + **bezittelijk voornaamwoord** + **telwoord** komt veel voor. Het *telwoord* krijgt -en of wordt verkleind.

› We zaten **met z'n vieren** in de auto.
› Toen kwamen ze **met hun zessen** hierheen.
› Wij wonen hier **met ons vijven.**
› Leuk hè, zo samen **met ons tweetjes.**

1e persoon

7. **Mijn/m'n** gebruik je als de spreker een band heeft met iemand, of als de spreker een dier of zaak bezit.

› Dit is Wietse, **m'n** jongste broer.
› Ik ga nog even **mijn** hond uitlaten in het park.
› Nou ben ik **mijn** sleutels alweér kwijt.

8.	**Mijn/m'n** gebruik je soms als je tegen iemand praat die je heel goed kent.	› Daar is **mijn** grote vriend. › **M'n** lieve schat, wat wil je nog meer? › Kom, **m'n** liefste, we gaan.
9.	**Ons/onze** gebruik je als de spreker en minstens één ander een band hebben met een persoon, of als de spreker en minstens één ander een dier of zaak bezitten.	› Heb je **onze** nieuwe buurman al ontmoet? › We gaan **onze** werkzaamheden uitbreiden. › We hopen **ons** huis binnenkort voor een goede prijs te verkopen.

2e persoon

10.	**Je/jouw** gebruik je als je *jij* tegen de bezitter zegt.	› Piet, is dit **jouw** bureau? › Ria, vergeet je **je** dossiers niet mee te nemen?
11.	**Je** gebruik je als je het voornaamwoord in algemene zin gebruikt.	› Roken is slecht voor **je** gezondheid. › Het zal **je** kind maar zijn. › Bij het autorijden moet je **je** ogen goed openhouden.
12.	Als in de zin *jij/jou* staat, gebruik je het bezittelijke voornaamwoord **je**.	› Ik heb *jou* en **je** collega gisteren nog gezien. › Jij hebt **je** sjaal laten vallen.
13.	**Uw** gebruik je als je *u* zegt tegen de *bezitter(s).*	› *Meneer Pietersen*, hoe gaat het met **uw** vrouw? › Dag *mevrouw en meneer De Ridder*, heeft u **uw** post van vandaag al gehad?
14.	**Je** gebruik je voor *meer bezitters* als je ze aanspreekt met *jullie.*	› Nemen *jullie* **je** kopje mee naar achter? › *Kinderen*, pak **je** boek en doe het open op bladzijde 45.
15.	**Jullie** kun je als **bezittelijk voornaamwoord** gebruiken als *jullie* niet het *onderwerp* van de zin is.	› *Meisjes*, ruim **jullie** spullen op!

3e persoon

16.	**Zijn/z'n** gebruik je als de *bezitter* een *man* is.	› *Hans* heeft **z'n** mooiste pak aangetrokken. › *Gerrit* moet vandaag naar de tandarts om **zijn** gebit te laten controleren.
17.	**Zijn** gebruik je als het bezittelijk voornaamwoord in verband staat met: *men, iedereen, iemand, niemand, menigeen, wie*, enz.	› *Men* heeft **zijn** leven zelf in de hand. › *Iedereen* heeft **zijn** eigen problemen. › *Iemand* heeft **zijn** werk niet gedaan. › *Niemand* laat **zijn** kind alleen. › *Menigeen* heeft **zijn** twijfels over die maatregel. › *Wie* heeft **zijn** mobiele telefoon aanstaan?
18.	Voor zaken gebruik je **zijn/z'n** of het *lidwoord.*	› Het beeldscherm staat met **zijn** achterkant tegen de muur. › Het beeldscherm staat met *de* achterkant tegen de muur.

B1

19.	**Haar/d'r** gebruik je als de *bezitter* een *vrouw* is.	› *Ria* komt **d'r** stukken zo ophalen. › *Mevrouw Jansen* is bij **haar** zieke zus.
20.	**Haar** kun je ook gebruiken bij *vrouwelijke zelfstandige naamwoorden.*	› De *regering* nam **haar** besluit zorgvuldig. › De *fabriek* heeft **haar** werkzaamheden uitgebreid.
21.	*Het-woorden* krijgen **zijn** als bezittelijk voornaamwoord.	› Het *reisbureau* moet **zijn** folders nog laten drukken.
22.	**Hun** gebruik je als je over *meerdere bezitters* praat.	› *Jessica en Bert* hebben beiden **hun** opleiding met goed gevolg afgerond.
23.	Na *hoeveel* gebruik je het meervoudig voornaamwoord **hun**.	› *Hoeveel* leerlingen hebben **hun** werk nog niet af? › *Hoeveel* Nederlanders gaan er dit weekend naar **hun** vakantieadres?
24.	Bezittelijke voornaamwoorden zijn onveranderlijk, behalve **ons/onze**. Is het *zelfstandig naamwoord* een de-woord of staat het in het meervoud, dan gebruik je **onze**. Is het *zelfstandig naamwoord* waar het vóór staat een het-woord, dan krijg je **ons**.	› **Onze** *hond* is een Duitse dog. › **Onze** *ouders* vieren binnenkort hun gouden huwelijksfeest. › We hebben **ons** *werk* rustig thuis afgemaakt.

Bezittelijk voornaamwoord: bijvoeglijk

			met nadruk	zonder nadruk
eerste persoon	**enkelvoud**		mijn	m'n
tweede persoon	**enkelvoud**		jouw uw	je uw
derde persoon	**enkelvoud**	man vrouw het	zijn haar zijn	z'n d'r z'n
eerste persoon	**meervoud**		ons/onze	ons/onze
tweede persoon	**meervoud**		jullie uw	je uw
derde persoon	**meervoud**		hun	hun

algemeen

1. Het **bezittelijk voornaamwoord** geeft een bezit of verband aan en staat vóór het *zelfstandig naamwoord.*
   › Ik houd **mijn** afspraken bij in een elektronische agenda.

2. Je kunt een *bijwoord* en een *bijvoeglijk naamwoord* zetten tussen het **voornaamwoord** en het **zelfstandig naamwoord.**
   › De bouwvakker deed **zijn** *heel zware* **werk** toch altijd met veel plezier.

3. **M'n**, **je**, **z'n**, **d'r** zijn onbeklemtoonde, informele vormen en worden vooral in de spreektaal gebruikt.
   › Heeft hij je al voorgesteld aan **z'n** nieuwe vriendin?

4. De vormen met **nadruk** gebruik je vooral in geschreven taal of als het voornaamwoord benadrukt wordt.
   › Dat is **mijn** nieuwe pen, niet de jouwe.

5. Sommige uitdrukkingen bestaan uit een *voorzetsel* + **bezittelijk voornaamwoord** + *x.*
   › Hij deed het werk *op* **zijn** *elfendertigst.*
   › Iedereen liep er *op* **z'n** *zondags* bij.
   › Hij liet het verder maar *op* **z'n** *beloop.*

6. De combinatie *met* + **bezittelijk voornaamwoord** + *telwoord* komt veel voor. Het *telwoord* krijgt -en of wordt verkleind.
   › Als het team compleet is zijn we *met* **ons** *tienen.*
   › We gaan *met* **ons** *tweetjes* aan de slag.

7. In **vaste uitdrukkingen** komen nog naamvalsuitgangen voor.
   › **Mijns inziens** is dat niet juist.
   › **Mijne heren**, ...
   › Het genoegen is geheel **mijnerzijds.**

1e persoon

8. **Mijn/m'n** gebruik je als de spreker een band heeft met een persoon, als een dier of zaak het eigendom van de spreker is of als je de aangesprokene heel goed kent.
   › De trainer is tevens **m'n** broer.
   › **Mijn** liefste, wil je met me trouwen?
   › **Mijn** grote vriend, zullen we een biertje gaan drinken?

B2

9.	**Ons/onze** gebruik je als jij en één of meer andere mensen een band hebben met één of meer andere personen. **Ons/onze** gebruik je ook als een dier of een zaak van jou en andere personen samen is.	› **Ons** kantoor moet nodig opgeknapt worden. › **Onze** docent kan heel goed lesgeven.

2e persoon

10.	**Je/jouw** gebruik je als je *jij* tegen de bezitter zegt.	› Piet, is het bureau waar *je* aan zit **jouw** bureau? › Heb jij **je** vakantie online geboekt?
11.	Als je het voornaamwoord in algemene zin gebruikt of als er jij/jou in de zin staat, dan wordt **je** gebruikt.	› Roken is slecht voor **je** gezondheid. › Ik zag *jou* met **je** vriendinnen in de stad lopen.
12.	**Uw** gebruik je als je *u* zegt tegen de *bezitter(s).*	› Vergeet *u* niet **uw** paraplu mee te nemen!
13.	**Je** gebruik je voor *meer bezitters* als je ze aanspreekt met *jullie.*	› *Dames, jullie* moeten **je** tas in het kluisje achterlaten.
14.	**Jullie** kun je als bezittelijk voornaamwoord gebruiken als *jullie* niet ook het onderwerp van de zin is.	› Jongens, pak **jullie** spullen en loop met me mee.

3e persoon

15.	**Zijn/z'n** gebruik je als de *bezitter* een *man* is of als het bezittelijk voornaamwoord in verband staat met **men**, **iedereen**, **iemand**, **niemand**, **menigeen** of **wie**.	› *Meneer Jansen* komt straks **zijn** bestelde kast ophalen. › *Menigeen* had **zijn** koffie nog niet op toen de vergadering weer begon.
16.	Vaak gebruik je **z'n** in plaats van een *naamvalsvorm.*	› *Jans* computer is stuk. › Jan **z'n** computer is stuk. › *Carlo's* collega komt op bezoek. › Carlo **z'n** collega komt op bezoek.
17.	Er zijn veel uitdrukkingen met **op z'n** + **x's**. Vaak komen daarin aardrijkskundige namen voor.	› Hij zong **op z'n** plat **Amsterdams.** › Morgen kook ik **op z'n Italiaans.** › Daar kan je **op z'n Engels** ontbijten. › Hij werkte **op z'n janboerenfluitjes.**
18.	Er zijn veel uitdrukkingen met **op z'n** + **overtreffende trap.**	› De tuin is nu **op z'n mooist.** › Ik kom **op z'n vroegst** om elf uur. › Je zou me **op z'n minst** even kunnen helpen.
19.	Als de bezitter een *zaak* is, gebruik je in het enkelvoud **zijn/z'n** of het **lidwoord.**	› De *monitor* staat met **zijn** achterkant tegen de muur. › De *monitor* staat met *de* achterkant tegen de muur.
20.	**Haar/d'r** gebruik je als de *bezitter* een *vrouw* is.	› *Nicole* heeft **d'r** auto van de hand gedaan.

21.	**Haar** gebruik je ook om het bezit van *vrouwelijke zelfstandige naamwoorden* uit te drukken.	› De *regering* nam **haar** besluit met zorg, maar het mocht niet baten. › De *fabriek* heeft **haar** werkzaamheden uitgebreid en heeft nu meer personeel nodig.
22.	*Het-woorden* krijgen **zijn** als bezittelijk voornaamwoord.	› Het *reisbureau* moet **zijn** folders nog bij de drukker ophalen.
23.	**Hun** gebruik je als je over meerdere bezitters praat.	› *Jessica en Bert* hebben beiden **hun** opleiding met goed gevolg en binnen de tijd afgerond.
24.	Als de bezitter een *zaak* is, gebruik je in het meervoud **hun** of het lidwoord **de.**	› De auto's staan met **hun** wielen in het gras. › De auto's staan met *de* wielen in het gras.
25.	Na *hoeveel* gebruik je het **meervoudig voornaamwoord hun**.	› Ik weet niet **hoeveel** leden **hun** contributie nog niet hebben betaald.

B1

Bezittelijk voornaamwoord: zelfstandig

	de/het
enkelvoud	mijne
enkelvoud	jouwe uwe
enkelvoud	zijne hare zijne
meervoud	onze
meervoud	die/dat van jullie uwe
meervoud	hunne

zelfstandig

1. De **zelfstandige vorm** van het bezittelijk voornaamwoord gebruik je om herhaling van het weggelaten woord te voorkomen.

   > Is dit mijn pen of jouw pen?
   > Is dit mijn pen of **de jouwe**?

2. Bij zelfstandig gebruik van het bezittelijk voornaamwoord staat het *lidwoord van het weggelaten zelfstandig naamwoord* voor het **voornaamwoord.**

   > Is dit mijn *pen* of *de* **jouwe?**
   > Dit is ons *huis* en dat is *het* **hunne**.
   > Gaan we met uw *auto* of met *de* **mijne**?

3. **Jullie** kent geen zelfstandige vorm. Je gebruikt dan **die/dat van** + **persoonlijk voornaamwoord.**

   > Ons werk is bijna klaar, hoe staat het met **dat van jullie**?
   > Mijn ouders vinden het goed, hoe zit het met **die van jullie**?

4. De vorm **die/dat van** + **persoonlijk voornaamwoord** kun je bij alle personen gebruiken.

   > Nee dit is ons kantoor, **dat van hen** staat daar.
   > In mijn garage staat de auto, in **die van hem** staat alleen maar rommel.

Aanwijzend voornaamwoord

	de-woord	het-woord
dichtbij	deze	dit
veraf	die	dat

bijvoeglijk gebruik deze, die, dit, dat

1. Het **aanwijzend voornaamwoord** staat voor het *zelfstandig naamwoord*.

› Ik koop **dit** *huis*.
› Zij leest **dat** *boek*.
› Ria wil **deze** *broek*.
› Kees vindt **die** *schoenen* mooi.

2. **Deze/die** gebruik je bij de-woorden en bij het-woorden in het meervoud.

› de kamer	› **deze** kamer
› de kinderen	› **deze** kinderen
› de fiets	› **die** fiets
› de huizen	› **die** huizen

3. **Dit/dat** gebruik je bij het-woorden in het enkelvoud.

› het kind	› **dit** kind
› het been	› **dat** been
› het bord	› **dit** bord
› het werk	› **dat** werk

4. **Deze/dit** gebruik je voor dichtbij. Je kunt het gebruiken met *hier*.

› **Dit** huis *hier* is van mij.
› **Deze** tas *hier* is lelijk.

5. **Die/dat** gebruik je voor veraf. Je kunt het gebruiken met *daar*.

› **Dat** gebouw *daar* is heel erg oud.
› **Die** jongen *daar* loopt hard.

A2

Aanwijzend voornaamwoord

	de-woord	het-woord
dichtbij	deze	dit
veraf	die	dat

bijvoeglijk gebruik deze, die, dit, dat

1.	Het **aanwijzend voornaamwoord** staat voor het *zelfstandig naamwoord.*	› Ik heb **dit** *huis* gekocht.
2.	**Deze/die** gebruik je bij de-woorden en bij alle woorden in het meervoud. **Dit/dat** gebruik je bij het-woorden in het enkelvoud.	› de huizen › **deze** huizen › het been › **dat** been
3.	**Deze/dit** gebruik je voor dichtbij. Je kunt het gebruiken met *hier.* **Die/dat** gebruik je voor veraf. Je kunt het gebruiken met *daar.*	› In **dit** huis *hier* heb ik lang gewoond. › **Die** jongen die je *daar* ziet, zit bij mij in de klas.
4.	Tussen **aanwijzend voornaamwoord** en zelfstandig naamwoord kan een *bijvoeglijk naamwoord* staan.	› **dit** *nieuwe* huis › **deze** *oude* hond
5.	Bij tegenstellingen gebruik je de vorm voor **dichtbij** en voor **veraf.**	› Wil je **deze** broek of **die**? › Ga je **dit** boek lezen of **dat**?

zelfstandig gebruik deze, die, dit, dat

6.	Het **aanwijzend voornaamwoord** kan een *zelfstandig naamwoord* vervangen als duidelijk is wat je bedoelt.	› Wil je dit *jasje* aan of **dat**? › Vind je *deze* schoenen het mooist of **die**?
7.	Meestal kun je **dat** gebruiken waar je *het* gebruikt.	› Waar is *het* papier? › **Dat** heb ik net op je bureau gelegd.
8.	Meestal kun je **die** gebruiken waar je *de* gebruikt.	› Waar is *de* krant? › **Die** is vanmorgen niet bezorgd.
9.	Je kunt **aanwijzende voornaamwoorden** zelfstandig gebruiken na een *voorzetsel.*	› In dit hok zitten honden en *in* **dat** katten.
10.	Je kunt **aanwijzende voornaamwoorden** zelfstandig gebruiken bij een keuze.	› Welke tas zal ik nemen? Deze of die?
11.	Je kunt **aanwijzende voornaamwoorden** zelfstandig gebruiken bij een opsomming.	› Ik wil graag een mix van chocolaatjes: ik wil wat van **deze**, een paar van **die** en ook wat van **die**.

Aanwijzend voornaamwoord

		enkelvoud	meervoud
de-woord	**bijvoeglijk**	deze die zulke, zo'n	deze die zulke
	zelfstandig	deze, die, degene, diegene	deze, die, degene(n), diegene(n), zulke(n)
het-woord	**bijvoeglijk**	dit dat zulk, zo'n, zulk een	deze die zulke
	zelfstandig	dit, dat, datgene, zulk, zo één	deze, die, diegene(n), degene(n), zulke(n)
aanwijzende woorden	**bijvoeglijk**	dergelijk(e), soortgelijk(e), dusdanig(e), zodanig(e)	dergelijke, soortgelijke, dusdanige, zodanige

bijvoeglijk gebruik deze, die, dit, dat

1. Het **aanwijzend voornaamwoord** staat voor het *zelfstandig naamwoord.*

› Ik heb **dit** *bureau* bij een kantoorwinkel in de stad gekocht.

2. **Deze/die** gebruik je bij de-woorden en bij alle woorden in het meervoud. **Dit/dat** gebruik je bij het-woorden in het enkelvoud. **Deze/dit** kun je combineren met *hier*, **die/dat** kun je combineren met *daar.*

› **Deze** kantoren *hier* moeten elke dag grondig schoongemaakt worden.
› **Dat** kantoor *daar* hoef je maar twee keer per week onder handen te nemen.

3. Tussen **aanwijzend voornaamwoord** en zelfstandig naamwoord kan een *bijvoeglijk naamwoord* en eventueel een *bijwoord* staan.

› **Dit** *heel grote* bureau is van de president-directeur.
› **Die** *zeer oude* klok doet het nog steeds.

4. Bij tegenstellingen gebruik je de vorm voor **dichtbij** en voor **veraf.**

› Wil je **deze** auto kopen of **die**?
› Ga je vandaag **dit** dossier behandelen of **dat**?

zelfstandig gebruik deze, die, dit, dat

5. Soms vervangt **die** of **dat** een *zelfstandig naamwoord* om herhaling te voorkomen. Na het voornaamwoord staat *van.*

› Haar *versie* van het verhaal was overtuigender dan **die** *van* jou.
› Mijn huis is minder groot dan **dat** *van* jou.

6. Het **aanwijzend voornaamwoord** kan een *zelfstandig naamwoord* vervangen als duidelijk is waarover je praat.

› Wil je voor dit *beroep* gaan leren of voor **dat**?

7. Het **aanwijzend voornaamwoord** kan een *hele zin* vervangen.

› *Heb je gehoord dat morgen het kantoor gesloten is*? Ja, **dat** heb ik gehoord.

8. Gewoonlijk kun je **dat** gebruiken waar je *het* gebruikt.

› Waar is toch *het* dossier waaraan ik zat te werken? **Dat** heb ik op je bureau zien liggen.

9. Gewoonlijk kun je **die** gebruiken waar je *de* gebruikt.

› Waar is *de* krant? **Die** is vanmorgen niet bezorgd.

B2

10.	Je gebruikt **die** of **dat** als er een *voorzetselgroep* achter staat.	› Mijn werk is af maar **dat** *van hem* zal nog wel wat tijd in beslag nemen.
11.	Je kunt het **aanwijzend voornaamwoord** zelfstandig gebruiken na een *voorzetsel* bij een keuze of bij een opsomming.	› Gaan we vandaag verder met deze zaak of *met* **die**?
12.	Je gebruikt een **aanwijzend voornaamwoord** om te verwijzen naar *een zinsdeel in een voorafgaande zin, dat daarin niet het onderwerp is.*	› Jan vroeg *zijn collega* of **die** hem kon helpen met het samenstellen van de brief. › Kees vroeg *een medestudent* of **die** zijn aantekeningen wilde kopiëren.

andere aanwijzende voornaamwoorden

13.	**Degene/diegene** gebruik je voor personen. Je gebruikt ze alleen zelfstandig.	› **Degene** die dit gedaan heeft, is nog niet jarig. › Als ik **diegene** in mijn vingers krijg ...
14.	**Datgene** gebruik je voor zaken. Het heeft geen meervoudsvorm.	› Je vecht voor **datgene** waar je hard voor gewerkt hebt. › **Datgene** wat ik gezien heb is te mooi om waar te zijn.
15.	Als je naar meer personen verwijst, krijgen **degene** en **diegene** een **-n**.	› **Degenen** die mee willen, moeten nu instappen. › **Diegenen** die nog niet klaar zijn, moeten opschieten.
16.	**Zulk(e)** gebruik je **bijvoeglijk** of **zelfstandig**.	› **Zulke** dingen vind ik nou leuk. › **Zulk** volk wil ik niet over de vloer hebben. › Vind je dit soort films leuk of **zulke**?
17.	**Zulk** gebruik je bij *niet-telbare enkelvoudige het-woorden*. **Zulke** gebruik je bij alle woorden in het *meervoud.*	› **Zulk** lekker *bier* dronk ik nog nooit. › **Zulke** *planten* hebben veel zon nodig.
18.	**Zulke** geeft soms een hoge mate van iets aan.	› Ze hebben **zulke** grote honden, het lijken wel paarden.
19.	*Zelfstandige naamwoorden waarbij in het enkelvoud* **een** kan staan, krijgen **zo'n** in plaats van zulke.	› Van **zo'n** grote hond werd het jongetje bang. › Zij had **zo'n** *hoofdpijn* dat ze er scheel van keek. › Ik heb **zo'n** *zin* in een kopje koffie.
20.	Als je *zo'n* zelfstandig gebruikt, schrijf je **zo één**.	› Wil je een waterijsje of wil je er **zo één**?
21.	**Dergelijk(e)**, **soortgelijk(e)**, **dusdanig(e)** en **zodanig(e)** worden in het enkelvoud voorafgegaan door het onbepaald lidwoord *een*.	› *Een* **dergelijke** hitte had hij nog niet eerder meegemaakt. › **Soortgelijke** zaken waren al eerder gebeurd. › In de klas was het *een* **dusdanig** lawaai geworden, dat de leraar zich niet meer verstaanbaar kon maken. › Hij kreeg *een* **zodanig** compliment dat hij begon te blozen.

22.	*Dergelijk(e), soortgelijk(e), dusdanig(e) en zodanig(e)* hebben in het enkelvoud dezelfde betekenis als **zo'n**. In het meervoud hebben deze aanwijzende voornaamwoorden dezelfde betekenis als **zulke**.	› Een *dergelijke* hitte had hij nog niet eerder meegemaakt.	› **Zo'n** hitte had hij nog niet eerder meegemaakt
		› *Soortgelijke* zaken waren al eerder gebeurd.	› **Zulke** zaken waren al eerder gebeurd.
23.	**Dergelijk(e)**, **soortgelijk(e)**, **dusdanig(e)** en **zodanig(e)** worden altijd bijvoeglijk gebruikt en volgen de regels van het bijvoeglijk naamwoord.	de ruzie	› een **dergelijke** ruzie
		het congres	› een **soortgelijk** congres
		de kracht	› een **dusdanige** kracht
		het verlies	› een **zodanig** verlies
		› Iets **dergelijks** had hij al gehoord.	
		› Iets **soortgelijks** wilde hij ook.	
24.	*Dergelijke* wordt alleen zelfstandig gebruikt in de vaste uitdrukking **en dergelijke**.	› Bij de kruidenier kochten we zout, suiker, kruiden **en dergelijke**.	
25.	**Zodanig** en **dusdanig** gebruik je in formeel taalgebruik.	› Bij het verhoor was de verdachte **dusdanig** verward dat men een dokter liet komen.	

A1

Onbepaald voornaamwoord

bijvoeglijk gebruik	**zelfstandig gebruik**
ieder(e), elk(e)	ieder, elk, alles, wat, wie, allemaal

bijvoeglijk gebruik

1. **Ieder(e)/elk(e)** kun je in plaats van het lidwoord gebruiken in het enkelvoud bij *zelfstandige naamwoorden die je kunt tellen.*
   - › **Iedere** *leerling* doet zijn best.
   - › **Elk** *kind* mag meedoen.

2. **Ieder/elk** gebruik je voor *het-woorden.*
   - › **ieder** *meisje*
   - › **elk** *dier*

3. **Iedere/elke** gebruik je voor *de-woorden.*
   - › **iedere** *keer*
   - › **elke** *dag*

zelfstandig gebruik

4. Je gebruikt **ieder** voor personen en **elk** voor zaken.
   - › Aan **ieder** op het feest geeft ze een hand.
   - › Op **elk** van haar schoenen zit een vlek.

5. **Alles** gebruik je voor zaken.
   - › We hebben geen taart meer, **alles** is op.

6. **Wie** en **wat** gebruik je altijd zelfstandig.
   - › **Wie** je ook bent, ga weg.
   - › **Wat** je ook wilt, je kunt het krijgen.

7. **Wie** zegt iets over personen.
   - › Op **wie** je ook wacht, hij komt nu niet meer.

8. **Wat** zegt iets over zaken.
   - › **Wat** je maar hebt, alles is welkom.

9. Bij een *vragend voornaamwoord* kun je als onbepaald voornaamwoord alleen **allemaal** gebruiken.
   - › *Wie* lopen daar **allemaal**?
   - › *Wat* doen ze daar **allemaal**?
   - › *Welke* plaatjes heb je **allemaal**?

Onbepaald voornaamwoord

bijvoeglijk gebruik	zelfstandig gebruik
ieder(e), elk(e), al, alle	iedereen, alles, iemand, men, niemand, wat, wie, iets, niets, allemaal

bijvoeglijk gebruik

1.	**Iedere/elke** kun je in plaats van het lidwoord gebruiken bij *de-woorden* in het enkelvoud.	› **Iedere** *leerling* doet zijn best voor het examen. › **Elke** *bus* brengt je van hier naar het station.
2.	**Ieder/elk** gebruik je vóór *het-woorden* in het enkelvoud.	› **Ieder** *meisje* droomt van de prins op het witte paard. › **Elk** *kind* houdt van spelletjes.
3.	**Al/alle** gebruik je met *zelfstandige naamwoorden die je niet kunt tellen* in het enkelvoud.	› **Al** het *zilver* is weg. › **Alle** *suiker* is op.
4.	**Al** kan voor een *bezittelijk voornaamwoord + zelfstandig naamwoord* staan.	› **Al** *zijn kleren* zijn hem te klein. › **Al** *hun geld* zijn ze kwijt.
5.	**Alle** kun je gebruiken in combinatie met een *bepaald hoofdtelwoord.*	› **Alle** *negen* kinderen krijgen een koek als dank voor hun hulp. › **Alle** *twee* zijn kinderen zitten op de universiteit.

zelfstandig gebruik

6.	**Iedereen** gebruik je voor *personen.* Als **iedereen** het onderwerp is, staat de *persoonsvorm* in het enkelvoud.	› **Iedereen** *wil* iets zeggen. › **Iedereen** *mag* het boekje meenemen.
7.	**Alles** gebruik je voor *zaken.* Als **alles** het onderwerp is, staat de *persoonsvorm* in het enkelvoud.	› We hebben geen *papier* meer, **alles** is op. › **Alles** *gaat* voorbij, daar doe je niets aan.
8.	**Iemand** zegt iets over personen.	› **Iemand** van ons moet het doen. › Is er **iemand** die me kan helpen?
9.	**Niemand** is de ontkennende vorm van *iemand.* Het zegt ook iets over personen.	› **Niemand** weet hoe dit ding werkt! › Er is **niemand** met een rijbewijs.
10.	**Wie** en **wat** gebruik je altijd zelfstandig.	› Ik weet **wie** je bent. › **Wat** je ook wilt, je moet je beurt afwachten.
11.	**Wie** zegt iets over personen. **Wat** zegt iets over zaken.	› Op **wie** je ook wacht, hij zal nu echt niet meer komen. › **Wat** je ook te bieden hebt, het is nooit genoeg.
12.	**Iets** gebruik je zelfstandig. Het zegt iets over zaken of dieren.	› Ik moet je **iets** vertellen. › Ik heb nu toch **iets** gezien, een auto met maar drie wielen.

A2

13. **Niets** is de ontkennende vorm van *iets*.

> Ik heb er **niets** over gehoord.
> Je hebt me er **niets** over gezegd.

14. Bij een *vragend voornaamwoord* kun je als onbepaald voornaamwoord alleen **allemaal** gebruiken.

> *Wie* lopen daar **allemaal** aan de overkant?
> *Wat* doen ze daar **allemaal** op straat?
> *Welke* van die plaatjes heb je **allemaal**?

15. **Allemaal** gebruik je vooral in de spreektaal. Je gebruikt het altijd samen met een *persoonlijk* of *aanwijzend voornaamwoord* of met een *zelfstandig naamwoord.*

> *Zij* gaan **allemaal** naar het strand.
> Ik wil *deze* **allemaal**.
> Ik heb deze *boeken* **allemaal** gelezen.

men

16. **Men** gebruik je voor mensen in het algemeen. Bij **men** staat het *werkwoord* in het enkelvoud. Men kan je alleen als onderwerp gebruiken. In plaats van **men** kun je ook **je** of **ze** zeggen. Na **ze** staat het *werkwoord* in het meervoud.

> **Men** *mag* zonder rijbewijs geen auto rijden.
> **Men** *zegt* dat sinds de euro alles duurder is geworden.
> **Je** *mag* zonder rijbewijs geen auto rijden.
> **Ze** *zeggen* dat sinds de euro alles duurder is geworden.

Onbepaald voornaamwoord

bijvoeglijk gebruik	**zelfstandig gebruik**
ieder(e), elk(e), al, alle, ieder(e), een zeker(e), enig(e), enkel(e), wat	iedereen, ieder, elk, alles, wat, wie, iemand, men, niemand, iets, niets, allemaal, enkelen, enigen

bijvoeglijk gebruik

1.	**Iedere/elke** kun je in plaats van een lidwoord gebruiken bij *telbare zelfstandige naamwoorden in het enkelvoud.* **Iedere/elke** gebruik je voor *de-woorden.*	› **Iedere** *collega* werkte mee aan het project. › **Elke** *ochtend* staat hij om zes uur op.
2.	**Ieder/elk** gebruik je voor *het-woorden* in het enkelvoud.	› De trein kan **ieder** *moment* komen. › **Elk** *doosje* is gevuld met tien bonbons.
3.	**Ieders** staat voor een *zelfstandig naamwoord* en drukt een bezit uit.	› Op **ieders** *bureau* stond een vaasje bloemen.
4.	**Al/alle** gebruik je met *niet-telbare zelfstandige naamwoorden in het enkelvoud* en bij *telbare zelfstandige naamwoorden in het meervoud.*	› **Alle** *koffie* kwam op zijn witte broek terecht. › **Al** haar *dossiers* werden tijdens haar ziekte door haar collega behandeld.
5.	**Al** kan voor een *lidwoord + zelfstandig naamwoord*, voor een *aanwijzend voornaamwoord + zelfstandig naamwoord* en voor een *bezittelijk voornaamwoord + zelfstandig naamwoord* staan.	› **Al** *de boeken* die ik gelezen heb, geef ik weg. › **Al** *deze dossiers* moeten worden behandeld. › **Al** *zijn kleren* waren hem te klein geworden.
6.	**Alle** is een samentrekking van al + bepaald lidwoord. **Alle** kun je met een *bepaald hoofdtelwoord* gebruiken.	› Toen de boot op volle zee kwam, werden **alle** passagiers zeeziek. › **Alle** *negen* brandweerlieden kregen een lintje voor moedig gedrag.
7.	**Een zeker(e)** verwijst naar *niet-bekende personen of zaken.* Je kunt het ook bij een *eigennaam* gebruiken.	› Op **een zeker** *moment* was werkelijk al het printpapier op. › **Een zekere** heer *Jansen* is voor je langs geweest.
8.	**Enig(e)** gebruik je in formele taal en is te combineren met *zelfstandige naamwoorden in het enkelvoud en meervoud.* **Enige** gebruik je met een *de woord*, **enig** gebruik je met een *het-woord* in het enkelvoud.	› Plotseling was er weer **enige** *hoop* op een goede afloop. › **Enige** *uren* later zat hij nog steeds aan die brief. › Heb je **enig** *idee* wat de bedoeling is?
9.	**Enkel(e)** gebruik je bijvoeglijk bij *zelfstandige naamwoorden in het enkelvoud.* **Enkel(e)** betekent dan *weinig.*	› Een **enkele** *klant* zat nog aan de bar. › Hij dronk niet veel, hooguit een **enkel** *glas* wijn.
10.	**Enkele** gebruik je bijvoeglijk bij *zelfstandige naamwoorden in het meervoud.* **Enkele** betekent dan *een paar.*	› Over **enkele** weken gaan we op vakantie › In het pand waren nog **enkele** mensen aanwezig.
11.	Na het telwoord *één* of na *geen* is **enkel(e)** versterkend.	› Je brief moet op **één enkele** pagina passen. › Na al zijn werk kreeg hij geen **enkel** woord van dank.

B2

12.	**Wat** kan voor *telbare zelfstandige naamwoorden* in het meervoud staan en voor *niet-telbare zelfstandige naamwoorden* in het enkelvoud.	› Zij heeft **wat** *brieven* op de bus gedaan. › Ik heb **wat** *geld* uit de kleine kas gepakt.

zelfstandig gebruik

13.	**Elk/ieder** kan vóór *van + meervoudig zelfstandig naamwoord* staan. Bij voorkeur wordt **ieder** gebruikt voor personen en **elk** voor zaken.	› **Ieder** *van de cursisten* slaagde voor het examen. › Na **elk** *van zijn reizen* was hij weer blij thuis te zijn.
14.	**Ieder** kan vóór *van + meervoudig voornaamwoord* staan.	› **Ieder** *van ons* werkte aan het buurtproject mee.
15.	**Iedereen** gebruik je bij *van + een verzamelnaam in het enkelvoud.* Als **iedereen** het onderwerp is, staat de *persoonsvorm* in het enkelvoud.	› **Iedereen** *van de groep* was enthousiast over het plan. › We hebben met **iedereen** gepraat. › **Iedereen** *wilde* meedoen met het spelletje.
16.	**Allen** gebruik je voor **personen** in formele taal. Is **allen** het **onderwerp**, dan staat de *persoonsvorm* in het meervoud.	› In het pretpark *hadden* **allen** het naar de zin. › **Allen** *waren* boos over de aangekondigde ontslagen.
17.	Er zijn enkele vaste constructies met **allen**.	› **Met ons allen** gingen we ertegen aan. › **Met z'n allen** hielpen we mee om het werk af te krijgen.
18.	**Alles** gebruik je voor zaken. Is **alles** het **onderwerp**, dan staat de *persoonsvorm* in het enkelvoud.	› Ik heb geen printpapier meer, **alles** *is* op. › We zijn overal geweest en hebben **alles** gezien.
19.	**Iemand** verwijst naar personen. **Niemand** is de ontkennende vorm van *iemand* en verwijst ook naar personen. Beide kun je combineren met *anders.*	› Is daar **iemand**? Ik zie **niemand.** › **Iemand** moet het doen. › Ik zal **iemand** *anders* moeten zoeken. › Ik ken **niemand** *anders* die dat kan doen.
20.	**Wie** en **wat** gebruik je altijd zelfstandig. **Wie** verwijst naar personen. **Wat** verwijst naar zaken.	› **Wie** het ook vraagt, geef nooit je wachtwoord door. › **Wat** je ook wilt gaan doen, denk er eerst even goed over na.
21.	**Iets** gebruik je zelfstandig. Het verwijst naar zaken of dieren. **Niets** is de ontkennende vorm van iets. Gaat het om een bepaald **iets**, gebruik je *niet* bij een ontkenning. **Niks** gebruik je in de spreektaal. Het betekent hetzelfde als **niets.**	› Die fusie, stond daar nog **iets** over in de krant? › Ik heb daar **niets** over gehoord. › Je hebt me **iets niet** verteld. › Ik heb **niks** gehoord.
22.	Bij een *vragend voornaamwoord* gebruik je alleen **allemaal**. Verder gebruik je **allemaal** altijd in combinatie met een *persoonlijk* of *aanwijzend voornaamwoord* of met een *zelfstandig naamwoord.*	› *Wie* gaan er **allemaal** met de trein op vakantie? › *Zij* hebben **allemaal** een abonnement voor het openbaar vervoer. › Heb je *deze* **allemaal** al gedaan? › Carolien heeft deze *teksten* **allemaal** geschreven.

23. **Enigen** en **enkelen** gebruik je voor personen.

› **Enigen** hielden vol, maar de meesten gaven het op.
› **Enkelen** wisten niet van ophouden.

men

24. **Men** gebruik je voor mensen in het algemeen. Bij **men** staat het *werkwoord* in het enkelvoud. **Men** kan je alleen als onderwerp gebruiken. In plaats van **men** kun je ook **je** of **ze** zeggen. Na **ze** staat het *werkwoord* in het meervoud.

› **Men** *mag* nooit door rood licht rijden.
› **Men** *zegt* dat de pakkans klein is als je toch door rood licht rijdt.
› **Je** mag zonder rijbewijs geen auto rijden.
› **Ze** *zeggen* dat de tabak weer duurder gaat worden.

A2

Betrekkelijk voornaamwoord

	de-woord	het-woord	
enkelvoud	die	dat	wat, wie
meervoud	die	die	

gebruik

1. Een **betrekkelijk voornaamwoord** verbindt een zin of bijzin met een voorafgaand woord of zinsdeel.
   - › Het meisje **dat** ik leuk vind, staat daar.
   - › De vrouw **die** je daar ziet, is mijn moeder.

2. **Die** gebruik je voor *personen, dieren en zaken.*
   - › De *jongen* **die** daar staat, is mijn broer.
   - › De *kat* **die** daar ligt, is van de buren.
   - › De *tas* **die** daar staat, is van mij.

3. **Die** gebruik je als het woord waar het iets over zegt een *de-woord* in het enkelvoud is.
   - › *De doos* **die** hij daar draagt, zit vol foto's.

4. **Die** gebruik je als het woord waar het iets over zegt in het meervoud staat.
   - › *De mensen* **die** je daar ziet, zijn onze vrienden.

5. **Dat** gebruik je als het woord waar het iets over zegt een *het-woord in het enkelvoud* is.
   - › *Het brood* **dat** ik vanmorgen heb gekocht, is alweer op.
   - › *Het kind* **dat** je daar ziet, is mijn zusje.

6. **Wie** en **wat** kun je zelfstandig gebruiken.
   - › **Wie** niet weg is, is gezien.
   - › **Wat** je zegt, ben je zelf.

Betrekkelijk voornaamwoord

	de-woord	het-woord	na voorzetsel	zin als antecedent	die als antecedent
enkelvoud	die	dat	wie, waar	hetgeen, wat	welke
meervoud	die	die	wie		welke

gebruik

1. Een **betrekkelijk voornaamwoord** verbindt een zin of bijzin met een voorafgaand woord of zinsdeel. Het woord of zinsdeel waar het voornaamwoord iets over zegt, heet *antecedent*.
   › Het *werk* **dat** op me ligt te wachten, moet nu snel gedaan worden.

die

2. **Die** gebruik je voor personen, dieren en zaken als het *antecedent* een *de-woord* is. **Die** gebruik je ook voor personen, dieren en zaken als het *antecedent* een *zelfstandig naamwoord in het meervoud* is.
   › *De man* **die** daar staat, is mijn collega.
   › *De kat* **die** daar ligt, is van de winkel hiernaast.
   › *De mensen* **die** je daar ziet, zijn mijn collega's.

3. **Die** gebruik je als het *antecedent* een *persoonlijk voornaamwoord* is.
   › *Hij*, **die** gisteren tegenover je zat.

4. **Die** gebruik je als het *antecedent iemand, niemand, iedereen, degene, diegene, sommigen, enigen, verschillenden, een paar* is.
   › Het is *iemand* **die** heel slim is.
   › Er is hier *niemand* **die** morgen kan werken.
   › *Iedereen* **die** er was, deed mee.
   › *Degene* **die** daar staat, is mijn broer.
   › *Diegene* **die** dit heeft gedaan, krijgt straf.
   › *Sommigen* **die** daar waren, hebben het ongeluk gezien.
   › *Enigen* **die** te laat kwamen, misten de bus.
   › *Verschillenden* **die** stonden te wachten, regenden helemaal nat.
   › Ik heb er *een paar* **die** nog heel zijn.

5. **Die** kan in de bijzin een onderwerp zijn. Het *onderwerp van de hoofdzin* is *antecedent*.
   › *De locomotief* **die** kapot was, werd weggesleept.

6. **Die** kan in de bijzin een **lijdend voorwerp** zijn. Het *lijdend voorwerp van de hoofdzin* is *antecedent*.
   › Doe geen *dingen* **die** ik ook niet zou doen.

dat

7. **Dat** gebruik je als het *antecedent* een *het-woord in het enkelvoud* is.
   › *Het werk* **dat** hij moest afmaken, is klaar.

8. **Dat** kan in de bijzin een onderwerp zijn. Het *onderwerp van de hoofdzin* is *antecedent*.
   › *Het raam* **dat** gebroken was, is vervangen.
   › *Het pasje* **dat** kwijt was, is gevonden.

9. **Dat** kan in de bijzin een **lijdend voorwerp** zijn. Het *lijdend voorwerp van de hoofdzin* is *antecedent*.
   › Drink *geen drankje* **dat** je niet verdraagt.
   › Volg *een dieet* **dat** je kunt volhouden.

10. **Dat** kan in de bijzin een **meewerkend voorwerp** zijn.
   › Daar loopt het hondje **dat** ik vorige week een kluifje heb gegeven.

B2

plaats

11. Als het **betrekkelijk voornaamwoord** wordt gevolgd door een *bijzin*, staan alle werkwoorden achteraan in die bijzin.

› Het meisje **dat** *je net hebt gezien*, is mijn vriendin.
› Ik heb een nieuwe fiets gekregen, **wat** *ik erg leuk vind.*

12. Het **betrekkelijk voornaamwoord** staat direct na zijn *antecedent*. Soms staan er tussen het *antecedent* en het **voornaamwoord** woorden die de zin duidelijker maken.

› *Het meisje* **dat** je net zag, is mijn vriendin.
› Ik heb ineens *het woord* gevonden, **dat** ik zocht.
› Zij verzamelen *oude auto's* uit het hele land, **die** ze zelf opknappen.

waar + voorzetsel

13. *Die/dat* kunnen geen zelfstandig naamwoord als *antecedent* hebben dat wordt voorafgegaan door een voorzetsel. Je vervangt dan *die/dat* door **waar+voorzetsel**.

› Het bureau ~~aan dat~~ ik werk, is van hout.
› Het bureau **waaraan** ik werk, is van hout.
› De vragen ~~op die~~ ik moet reageren, zijn ingewikkeld.
› De vragen **waarop** ik moet reageren, zijn ingewikkeld.

14. In de spreektaal kun je **waar** en het *voorzetsel* scheiden. Het voorzetsel komt dan helemaal achter in de zin vóór de werkwoorden.

› Het bureau **waar** ik *aan* werk, is van hout.
› De vragen **waar** ik *op* moet reageren, zijn ingewikkeld.

15. Als je **met** en **tot** met *waar* verbindt, veranderen de voorzetsels in **mee** en **toe**.

› Het kopje koffie **waarmee** hij wegliep, was koud geworden.
› De verkoop **waartoe** je me gedwongen hebt, is ongeldig verklaard.

wie

16. **Wie** kun je in de bijzin gebruiken na een voorzetsel als het *antecedent* een *persoon* is.

› *De man* met **wie** je me in de stad zag, is mijn neef.

17. **Wie** kun je in de bijzin gebruiken als **meewerkend voorwerp** als het *antecedent* één of meer personen is.

› *De vrouw* **aan wie** ik de dossiers gaf, is mijn collega.

18. *Wie* kun je in de bijzin gebruiken in combinaties als: **wie z'n**, **wie d'r**.

› De man **wie z'n** dochter getrouwd is, heet Piet.
› De vrouw **wie d'r** man pas is overleden, logeert een tijdje bij ons.

hetgeen

19. In formele taal gebruik je **hetgeen** als het *antecedent* een hele zin is.

› *Wij ontvingen uw opdracht*, **hetgeen** ons veel genoegen deed.

wat

20. In informele taal gebruik je **wat** als het *antecedent* een hele zin is.

› *Ze gaf me toen een schouderklopje*, **wat** ik erg aardig vond.

21.	**Wat** gebruik je als het *antecedent* een vaag begrip is.	› Dit is *iets* **wat** je nog moet weten. › Er is *niets* **wat** je nog moet weten. › Er is *veel* **wat** je nog moet weten. › Er is *weinig* **wat** je nog moet weten. › Er is *genoeg* **wat** ik nog moet leren. › Dit is *al* **wat** ik nog moet leren. › Dit is *alles* **wat** ik heb geleerd.
22.	Als duidelijk is wat *iets* betekent, gebruik je **dat**.	› Een wereldreis maken is *iets* **dat** hij altijd heeft willen doen.
23.	**Wat** gebruik je na een vaag begrip in de vorm van *het + onbepaald (rang)telwoord.*	› *Het enige* **wat** de leerling moest doen, is af. › Dit is *het laatste* **wat** je van me hoort. Vaarwel.
24.	**Wat** gebruik je als het *antecedent* een *onbepaald voornaamwoord* is.	› Er was *niets* **wat** hij niet durfde.
25.	**Wat** gebruik je na een *vaag begrip in de vorm van een overtreffende trap.*	› Dit is *het beste* **wat** Picasso ooit gemaakt heeft.
26.	Als duidelijk is wat bedoeld wordt, gebruik je **dat**.	› Dit schilderij is het beste **dat** Picasso ooit gemaakt heeft.
27.	**Wat** gebruik je als het antecedent *dat* is.	› *Dat* **wat** ik vanaf het begin wilde, is nu eindelijk gelukt.
28.	**Wie** en **wat** kun je zonder antecedent gebruiken.	› **Wie** niet kan fietsen, moet het nu zeggen. › **Wat** je zegt over dat speeltuintje, kan ik alleen maar beamen.

welke

29.	**Welke** gebruik je in formeel taalgebruik als het antecedent *die* is.	› Er zijn geen uitzonderingen behalve *die* **welke** wij in het contract hebben vastgelegd.
30.	**Welke** kun je in formeel taalgebruik gebruiken na de voorzetsels: *gedurende, jegens, krachtens, omstreeks, sedert, sinds, rondom, tijdens, vanwege, volgens, zonder.*	› De weken *gedurende* **welke** ik in het ziekenhuis lag, waren zwaar. › De regels *volgens* **welke** dit spel gespeeld dient te worden, zijn verloren gegaan.

A1

Vragend voornaamwoord

bijvoeglijk en zelfstandig		welke	wat voor (een)
zelfstandig	personen dieren of zaken	wie wat	

bijvoeglijk gebruik

1. **Welk** gebruik je vóór *het-woorden* in het enkelvoud.
   > **Welk** *hemd* koop je?
   > **Welk** *glas* is van jou?

2. **Welke** gebruik je vóór *de-woorden* en *woorden in het meervoud.*
   > **Welke** *tas* koop je?
   > **Welke** *glazen* zijn van jou?

zelfstandig gebruik

3. **Wie** vraagt naar één of meer personen.
   > **Wie** loopt daar aan de overkant? > Dat is mijn broer.
   > **Wie** heeft die film gezien? > Wij hebben die film gezien.

4. Als **wie** het onderwerp is, staat de *persoonsvorm* meestal in het enkelvoud.
   > **Wie** *koopt* er een brood voor me?
   > **Wie** *wil* deze jas hebben?

5. **Wat** vraagt naar *dieren* of *zaken.*
   > **Wat** loopt daar? Het lijkt wel een *kat.*
   > **Wat** heb je op de markt gekocht?

Vragend voornaamwoord

bijvoeglijk en zelfstandig		welke	wat voor (een)
zelfstandig	personen	wie	
	dieren of zaken	wat	

bijvoeglijk gebruik

1.	**Welk** gebruik je vóór *het-woorden* in het enkelvoud. **Welke** gebruik je vóór *de-woorden* en zelfstandige naamwoorden in het *meervoud*.	› **Welk** *kopje* heb je meegenomen? › **Welke** *glazen* heb je gebroken?
2.	**Welke** kan je gebruiken om een keus te maken.	› **Welke** jas wil je hebben, die rode of die zwarte? › **Welke** tas is van jou? Deze.

zelfstandig gebruik

3.	**Wie** vraagt naar één of meer personen. Als **wie** het onderwerp is, staat de *persoonsvorm* meestal in het enkelvoud.	› **Wie** *loopt* daar aan de overkant? › **Wie** *heeft* die leuke film gezien?	› Dat is mijn oudste broer, Ivan. › Wij hebben hem gezien, maar we vonden hem niet leuk.
4.	**Wat** vraagt naar dieren of zaken. Is **wat** het onderwerp, dan staat de *persoonsvorm* in het enkelvoud.	› **Wat** *loopt* daar? Het lijkt wel een kat. › **Wat** hebben jullie deze keer op de markt gekocht?	
5.	**Wat** kan naar een handeling, een toestand of een gebeurtenis vragen.	› **Wat** doe je daar? › **Wat** is er gebeurd?	
6.	**Wat** gebruik je in de informele spreektaal als je iemand niet goed begrijpt.	› Ik ga deze zomer maar eens fierljeppen.	› **Wát** ga je doen?
7.	Als je een keuze kunt maken tussen twee of meer personen, dieren of zaken, kun je **welk(e)** zelfstandig gebruiken.	› Er werken hier drie dokters. **Welke** wilt u precies spreken? › O, al die hondjes zijn zo lief, ik weet niet **welke** ik moet kiezen. › Ze deelt twee soorten taart uit. **Welke** zal ik kiezen?	

B1

Vragend voornaamwoord

bijvoeglijk en zelfstandig	welke	wat voor (een)

zelfstandig	personen	wie
	dieren of zaken	wat

bijvoeglijk gebruik

1.	**Welk** gebruik je voor *het-woorden* in het enkelvoud. **Welke** gebruik je voor alle andere *zelfstandige naamwoorden*. Beide gebruik je om een keus te maken.	› **Welk** *bureau* is het jouwe? › **Welke** *boeken* gaan over de oorlog?
2.	Bij zelfstandige naamwoorden in het *meervoud* en bij *niet-telbare soortnamen* kun je met **welk(e)** ook naar de soort vragen.	› **Welke** *sporten* vind je leuk? › **Welk** *werk* doe je meestal?
3.	Ook met **wat voor** of **wat voor een** vraag je naar een soort.	› **Wat voor** geluid is dat? › **Wat voor een** motor rijd je?
4.	**Wat voor een** gebruik je vóór *enkelvoudige zelfstandige naamwoorden*.	› In **wat voor een** *winkel* ben je geweest?
5.	**Wat voor** kun je ook gebruiken vóór *zelfstandige bijvoeglijke naamwoorden die eindigen op -s*.	› **Wat voor** *raars* heb je nu weer geschreven?
6.	Bij *stofnamen* of *abstracte woorden* in het enkelvoud gebruik je **wat voor**.	› **Wat voor** *papier* heb je daar? › **Wat voor** *belang* had je daarbij?
7.	**Wat voor** kun je gebruiken vóór *iemand* en *iets*.	› **Wat voor** *iemand* is je man? › **Wat voor** *iets* wil je hebben voor je verjaardag?
8.	Meestal kun je **wat voor (een)** uit elkaar halen.	› **Wat** loopt daar **voor een** vies beest? › **Wat** heb jij vandaag **voor** humeur?

zelfstandig gebruik

9.	**Wie** vraagt naar één of meer personen. Als **wie** het onderwerp is, staat de *persoonsvorm* meestal in het enkelvoud	› **Wie** *wil* er vandaag de planten water geven? › **Wie** *heeft* deze brief geschreven?
10.	Als duidelijk is dat het om meer personen gaat, mag de persoonsvorm in het meervoud staan.	› **Wie** zijn de begeleiders vandaag? › **Wie** gaan vanmiddag naar het museum?
11.	**Wie** kan elke functie in de zin vervullen: *onderwerp, lijdend voorwerp, meewerkend voorwerp* en *voorzetselvoorwerp*.	ow. › **Wie** heeft die koekjes gepakt? lijd.vw. › **Wie** van ons wil je spreken? meew.vw. › **Wie** geef je dat cadeau? vz.vw. › **Op wie** staan jullie te wachten?

12.	**Wat** vraag naar dieren of zaken. Is **wat** het onderwerp dan staat de *persoonsvorm* in het enkelvoud.	› **Wat** *loopt* daar in de tuin? Het lijkt wel een kat. › **Wat** hebben jullie op de beurs allemaal voor nieuws gezien?
13.	**Wat** kan naar een handeling, een toestand of een gebeurtenis vragen.	› **Wat** ben je daar toch allemaal aan het doen? › **Wat** zie je bleek. Ben je ziek? › **Wat** is er gisteren gebeurd hier?
14.	**Wat** kan naar een mening of een gedachte vragen.	› **Wat** is jouw mening hierover? › **Wat** speelt er in jouw gedachten?
15.	**Wat** gebruik je in de informele spreektaal als je iemand niet goed begrijpt.	› Ik ga deze zomer fierljeppen. › **Wát** ga je doen?
16.	Als meer dieren of zaken bedoeld worden, kan je *allemaal* of *zoal* toevoegen aan **wat**.	› **Wat** loopt daar *allemaal*? Het lijken wel mieren. › **Wat** doe je *zoal* in de vakantie? Uitslapen, lekker eten en uitgaan.
17.	**Wat** gebruik je niet bij een voorzetsel. In plaats van **wat** gebruik je dan **waar+ voorzetsel**.	› **Waarop** ben je voor je examen gezakt? › Zegt u het maar, **waarmee** kan ik u helpen?
18.	**Waar+voorzetsel** kun je uit elkaar trekken.	› Zegt u het maar, **waar** kan ik u **mee** helpen?
19.	**Wat** mag je wél gebruiken na een voorzetsel als het voornaamwoord sterk beklemtoond is.	› *Naar* **wát** heb je gekeken? › *Aan* **wát** heb je dat geld uitgegeven?
20.	Als het voornaamwoord sterk beklemtoond is, mag je echter ook **waar** gebruiken in combinatie met een voorzetsel.	› **Wáár** heb je *naar* gekeken? › **Wáár** heb je dat geld *aan* uitgegeven?
21.	Als je een keuze kunt maken tussen twee of meer personen, dieren of zaken, kun je **welk(e)** zelfstandig gebruiken.	› Er werken hier een aantal dokters. **Welke** wilt u spreken? › Ik wil heel graag een nieuwe fiets, maar ik kan niet kiezen. **Welke** zal ik nemen?
22.	Moet je kiezen tussen personen, dan mag je **welk(e)** vervangen door **wie**.	› Er werken hier een aantal dokters. **Wie** wilt u spreken?
23.	**Wat voor (een)** kun je op dezelfde manier zelfstandig gebruiken als **welk(e)**.	› Ik wil heel graag een nieuwe fiets, maar ik kan niet kiezen. **Wat voor een** zal ik nemen? › We kunnen maar niet beslissen in **wat voor** restaurant we straks gaan eten.

Voorzetsel

voorzetsel *prepositie*

Voorzetsels of **preposities** hebben verschillende functies. Ze kunnen een plaats, een richting, een reden, een oorzaak, een doel of een middel, of een tijd aangeven.

Voorzetsels die een **plaats** aangeven:
> **aan, achter, beneden, bij, binnen, boven, buiten, in, langs, naast, om, onder, op, rond, rondom, te, tegen, tegenover, tussen, vanaf, vanuit, voor, voorbij**

Voorzetsels die een **richting** aangeven:
> **door, in, langs, naar, om, over, rondom, tot, van, vanaf, vanuit, via, voorbij**

Voorzetsels die een **reden** aangeven:
> **door, gezien, om, wegens**

Voorzetsels die een **oorzaak** aangeven:
> **dankzij, door, krachtens, vanwege**

Voorzetsels die een **doel** aangeven:
> **aan, naar, om**

Voorzetsels die het **middel** aangeven:
> **op, met, in**

Voorzetsels die een **tijd** aangeven:
> **door, gedurende, in, na, om, omstreeks, op, over, rond, rondom, sedert, sinds, tegen, tijdens, tot, tussen, uit, vanaf, voor, voorbij**

Andere voorzetsels:
> **omtrent, qua, volgens, zonder**

Soms kunnen **twee voorzetsels** bij hetzelfde woord horen.
> Kan je even wachten met computeren **tot na** het eten?
> Je moet doorlopen **tot voorbij** de hoek.

Soms staat **één voorzetsel** voor het woord waar het bij hoort en **het andere** voorzetsel achter dat woord.
> Ik loop **onder** het viaduct **door**.
> De vissen zwemmen **tegen** de stroom **in**.

Voorzetsel

A1

plaats	aan, achter, bij, boven, buiten, in, naast, onder, op, tegen, tegenover, tussen, voor
richting	door, in, langs, naar, om, over, tot, van
reden	om
oorzaak	door
doel	aan, naar, om
middel	met, op
tijd	in, na, om, op, over, tot, tussen, vanaf, voor
andere voorzetsels	zonder

plaats

1.	**aan**	› De klok hangt **aan** de muur.
2.	**achter**	› **Achter** het huis ligt een rivier.
3.	**bij**	› Ik ben **bij** mijn oma.
4.	**boven**	› Het vliegtuig vliegt **boven** de wolken.
5.	**buiten**	› Zij werkt **buiten** de deur.
6.	**in**	› Hij is **in** huis. › De kat ligt **in** zijn doos.
7.	**naast**	› Mijn huis staat **naast** een kerk.
8.	**onder**	› **Onder** het bed lag een koffer.
9.	**op**	› Het kopje staat **op** tafel. › De vogel zit **op** de tak.
10.	**tegen**	› De man leunt **tegen** de muur.
11.	**tegenover**	› Mijn huis staat **tegenover** de bank.
12.	**tussen**	› Kees zit **tussen** Ria en Brigitte.
13.	**voor**	› **Voor** het huis ligt een tuin.

richting

14.	**door**	› Ik loop **door** de keuken naar de kamer.
15.	**in**	› Ellen stapt **in** de bus.
16.	**langs**	› **Langs** het huis loopt een weg.
17.	**naar**	› Ik ga **naar** de stad. › Moeder loopt **naar** de tuin.
18.	**om**	› Ik rijd met mijn fiets een rondje **om** het meer.
19.	**over**	› De man loopt **over** de brug naar het centrum.

A1

20.	**tot**	› Je loopt **tot** de hoek en gaat daar rechtsaf.
21.	**van**	› De jongen valt **van** de trap.

reden

22.	**om**	› Hij lachte **om** die goede grap.

oorzaak

23.	**door**	› **Door** de regen wordt het meisje helemaal nat.

doel

24.	**aan**	› Ik geef eten **aan** de honden.
25.	**naar**	› Ik ga met vakantie **naar** Italië.
26.	**om**	› Een pen gebruik je **om** te schrijven.

middel

27.	**met**	› Het meisje gaat **met** de bus naar school.
28.	**op**	› Hij gaat **op** de fiets naar muziekles.

tijd

29.	**in**	› De bus rijdt **in** een uur naar Amsterdam.
30.	**na**	› **Na** de les kom ik bij je langs.
31.	**om**	› **Om** zeven uur staan we op.
32.	**op**	› **Op** maandag doe ik altijd de was.
33.	**over**	› **Over** een maand gaan we met vakantie.
34.	**tot**	› Je mag **tot** zeven uur buiten spelen.
35.	**tussen**	› De winkel sluit **tussen** 12.00 uur en 13.00 uur.
36.	**vanaf**	› De winkel is **vanaf** negen uur open.
37.	**voor**	› Het is tien **voor** negen.

andere voorzetsels

38.	**zonder**	› Hij drinkt zijn koffie **zonder** suiker en melk.

B1

Voorzetsel

plaats	aan, achter, beneden, bij, binnen, boven, buiten, in, langs, naast, om, onder, op, rond, rondom, te, tegen, tegenover, tussen, vanaf, vanuit, voor, voorbij
richting	door, in, langs, naar, om, over, rondom, tot, van, vanaf, vanuit, via, voorbij
reden	door, gezien, om, wegens
oorzaak	dankzij, door, krachtens, vanwege
doel	aan, naar, om
middel	door, met, op
tijd	door, gedurende, in, na, om, omstreeks, op, over, rond, rondom, sedert, sinds, tegen, tijdens, tot, tussen, uit, vanaf, voor, voorbij
andere voorzetsels	omtrent, qua, volgens, zonder

plaats

1. **aan**	› Al zijn diploma's hangen **aan** de muur.
2. **achter**	› Ik zit al de hele ochtend **achter** mijn bureau.
3. **beneden**	› De polder ligt **beneden** zeeniveau.
4. **bij**	› Zij is even **bij** de buren.
5. **binnen**	› **Binnen** de stad mag je niet harder dan 50.
6. **boven**	› De planken hangen **boven** het bureau.
7. **buiten**	› U kunt **buiten** deze kamer op het antwoord wachten.
8. **in**	› Hij was **in** de tuin het gras aan het maaien.
9. **langs**	› **Langs** de rivier ligt een dijk.
10. **naast**	› Hij stadhuis staat vlak **naast** de grote kerk in het centrum van de stad.
11. **om**	› Iedereen stond tijdens de uitleg **om** de machine.
12. **Om** kun je gebruiken in combinatie met **heen**.	› Iedereen stond tijdens de uitleg **om** de machine **heen**.
13. **onder**	› De brieven liggen **onder** de mappen.
14. **op**	› Ik ben al de hele morgen **op** kantoor om dit werk af te maken.
15. **rond**	› We staan **rond** de machine om de demonstratie goed te kunnen zien.
16. **rondom**	› We staan **rondom** de machine om de demonstratie goed te kunnen zien.
17. **te**	› Het prinsesje werd geboren in een ziekenhuis **te** Den Haag.

B1

18. **tegen**	› De verkoper leunde **tegen** de muur.
19. **tegenover**	› **Tegenover** de supermarkt is een pinautomaat.
20. **tussen**	› Kees zit tijdens de vergadering **tussen** Ria en Brigitte.
21. **vanaf**	› **Vanaf** de Martinitoren kun je heel ver over Groningen uitkijken.
22. **vanuit**	› **Vanuit** het raam zag hij het meisje lopen.
23. **voor**	› **Voor** de fabriek stonden veel vrachtwagens.
24. **voorbij**	› De bank is **voorbij** de bibliotheek aan de linkerkant.

richting

25. **door**	› De steen ging dwars **door** de ruit.
26. **Door** kun je gebruiken samen met **heen**.	› De steen ging dwars **door** de ruit **heen** en belandde op de tafel.
27. **in**	› Hij stapt altijd om half negen **in** de bus om naar zijn werk te gaan.
28. **In** kan achter het *woord* waar het bij hoort staan als het een richting aangeeft.	› Hij stapt altijd om half negen *de bus* **in** om naar zijn werk te gaan.
29. **langs**	› **Langs** ons huis stroomt een diepe beek waarin veel vis zwemt.
30. **naar**	› Zij brengt de vuile borden **naar** de keuken.
31. **Naar** verandert in **naartoe** als je het gebruikt met: *daar, er, ergens, hier, nergens, overal, waar.* Het krijgt dan de functie van bijwoord.	› *Daar* ga ik nooit lopend **naartoe**, maar altijd met de fiets. › *Er* loopt een mooi fietspad **naartoe**. › Deze weg loopt toch *ergens* **naartoe**. › Kom je *hier* **naartoe** lopen? › Ik ga vanavond *nergens* **naartoe**. › *Waar* ga je dit jaar **naartoe** met vakantie?
32. **om**	› Hij rent drie rondjes **om** het veld.
33. **over**	› Ik loop **over** de brug naar het grote winkelcentrum vlak bij de markt.
34. **Over** kun je samen met **heen** gebruiken.	› Ik loop **over** de brug **heen** naar het centrum.
35. **rond**	› Tijdens de lunchpauze wandel ik vaak **rond** het plein.
36. Je kunt **rond** achter het *woord* waar het bij hoort zetten.	› Tijdens de lunchpauze wandel ik vaak het plein **rond**.

B1

37. **rondom**	› Tijdens de lunchpauze maak ik vaak een wandeling **rondom** het plein.
38. **tot**	› Voor de receptie loop je de gang uit **tot** de deuren en dan ga je rechts.
39. **van**	› De schilder viel plotseling **van** de trap.
40. **vanaf**	› Hij kwam **vanaf** het einde van de straat aangehold.
41. **vanuit**	› **Vanuit** de kerk liepen de mensen langzaam richting de begraafplaats.
42. **via**	› We gaan altijd **via** de polder naar Friesland.
43. **voorbij**	› Je loopt **voorbij** de bibliotheek en neemt dan de derde straat links.

reden

44. **door**	› **Door** de drukte op de weg ga ik vandaag met de trein.
45. **gezien** (vooral in schrijftaal)	› **Gezien** de drukte op de weg ga ik vandaag met de trein.
46. **om**	› Niemand kon lachen **om** die flauwe grap.
47. **wegens**	› **Wegens** de hevige sneeuwval rijden er minder treinen.

oorzaak

48. **dankzij**	› **Dankzij** hem heb ik mijn werk ruim op tijd afgekregen.
49. **door**	› **Door** die fout kon ik helemaal opnieuw beginnen.
50. **krachtens** (in officiële taal)	› Een persoon van 65 jaar of ouder krijgt een uitkering **krachtens** de Algemene Ouderdomswet.
51. **vanwege**	› **Vanwege** zijn ziekte kon hij al jaren geen pen meer vasthouden.

doel

52. **aan**	› Hij geeft een flinke fooi **aan** de serveerster.
53. **naar**	› Ik ga deze week op zakenreis **naar** China.
54. **om**	› Een pen gebruik je bijvoorbeeld **om** brieven te schrijven.

B1

middel

55. **door**	› **Door** veel te studeren, heb ik mijn diploma gehaald.
56. **met**	› Ik schilder de kozijnen **met** een kwast.
57. **op**	› Bij mooi weer en weinig wind gaat Wim **op** de fiets naar zijn werk.

tijd

58. **door** in combinatie met **heen**.	› De taal verandert **door** de eeuwen **heen**.
59. **gedurende**	› **Gedurende** de Tweede Wereldoorlog zijn er veel slachtoffers gevallen.
60. **in**	› Ik had mijn werk **in** een uur klaar.
61. **na**	› **Na** het werk kom ik nog even bij je langs om de stukken te bespreken.
62. **om**	› De wedstrijd begint precies **om** half negen.
63. **op**	› **Op** maandag moet ik altijd een beetje herstellen van het weekend.
64. **over**	› **Over** een maand gaat hij met twee collega's op zakenreis naar China.
65. **rond**	› Ik moet **rond** tien uur achter mijn bureau zitten, want dan krijg ik een belangrijk telefoontje.
66. **rondom**	› Weer of geen weer, **rondom** twaalven liet hij altijd zijn hond uit.
67. **sedert** (in schrijftaal)	› De man woonde **sedert** zes maanden in Nederland en voelde zich al aardig thuis.
68. **sinds**	› **Sinds** het ernstige motorongeluk loopt hij mank.
69. **tegen**	› Het loopt nu **tegen** tienen, dus ik moet er gauw vandoor.
70. **tijdens**	› **Tijdens** het examen ging zijn telefoon af, waardoor iedereen verstoord opkeek.
71. **tot**	› De klantenservice is **tot** vijf uur bereikbaar.
72. **tussen**	› De winkel is altijd **tussen** 12.00 uur en 13.00 uur gesloten voor de lunchpauze.
73. **uit**	› Hij verzamelt schilderijen **uit** de negentiende eeuw.

74.	**vanaf**	› De bibliotheek is sinds kort **vanaf** negen uur geopend.
75.	**voor**	› De trein vertrekt om precies tien **voor** negen.
76.	**voorbij**	› Het is nu **voorbij** tienen, dus ik moet nu heel snel weg.

andere voorzetsels

77.	**omtrent**	› Er is niets bekend **omtrent** het lot van de verdwenen wandelaars.
78.	**qua**	› Ze lijken op elkaar **qua** uiterlijk, maar niet **qua** karakter.
79.	**volgens**	› **Volgens** mijn collega is het 35 kilometer van Utrecht naar Almere.
80.	**zonder**	› Ik drink mijn koffie sinds kort **zonder** suiker en melk.

Bijwoord

bijwoord *adverbium*

Een **bijwoord** of **adverbium** zegt iets over een werkwoord, een bijvoeglijk naamwoord of een ander bijwoord. Bijwoorden zijn onveranderlijk.

bijwoorden van **plaats**	› **daar, ergens, heen, hier, nergens, voorbij, waar**
bijwoorden van **richting**	› **langs, linksaf, naartoe, rechtsaf, vandaan, voorbij, waarheen**
bijwoorden van **tijd**	› **altijd, binnenkort, dan, eens, gauw, gisteren, hoelang, morgen, nu, pas, straks, toen, vandaag, wanneer, zo**
bijwoorden van **frequentie** (hoe vaak?)	› **dikwijls, soms, telkens, vaak**
bijwoorden van **graad** (hoe erg?)	› **erg, heel, hoe, nogal, zo**
bijwoorden van **hoedanigheid** (op welke manier?)	› **anders, graag, hoe, zo**
bijwoorden van **modaliteit** (Hoe denkt de spreker erover?)	› **inderdaad, misschien, slechts**
bijwoorden van **ontkenning**	› **nergens, niet, nooit**
vragende bijwoorden	› **hoe, hoelang, hoeveel, waar, waar naartoe, waar vandaan, waarheen, waarom, wanneer**
ander bijwoord	› **er**

A2

Bijwoord

plaats	tijd	vraag	modaliteit
daar, ergens, hier, nergens, waar	dan, eens, gauw, hoelang, morgen, nu, vandaag, wanneer	hoe, hoelang, hoeveel, waar, waarom, wanneer	misschien
frequentie	**graag**	**hoedanigheid**	**ontkenning**
soms, vaak	erg, heel, hoe, zo	anders, graag, hoe, zo	geen, nergens, niet, nooit

plaats

1.	**daar**	› Wat heb je **daar**?
2.	**ergens**	› Zie je Paul **ergens**?
3.	**hier**	› Ik heb **hier** twee dozen voor u.
4.	**nergens**	› Ik vind mijn sleutels **nergens**.
5.	**waar**	› **Waar** koop je die schoenen?

tijd

6.	**dan**	› Morgen is het mooi weer. **Dan** gaan we naar het strand.
7.	**eens**	› Kom **eens** op bezoek.
8.	**gauw**	› Kom **gauw** weer eens langs.
9.	**hoelang**	› Tot **hoelang** werk je nog?
10.	**morgen**	› **Morgen** doet Jan examen.
11.	**nu**	› Ik moet **nu** naar de bakker.
12.	**vandaag**	› Gerrit gaat **vandaag** naar de dokter.
13.	**wanneer**	› Kom maar langs **wanneer** je tijd hebt.

vragende bijwoorden

14.	**Hoe** vraagt naar de manier waarop je iets doet.	› **Hoe** ga je naar de les? Met de bus.
15.	**Hoelang** vraagt naar een tijdsduur.	› **Hoelang** werk jij hier? Tien jaar. › **Hoelang** duurt de les? Drie uur.
16.	**Hoeveel** vraagt naar een aantal of bedrag.	› **Hoeveel** mensen waren er? Een stuk of twintig. › **Hoeveel** kost die jas? Hij kost 50 euro.
17.	**Waar** vraagt naar een plaats.	› **Waar** ligt Amsterdam?
18.	**Waarom** vraagt naar de reden. Het antwoord begint meestal met *omdat*.	› **Waarom** doe je de computer uit? *Omdat* ik weg moet.

A2

19. **Wanneer** vraag naar de tijd.
› **Wanneer** ga je met vakantie?

modaliteit

20. **misschien**
› Karel komt **misschien**.

frequentie

21. **soms**
› **Soms** denkt ze nog wel eens aan hem.

22. **vaak**
› Hij maakt **vaak** een ritje met zijn fiets.

graad

23. **erg**
› Haar dochter is nog **erg** jong.

24. **heel**
› Ivan werkt **heel** hard.

25. **Heel** krijgt in de spreektaal vaak een **-e**.
› Hij heeft een **hele** oude auto.

26. **hoe**
› **Hoe** groot is dat pak?

27. **zo**
› **Zo** laat is het nog niet.

hoedanigheid

28. **anders**
› Probeer het **anders** op te lossen.

29. **graag**
› Ik wil **graag** koffie.

30. **hoe**
› Ik wil je wel helpen, maar ik weet niet **hoe**.

31. **zo**
› Dat doe je **zo**.

ontkenning

32. **nergens**
› Ik kan de sleutels **nergens** vinden.

33. **niet**
› Dat zeg ik **niet**.

34. **nooit**
› Zij gaat **nooit** zwemmen.

35. Als **niet** de *persoonsvorm* ontkent, staat het zo ver mogelijk achteraan in de zin. **Niet** kan gevolgd worden door een *voorzetselgroep* of door het *tweede werkwoord*.
› Gerrit *gaat* morgen **niet** *naar zijn werk*.
› Karel *komt* vanavond **niet** *eten*.

trappen van vergelijking van bijwoorden

36. **Bijwoorden** die afgeleid zijn van een *bijvoeglijk naamwoord* hebben ook trappen van vergelijking.
› Hij werkt **hard** door.
› Zij werkt **harder** door.
› Maria werkt **het hardst** door.

37. **Graag, veel** en **weinig** hebben onregelmatige trappen van vergelijking.

› graag	› liever	› het liefst
› veel	› meer	› het meest
› weinig	› minder	› het minst

B1

Bijwoord

plaats	richting	tijd	vraag	modaliteit
daar, ergens, heen, hier, nergens, waar	langs, linksaf, naartoe, rechtsaf, vandaan, voorbij, waarheen	altijd, binnenkort, dan, eens, gauw, gisteren, hoelang, morgen, nu, pas, straks, toen, vandaag, wanneer, zo	hoe, hoelang, hoeveel, waar, waar naartoe, waar vandaan, waarheen, waarom, wanneer	inderdaad, misschien, slechts

frequentie	graad	hoedanigheid	ontkenning
dikwijls, soms, telkens, vaak	erg, heel, hoe, nogal, zo	anders, graag, hoe, zo	nergens, niet, nooit

plaats

1. **daar** › Wat ligt **daar** op je bureau?
2. **ergens** › Heb je Paul vandaag nog **ergens** gezien?
3. **heen** › Waar breng je die dossiers **heen**?
4. **hier** › Ik heb **hier** twee dozen voor u.
5. **nergens** › Ik kan de sleutels van mijn voordeur **nergens** vinden.
6. **waar** › **Waar** heb je die computer gekocht?

richting

7. **langs** › Kom gauw weer een **langs**.
8. **linksaf** › Ons kantoor ligt bij het stoplicht **linksaf**.
9. **naartoe** › Waar ga je met al die dossiers **naartoe**?
10. **rechtsaf** › Bij de hoek moet u **rechtsaf**.
11. **vandaan** › Waar kom jij nu zo gauw **vandaan**?
12. **voorbij** › De trein reed snel **voorbij**.
13. **waarheen** › **Waarheen** ga je zo laat op de avond?
14. **Waarheen** wordt meestal gesplitst. › **Waar** ga je zo laat op de avond **heen**?

tijd

15. **altijd** › Ik sta **altijd** om zeven uur op.
16. **binnenkort** › Maria gaat **binnenkort** op vakantie.
17. **dan** › Morgen komen we weer bij elkaar. **Dan** praten we verder.
18. **eens** › Er was **eens** een oude koning.

B1

19. **gauw**	› Kom **gauw** weer eens bij ons langs.
20. **gisteren**	› Ik zag hem **gisteren** met zijn collega in de stad.
21. **hoelang**	› Tot **hoelang** blijf je deze keer in Italië?
22. **morgen**	› **Morgen** moet Jan opnieuw examen doen.
23. **nu**	› Ik moet **nu** naar de dokter voor een controle.
24. **pas**	› Kees is hier **pas** nog geweest om je iets te zeggen.
25. **straks**	› Ik moet **straks** naar de rechtbank.
26. **toen**	› ... en **toen** moest ik heel snel weg.
27. **vandaag**	› Gerrit is **vandaag** bij de dokter geweest.
28. **wanneer**	› **Wanneer** je tijd hebt, kom dan eens langs.
29. **zo**	› Ik moet **zo** weg.

vragende bijwoorden

30. **Hoe** vraagt naar de manier waarop je iets doet.	› **Hoe** bedien je deze machine?
31. **Hoe** vraagt ook naar de graad van een zaak. Hoe staat dan meestal voor een bijvoeglijk naamwoord.	› **Hoe** groot is je kantoor? › **Hoe** ver is het naar Parijs? › **Hoe** oud ben je?
32. **Hoelang** vraagt naar een tijdsduur.	› **Hoelang** duurt het nog voor je klaar bent?
33. **Hoeveel** vraagt naar een aantal of een bedrag.	› **Hoeveel** mensen wonen er in Nederland? › **Hoeveel** kost die computer?
34. **Waar** vraagt naar een plaats.	› **Waar** ligt mijn portemonnee?
35. **Waar naartoe** geeft een richting aan.	› **Waar** ga je **naartoe** met vakantie?
36. **Waar vandaan** geeft een afkomst aan.	› **Waar** kom je zo laat **vandaan**?
37. **Waarheen** geeft een richting aan.	› **Waar** ga je **heen** met die dozen?
38. **Waarom** vraagt naar de reden. Het antwoord begint meestal met *omdat*.	› **Waarom** zet je de computer uit? *Omdat* ik dringend weg moet.
39. **Wanneer** vraag naar de tijd.	› **Wanneer** is het dit jaar Pasen?

modaliteit

40. **inderdaad**	› Dat heeft ze **inderdaad** gezegd.
41. **misschien**	› Karel zou **misschien** langskomen.
42. **slechts**	› Dit karwei kost **slechts** een halfuurtje.

frequentie

43.	**dikwijls**	› Ik ga **dikwijls** zwemmen. Bijna elke dag.
44.	**soms**	› **Soms** dacht ze aan vroeger terug.
45.	**telkens**	› Ik vergeet **telkens** de sleutels van mijn voordeur.
46.	**vaak**	› Hij gaat **vaak** een ritje maken met zijn motor.

graad

47.	**erg**	› Zij heeft **erg** veel geluk gehad met die baan.
48.	**heel**	› Ivan werkt **heel** hard voor een huis in Spanje.
49.	**Heel** krijgt in de spreektaal vaak een -e.	› Hij heeft een **hele** oude auto gekocht om op te knappen.
50.	**hoe**	› **Hoe** groot is het pakje dat je moet versturen?
51.	**nogal**	› Hij voelde zich **nogal** ziek. Daarom is hij naar huis gegaan.
52.	**zo**	› **Zo** druk is het nog nooit op het werk geweest.

hoedanigheid

53.	**anders**	› Hij is **anders** dan zijn collega.
54.	**graag**	› Ik wil **graag** koffie in de pauze.
55.	**hoe**	› Ik zou je wel willen helpen, maar ik weet niet **hoe**.
56.	**zo**	› Dat moet je **zo** doen.

ontkenning

57.	**nergens**	› De sleutels van mijn voordeur zijn **nergens** te vinden.	
58.	**niet**	› Ook al beweert hij van wel, dat heb ik **niet** tegen hem gezegd.	
59.	**nooit**	› Zij heeft nog **nooit** iets spannends gedaan in haar leven.	
60.	**Niet** gebruik je om *bijvoeglijke naamwoorden, bijwoorden, voorzetselgroepen en onbepaalde telwoorden* te ontkennen. **Niet** staat voor het woord of zinsdeel dat het ontkent, maar komt altijd achter de persoonsvorm.	› Is dat brood vers? › Heb je het examen goed gemaakt? › Heb je genoeg geld? › Ga je naar school?	› Nee, het is **niet** *vers.* › Nee, ik heb het examen **niet** *goed* gemaakt. › Nee, ik heb **niet** *genoeg* geld. › Nee, ik ga **niet** *naar school.*

B1

61. Als **niet** de persoonsvorm ontkent, staat het zo ver mogelijk achteraan in de zin. Soms komt er na **niet** nog een *voorzetselgroep* of *werkwoord*.

> Zij koopt die dure broek **niet**.
> Gerrit gaat morgen **niet** *naar zijn werk*.
> Karel is vanavond **niet** *komen eten*.

trappen van vergelijking van bijwoorden

62. **Bijwoorden die afgeleid zijn** van een **bijvoeglijk naamwoord** hebben ook trappen van vergelijking.

> Hij werkt de hele dag **hard** door.
> Zij werkt **harder** door dan hij.
> Maria werkt **het hardst** door van allemaal.

63. **Graag, veel** en **weinig** hebben onregelmatige trappen van vergelijking.

› graag	› liever	› het liefst
› veel	› meer	› het meest
› weinig	› minder	› het minst

B1

Het bijwoord 'er'

het bijwoord 'er'

1.	**Er** is een zwakke vorm van *daar*.	› Zie je dat gebouw? › Zie je dat gebouw?	› Ik zit **daar** op school. › Ik zit **er** op school.
2.	**Er** heeft nooit nadruk.	› Of ik Amsterdam ken? Ja, Ik heb **er** gewoond.	
3.	**Er** kan het voorlopig onderwerp zijn. Het *echte onderwerp* staat verderop in de zin.	› **Er** zit *een vogel* op de tak. › **Er** woont *een man* alleen in dat grote huis. › **Er** werken *tien mensen* bij ons.	
4.	**Er** kan een *plaats* aangeven.	› Ken je *die sporthal*? › Je zou naar *de markt* gaan. › Ben je wel eens *in Italië* geweest?	› Ik kom **er** elke week. › Ben je **er** nog geweest? › Nee, maar ik ga **er** dit jaar heen.
5.	**Er** kan samen met een *voorzetsel* gebruikt worden. Als **er** vlak voor het *voorzetsel* staat, schrijf je **er** aan het *voorzetsel* vast.	› Een euro? › Ik krijg de draad niet in de naald. › Waar is mijn bril toch? › Heb je nog nagedacht over mijn voorstel?	› Wat koop je **er** nog *voor*? › Ik zit **er** steeds *naast*. › Je zit **er***op*. › Ja, ik heb **er***over* nagedacht.
6.	**Er** staat vaak voor een *telwoord*.	› Hoeveel kinderen heb je? › Hoeveel woorden hoor je in deze zin? › Hoeveel taarten heb je gebakken?	› Ik heb **er** *twee*. › Ik hoor **er** *zeven*. › Ik heb **er** *drie* gebakken.
7.	**Er** kan het **onderwerp** zijn in een zin met *worden*.	› **Er** *wordt* morgen niet gewerkt. › **Er** *worden* weinig mensen verwacht. › **Er** *wordt* vandaag niet gesnoept.	

Voegwoord

voegwoord *conjunctie*
Voegwoorden of **conjuncties** geven een verband aan tussen twee zinnen, zinsdelen of woorden.

Er zijn nevenschikkende voegwoorden en onderschikkende voegwoorden.

Een **nevenschikkend** voegwoord staat tussen:
- twee woorden
- twee hoofdzinnen
- twee bijzinnen (en)

De meestvoorkomende nevenschikkende voegwoorden zijn:
- **en, maar, of, want**

Andere nevenschikkende voegwoorden zijn onder andere:
- **dus, zowel ... als**

Een **onderschikkend** voegwoord staat tussen:
- een hoofdzin en een bijzin

Onderschikkende voegwoorden zijn onder andere:
- **aangezien, als, alsof, daar, dat, doordat, evenals, hoe ... des te, hoe ... hoe, hoewel, indien, nadat, nu, of, ofschoon, omdat, sinds, tenzij, terwijl, toen, voordat, wanneer, zo, zodat, zodra, zolang, zoals**

Voegwoorden + te + infinitief

Voegwoorden die gevolgd kunnen worden door te + heel werkwoord zijn:
- **door, in plaats van, na, om, zonder**

Voegwoord

nevenschikkende voegwoorden | en, maar, of, want

gebruik

1.	Een voegwoord kan tussen twee gelijke zinsdelen staan. Zo'n voegwoord wordt **nevenschikkend** genoemd.	› Ik was me **en** ik kleed me aan.

nevenschikkende voegwoorden

2.	Het voegwoord **en** geeft aan dat er nog iets komt. **En** kan tussen twee persoonsnamen of twee dingen staan.	› Karel **en** Ria gaan samen naar school. › zout **en** peper › paard **en** wagen
3.	Het voegwoord **en** kan tussen twee hoofdzinnen staan.	› Ik schrijf een brief **en** ik breng hem straks naar de brievenbus.
4.	**Maar** geeft een tegenstelling aan.	› Ik wil graag die jas kopen, **maar** ik heb geen geld.
5.	**Of** geeft een tegenstelling of keuze aan.	› Wil je rijst **of** aardappelen? › Gaan jullie naar de markt **of** naar de winkel?
6.	**Want** geeft een oorzaak aan.	› Ik doe een jas aan, **want** het is koud.

A2

Voegwoord

nevenschikkende voegwoorden	en, maar, of, want
onderschikkende voegwoorden	als, dat, of, omdat
voegwoorden te + infinitief	om, zonder

gebruik

1. Een voegwoord kan tussen twee gelijke zinsdelen staan. Dat heet nevenschikkend. Een **nevenschikkend voegwoord** kan staan tussen twee hoofdzinnen, twee zinsdelen of tussen twee woorden.
   - › Ik ga naar buiten **en** ik geniet van het mooie weer.
   - › Wil je straks naar het strand **of** naar het zwembad?
   - › Ik wil koffie **en** koek.
2. Bij een **nevenschikkend voegwoord** staat het *werkwoord* in beide zinnen op de tweede plaats.
   - › Wij *gaan* naar het strand, **want** het *is* mooi weer.
3. Een voegwoord kan tussen twee ongelijke gedeelten van een zin staan. Dit heet **onderschikkend**.
   - › Ik hoop **dat** hij gauw komt.
   - › Ik trek een jas aan **als** het koud is.
4. Een **onderschikkend voegwoord** staat tussen een hoofdzin en een *bijzin*. In de bijzin komt het werkwoord achteraan.
   - › Ik zal vragen **of** *hij nog komt.*
   - › Ik denk **dat** *het te laat is.*

nevenschikkende voegwoorden

5. **En** geeft aan dat er nog iets komt. **En** kan tussen twee persoonsnamen, dingen of tussen twee hoofdzinnen staan.
   - › Jan **en** Piet komen ook.
   - › Hij heeft een rode auto **en** een groene auto.
   - › Ik schrijf een brief **en** ik breng hem straks naar de brievenbus.
6. **Maar** geeft een tegenstelling aan.
   - › Ik wil graag die jas kopen **maar** ik heb er geen geld voor.
7. **Of** geeft een tegenstelling of keuze aan.
   - › Gaan jullie straks sporten **of** naar de film?
8. **Want** geeft een oorzaak aan.
   - › Ik trek een jas aan **want** het is buiten koud.

onderschikkende voegwoorden

9. **Als** geeft een voorwaarde aan.
   - › **Als** het koud is, doe ik een jas aan.
   - › Ik ga met de bus **als** het regent.
10. **Dat** wordt het vaakst gebruikt.
    - › Ik denk **dat** hij straks komt.
    - › Ik hoop **dat** ik voor het examen slaag.
11. **Of** gebruik je vaak na het werkwoord *vragen.*
    - › Ik *vraag* me af **of** het gaat regenen.
12. **Omdat** gebruik je om de reden te geven.
    - › Ik trek een jas aan **omdat** het regent.

volgorde in de bijzin

13. Na het **voegwoord** volgt direct het *onderwerp*.
    › Ik denk **dat** *hij* morgen weer op school komt.

14. De *werkwoorden* staan in de bijzin helemaal achteraan.
    › Maria zegt **dat** ze straks boodschappen *gaat doen.*
    › Ik trek een jas aan **als** het *regent.*

voegwoord + te + heel werkwoord

15. **Om** gebruik je het meest met *te + heel werkwoord.*
    › Een pen gebruik je **om** *te schrijven.*
    › Piet gaat naar de sportschool **om** *af te vallen.*

16. **Zonder** betekent vaak *aan een stuk door.*
    › **Zonder** te stoppen, reed Jan via Duitsland en Oostenrijk naar Italië.

B1

Voegwoord

nevenschikkende voegwoorden	**en, maar, of, want, dus, zowel ... als**
onderschikkende voegwoorden	**als, alsof, daar, dat, doordat, evenals, hoe ... des te, hoe ... hoe, hoewel, indien, nadat, nu, of, ofschoon, omdat, sinds, tenzij, terwijl, toen, voordat, wanneer, zo, zodat, zodra, zolang, zoals**
voegwoord + te + infinitief	**door, in plaats van, na, om, zonder**

gebruik

1. Een voegwoord is **nevenschikkend** als het tussen twee gelijke zinsdelen staat. Een **nevenschikkend voegwoord** geeft een verbinding of opsomming aan en staat tussen twee hoofdzinnen, twee zinsdelen of tussen twee woorden.
   › Marieke moet werken **en** ze gaat daarna boodschappen doen.
   › Zij wilde gaan fietsen **maar** het waaide te hard.
   › Wil je straks soep **of** salade eten?

2. Na een **nevenschikkend voegwoord** krijg je geen inversie: *de persoonsvorm* staat op de tweede plaats.
   › Je moet een jas aan doen, **want** het *is* koud buiten.

3. Een voegwoord kan tussen twee ongelijke gedeelten van een zin staan. Dit heet **onderschikkend**. Het voegwoord staat tussen een hoofd- en een bijzin. In de bijzin komt het werkwoord achteraan.
   › Ik hoop **dat** hij gauw klaar is met zijn werk.
   › Ik ga naar huis **als** deze brief klaar is.
   › Ik vraag me af **of** hij nog komt nu het zo regent.

nevenschikkende voegwoorden

4. **En** geeft aan dat er nog iets komt. **En** kan tussen twee persoonsnamen of voorwerpen, twee zinsdelen of tussen twee hoofdzinnen staan. **En** kan ook tussen twee *bijzinnen* staan.
   › Jan **en** Dora zijn vijftig jaar getrouwd.
   › Harm heeft een oude auto **en** een oude motor.
   › Hij dacht dat *je weg was* **en** *niet meer terug zou komen.*

5. **Maar** geeft een tegenstelling aan en staat nooit aan het begin van een zin.
   › Ik wilde gisteren graag vroeg naar huis, **maar** het was te druk op het werk.

6. **Of** geeft een tegenstelling of keuze aan.
   › Wil je aardappelen **of** rijst bij het vlees?

7. **Want** geeft een oorzaak aan.
   › Ik moet vandaag vroeg naar huis, **want** ik moet naar de dokter.

8. **Dus** geeft een gevolg aan.
   › Het is vandaag druk op het werk, **dus** ik kan niet vroeg naar huis.

9. **Zowel ... als** betekent *niet alleen ... maar ook.*
   › Ik heb **zowel** *jou* **als** *je collega* uitgenodigd voor de borrel.

onderschikkende voegwoorden

10. **Als** betekent *wanneer* en drukt dan een voorwaarde uit. (Kijk verder bij *wanneer.*)
   › **Als** het niet zo druk is op het werk, kan ik vandaag wat vroeger naar huis.

11.	**Alsof** betekent net als.	› Hij doet **alsof** er niets gebeurd is.
12.	**Daar** gebruik je in de schrijftaal. Het betekent *omdat*.	› **Daar** hij te laat wegging, miste hij de trein.
13.	**Dat** wordt vaak gecombineerd met een *voorzetsel*: **nadat, voordat, totdat, doordat, omdat.**	› *Door***dat** de trein te laat was, kwam ik te laat op mijn werk.
14.	**Evenals** geeft een vergelijking weer. **Evenals** betekent *net als*.	› Piet werkt **evenals** Jan bij een groot bedrijf.
15.	**Hoe ... des te** geeft een vergelijking weer. De vergelijking gaat gelijk op.	› **Hoe** groter de tv, **des te** duurder hij is.
16.	**Hoe ... hoe** betekent hetzelfde als *hoe ... des te*.	› **Hoe** groter de tv, **hoe** duurder hij is.
17.	**Hoewel** geeft een tegenstelling aan en betekent hetzelfde als *ofschoon*. **Ofschoon** gebruik je in de schrijftaal.	› Karel is voor zijn rijexamen gezakt, **hoewel/ofschoon** hij veel geoefend heeft.
18.	**Indien** gebruik je in de schrijftaal. **Indien** geeft een voorwaarde aan. Je kunt het vervangen door *als*.	› **Indien** u nog vragen heeft, kunt u me altijd bellen.
19.	**Nu** betekent ongeveer *omdat*.	› **Nu** je internet hebt, kun je zelf informatie opzoeken.
20.	**Of** gebruik je vaak na het werkwoord *vragen*, of in vraagzinnen met bijvoorbeeld het werkwoord *weten*.	› Ik *vraag* me af **of** Peter nu eindelijk geslaagd is voor zijn examen. › Weet jij **of** Peter nu eindelijk geslaagd is?
21.	**Sinds** betekent *vanaf het moment dat*.	› **Sinds** ik internet heb, kan ik zelf allerlei informatie opzoeken.
22.	**Tenzij** betekent *behalve als*. De zin begint nooit met **tenzij**.	› Piet heeft beloofd dat hij morgen zal komen **tenzij** hij moet werken.
23.	**Terwijl** kan betekenen dat je twee dingen tegelijk doet. **Terwijl** kan ook een tegenstelling geven.	› **Terwijl** ik de brief typ, luister ik naar de radio. › Ik eet graag vlees **terwijl** mijn man liever vis eet.
24.	Achter **toen** komt een actie of een beschrijving in het verleden. Na **toen** gebruik je de *onvoltooid verleden tijd*.	› **Toen** ik net wakker *was*, *ging* de bel. › **Toen** hij jong *was*, *wilde* hij piloot worden.
25.	**Wanneer** kan *als, nadat, elke keer dat* betekenen of een voorwaarde aangeven.	› **Wanneer** je te hard rijdt, kun je een boete krijgen. › **Wanneer** je met deze klus klaar bent, kun je me roepen.
26.	**Zodra** betekent *meteen als*.	› **Zodra** ik thuiskom, ga ik naar bed.
27.	**Zolang** betekent *gedurende de tijd dat*.	› **Zolang** ze in Almere werkt, blijft Maria daar wonen.

B1

28. **Zoals** drukt een vergelijking uit.
› **Zoals** je misschien al weet, wordt deze locatie volgend jaar gesloten.

volgorde in de bijzin

29. Na het **voegwoord** volgt direct het *onderwerp.* De *werkwoorden* staan helemaal achteraan.
› Ik hoop **dat** *hij* morgen mijn kamer *zal behangen.*

30. De **bijzin** kan voor of na de hoofdzin staan. Als de **bijzin** voor de hoofdzin staat, komt het *onderwerp* van de hoofdzin achter het werkwoord (inversie).
› Zij gelooft **dat haar collega eerlijk is**.
› **Toen hij jong was**, wilde *hij* piloot worden.

voegwoord + te + infinitief

31. **Door** geeft de manier aan.
› **Door** ontzettend hard te werken, verdiende hij veel geld.

32. **In plaats van** geeft aan wat je had kunnen doen.
› **In plaats van** te koken, hebben wij gisteren een pizza besteld.

33. **Na** geeft aan dat een actie op een andere actie volgt.
› **Na** twee weken achter elkaar te hebben gewerkt, verliet hij het booreiland per helikopter en vloog terug naar huis.

34. **Om** gebruik je het meest met *te + infinitief.*
› Een pen gebruik je vooral **om** *te schrijven.*

35. **Zonder** betekent vaak *aan een stuk door.*
› **Zonder** te stoppen werkten ze de hele nacht door.

Deel II

Werkwoorden

Soorten werkwoorden

werkwoord *verbum*

Een werkwoord drukt een handeling, een gebeurtenis of een toestand uit. Er zijn drie soorten werkwoorden: zelfstandige, hulp- en koppelwerkwoorden.

Zelfstandige werkwoorden	kunnen zelfstandig het gezegde van de zin vormen. Het gezegde geeft aan wat het onderwerp is of doet.	› Ik **werk** in een fabriek. › Hij **zocht** een baan.
Hulpwerkwoorden	geven extra informatie over zelfstandige werkwoorden. Hulpwerkwoorden zijn onder andere **hebben, zijn, zullen, worden.**	› Ik **heb** mijn werk gedaan. › Hij **is** weggegaan. › Ik **zal** je morgen helpen. › Ik **word** morgen geknipt.
Koppelwerkwoorden	vormen samen met het naamwoord het naamwoordelijk gezegde. Er zijn negen koppelwerkwoorden: **zijn, worden blijven, blijken, lijken, schijnen, heten, dunken, voorkomen.**	› Hij **is** morgen jarig. › Hij **wordt** veel te dik. › Het kind **blijft** maar huilen. › Het **blijkt** een vergissing. › Dat **lijkt** ons uitstekend. › Hij **schijnt** erg aardig. › Dat **heet** nu liefde! › Dat **dunkt** me goed. › Die man **komt** me aardig **voor**.

De zelfstandige werkwoorden kun je onderverdelen in:

Overgankelijke werkwoorden	komen samen voor met een **lijdend voorwerp**.	› Ik koop **een fiets**.
Onovergankelijke werkwoorden	hebben **geen lijdend voorwerp**.	› Ik **loop** naar huis.
Noodzakelijk wederkerende werkwoorden	hebben altijd een **wederkerend voornaamwoord** bij zich.	› Ik vergis **me** in de straat.
Toevallig wederkerende werkwoorden	kunnen het **wederkerend voornaamwoord** vervangen door een ander **lijdend voorwerp**.	› Piet wast **zich**. › Piet wast **de auto**.
Onpersoonlijke werkwoorden	hebben altijd **het** als onderwerp.	› **Het** regent al de hele dag.
Modale werkwoorden	gebruik je meestal als hulpwerkwoord. De modale werkwoorden zijn: **kunnen, moeten, mogen, willen, zullen**.	› Ik **kan** fietsen. › Ik **moet** werken. › Ik **mag** naar school. › Ik **wil** een fiets kopen. › Ik **zal** je helpen.
	kunnen soms zelfstandig voorkomen.	› Zij **kan** het wel. › Ik **wil** een ijsje.

Vervoegen

vervoegen

Werkwoorden vervoeg je naar het onderwerp en naar de tijd waarin de zin staat.

Hebben en **zijn** hebben een eigen vervoeging.	› Ik **heb** een auto. › Hij **was** boos. › Wij **zijn** naar het bos **geweest**.
Regelmatige (zwakke) werkwoorden krijgen meestal de stam + -te(n) of -de(n) in de verleden tijd.	› Hij **waste** zich met zeep. › Het vuur **brandde** in de oven.
Sterke werkwoorden krijgen vaak een andere klinker in de verleden tijd.	› De pan **stond** op het vuur.
Modale werkwoorden en **werkwoorden van één lettergreep** hebben een onregelmatige vervoeging.	› Hij **wil** naar buiten. › Wij **zagen** de trein komen.

wijs en tijd

aantonende wijs	onvoltooid tegenwoordige tijd	› Daan **schrijft** een e-mail.
	onvoltooid verleden tijd	› De scooter **reed** hard.
	voltooid tegenwoordige tijd	› Het gras **is gemaaid**.
	voltooid verleden tijd	› Zij **had** hem **gesproken**.
	onvoltooid tegenwoordige toekomende tijd	› Hij **zal** een cake **bakken**.
	voltooid tegenwoordige toekomende tijd	› Jij **zal** pijn **gehad hebben**!
voorwaardelijke wijs	onvoltooid verleden toekomende tijd	› Zij **zouden** deze lente **trouwen**.
	voltooid verleden toekomende tijd	› Dat **zou** slecht **afgelopen zijn**.
gebiedende wijs		› **Hou** vol!
onbepaalde wijs	tegenwoordige tijd	› Kunt u **opschuiven**?
	verleden tijd	› Het schip bleek te zijn **gezonken**.
tegenwoordig deelwoord		› **Blaffende** honden bijten niet.
voltooid deelwoord		› Het gras is net **gemaaid**.

Schema zwakke werkwoorden

aantonende wijs

onvoltooid tegenwoordige tijd (o.t.t.)

	werken	**branden**	**wachten**	**maken**	**pakken**
ik	werk	brand	wacht	maak	pak
jij	werkt	brandt	wacht	maakt	pakt
hij	werkt	brandt	wacht	maakt	pakt
wij	werken	branden	wachten	maken	pakken
jullie	werken	branden	wachten	maken	pakken
zij	werken	branden	wachten	maken	pakken

voltooid tegenwoordige tijd (v.t.t.)

ik	heb	gewerkt	gebrand	gewacht	gemaakt	gepakt
jij	hebt	gewerkt	gebrand	gewacht	gemaakt	gepakt
hij	heeft	gewerkt	gebrand	gewacht	gemaakt	gepakt
wij	hebben	gewerkt	gebrand	gewacht	gemaakt	gepakt
jullie	hebben	gewerkt	gebrand	gewacht	gemaakt	gepakt
zij	hebben	gewerkt	gebrand	gewacht	gemaakt	gepakt

onvoltooid verleden tijd (o.v.t.)

ik	werkte	brandde	wachtte	maakte	pakte
jij	werkte	brandde	wachtte	maakte	pakte
hij	werkte	brandde	wachtte	maakte	pakte
wij	werkten	brandden	wachtten	maakten	pakten
jullie	werkten	brandden	wachtten	maakten	pakten
zij	werkten	brandden	wachtten	maakten	pakten

voltooid verleden tijd (v.v.t.)

ik	had	gewerkt	gebrand	gewacht	gemaakt	gepakt
jij	had	gewerkt	gebrand	gewacht	gemaakt	gepakt
hij	had	gewerkt	gebrand	gewacht	gemaakt	gepakt
wij	hadden	gewerkt	gebrand	gewacht	gemaakt	gepakt
jullie	hadden	gewerkt	gebrand	gewacht	gemaakt	gepakt
zij	hadden	gewerkt	gebrand	gewacht	gemaakt	gepakt

onvoltooid tegenwoordige toekomende tijd (o.t.t.t.)

ik	zal	werken	branden	wachten	maken	pakken
jij	zal	werken	branden	wachten	maken	pakken
hij	zal	werken	branden	wachten	maken	pakken
wij	zullen	werken	branden	wachten	maken	pakken
jullie	zullen	werken	branden	wachten	maken	pakken
zij	zullen	werken	branden	wachten	maken	pakken

voltooid tegenwoordige toekomende tijd (v.t.t.t.)

ik, jij, hij	zal	gewerkt	gebrand	gewacht	gemaakt	gepakt	hebben
wij, jullie, zij	zullen	gewerkt	gebrand	gewacht	gemaakt	gepakt	hebben

voorwaardelijke wijs

onvoltooid verleden toekomende tijd (o.v.t.t.)

ik, jij, hij	zou	werken	branden	wachten	maken	pakken
wij, jullie, zij	zouden	werken	branden	wachten	maken	pakken

voltooid verleden toekomende tijd (v.v.t.t.)

ik, jij, hij	zou	gewerkt	gebrand	gewacht	gemaakt	gepakt	hebben
wij, jullie, zij	zouden	gewerkt	gebrand	gewacht	gemaakt	gepakt	hebben

gebiedende wijs

werk!	brand!	wacht!	maak!	pak!
werkt u!	brandt u!	wacht u!	maakt u!	pakt u!
werken!	branden!	wachten!	maken!	pakken!

onbepaalde wijs of infinitief

tegenwoordige tijd

werken	branden	wachten	maken	pakken

voltooide tijd

hebben	gewerkt	gebrand	gewacht	gemaakt	gepakt

tegenwoordig deelwoord

werkend	brandend	wachtend	makend	pakkend

voltooid deelwoord

gewerkt	gebrand	gewacht	gemaakt	gepakt

A2

Vervoeging sterke werkwoorden

sterke werkwoorden per categorie	infinitief	o.v.t.	volt.deelw.
1. Veel werkwoorden die in de stam een -**ij**- hebben, krijgen in de o.v.t. een -**ee**-. Het voltooid deelwoord krijgt een -**e**- en eindigt op -**en**. De -**ee**- van de o.v.t. wordt in het meervoud -**e**-.	› b**ij**ten	› b**ee**t	› geb**e**ten
	› bl**ij**ven	› bl**ee**f	› gebl**e**ven
	› dr**ij**ven	› dr**ee**f	› gedr**e**ven
	› gl**ij**den	› gl**ee**d	› gegl**e**den
	› h**ij**sen	› h**ee**s	› geh**e**sen
	› k**ij**ken	› k**ee**k	› gek**e**ken
	› kn**ij**pen	› kn**ee**p	› gekn**e**pen
	› kr**ij**gen	› kr**ee**g	› gekr**e**gen
	› l**ij**den	› l**ee**d	› gel**e**den
	› l**ij**ken	› l**ee**k	› gel**e**ken
	› r**ij**den	› r**ee**d	› ger**e**den
	› schr**ij**ven	› schr**ee**f	› geschr**e**ven
	› sn**ij**den	› sn**ee**d	› gesn**e**den
	› sp**ij**ten	› sp**ee**t	› gesp**e**ten
	› str**ij**ken	› str**ee**k	› gestr**e**ken
	› verdw**ij**nen	› verdw**ee**n	› verdw**e**nen
	› w**ij**zen	› w**ee**s	› gew**e**zen
	› zw**ij**gen	› zw**ee**g	› gezw**e**gen
2. Veel werkwoorden die in de stam een -**ie**- hebben, krijgen in de o.v.t. een -**oo**-. Het voltooid deelwoord krijgt een -**o**- en eindigt op -**en**. De -**oo**- van de o.v.t. wordt in het meervoud -**o**-.	› bedr**ie**gen	› bedr**oo**g	› bedr**o**gen
	› b**ie**den	› b**oo**d	› geb**o**den
	› gen**ie**ten	› gen**oo**t	› gen**o**ten
	› g**ie**ten	› g**oo**t	› geg**o**ten
	› k**ie**zen	› k**oo**s	› gek**o**zen
	› l**ie**gen	› l**oo**g	› gel**o**gen
	› sch**ie**ten	› sch**oo**t	› gesch**o**ten
	› vl**ie**gen	› vl**oo**g	› gevl**o**gen
	› verl**ie**zen	› verl**oo**r	› verl**o**ren
	› vr**ie**zen	› vr**oo**r	› gevr**o**ren
3. Veel werkwoorden die in de stam een -**ui**- hebben, krijgen in de o.v.t. een -**oo**-. Het voltooid deelwoord krijgt een -**o**- en eindigt op -**en**. De -**oo**- van de o.v.t. wordt in het meervoud -**o**-.	› b**ui**gen	› b**oo**g	› geb**o**gen
	› d**ui**ken	› d**oo**k	› ged**o**ken
	› fl**ui**ten	› fl**oo**t	› gefl**o**ten
	› kr**ui**pen	› kr**oo**p	› gekr**o**pen
	› r**ui**ken	› r**oo**k	› ger**o**ken
	› sl**ui**ten	› sl**oo**t	› gesl**o**ten
	› sn**ui**ten	› sn**oo**t	› gesn**o**ten
	› sp**ui**ten	› sp**oo**t	› gesp**o**ten
	› z**ui**gen	› z**oo**g	› gez**o**gen

4.	Veel werkwoorden die in de stam een -**i**- hebben, krijgen in de o.v.t. een -**o**-. Het voltooid deelwoord krijgt een -**o**- en eindigt op -**en**.	> beg**i**nnen	> beg**o**n	> beg**o**nnen
		> b**i**nden	> b**o**nd	> geb**o**nden
		> dr**i**ngen	> dr**o**ng	> gedr**o**ngen
		> dr**i**nken	> dr**o**nk	> gedr**o**nken
		> kl**i**mmen	> kl**o**m	> gekl**o**mmen
		> kl**i**nken	> kl**o**nk	> gekl**o**nken
		> kr**i**mpen	> kr**o**mp	> gekr**o**mpen
		> schr**i**kken	> schr**o**k	> geschr**o**kken
		> spr**i**ngen	> spr**o**ng	> gespr**o**ngen
		> st**i**nken	> st**o**nk	> gest**o**nken
		> verz**i**nnen	> verz**o**n	> verz**o**nnen
		> v**i**nden	> v**o**nd	> gev**o**nden
		> z**i**ngen	> z**o**ng	> gez**o**ngen
		> z**i**nken	> z**o**nk	> gez**o**nken
5.	Sommige werkwoorden die in de stam een -**e**- hebben, krijgen in de o.v.t. een -**o**-. Het voltooid deelwoord krijgt een -**o**- en eindigt op -**en**.	> sch**e**lden	> sch**o**ld	> gesch**o**lden
		> sch**e**nken	> sch**o**nk	> gesch**o**nken
		> tr**e**ffen	> tr**o**f	> getr**o**ffen
		> tr**e**kken	> tr**o**k	> getr**o**kken
		> v**e**chten	> v**o**cht	> gev**o**chten
		> vl**e**chten	> vl**o**cht	> gevl**o**chten
		> z**e**nden	> z**o**nd	> gez**o**nden
		> zw**e**mmen	> zw**o**m	> gezw**o**mmen
6.	Enkele werkwoorden die in de stam een -**e**- hebben, krijgen in de o.v.t. een -**oo**-. Het voltooid deelwoord krijgt een -**o**- en eindigt op -**en**. De -**oo**- van de o.v.t. wordt in het meervoud -**o**-.	> sch**e**ren	> sch**oo**r	> gesch**o**ren
		> w**e**gen	> w**oo**g	> gew**o**gen
7.	Soms heeft de **o.v.t.** een onregelmatige vorm, maar het voltooid deelwoord niet.	> vragen	> **vroeg**	> gevraagd
		> zeggen	> **zei**	> gezegd
8.	Soms heeft de o.v.t. een regelmatige vorm maar eindigt het **voltooid deelwoord** op -**en**.	> bakken	> bakte	> gebakk**en**
		> barsten	> barstte	> gebarst**en**
		> heten	> heette	> gehet**en**
		> lachen	> lachte	> gelach**en**
		> laden	> laadde	> gelad**en**
		> malen	> maalde	> gemal**en**
		> raden	> raadde	> gerad**en**
		> scheiden	> scheidde	> gescheid**en**
		> stoten	> stootte	> gestot**en**
		> vouwen	> vouwde	> gevouw**en**
		> wassen	> waste	> gewass**en**
9.	Soms heeft de **o.v.t.** een onregelmatige vorm en heeft het voltooid deelwoord diezelfde vorm met -**d** of -**t** op het eind.	> brengen	> **bracht**	> gebrach**t**
		> denken	> **dacht**	> gedach**t**
		> kopen	> **kocht**	> gekoch**t**
		> zoeken	> **zocht**	> gezoch**t**
		> hebben	> **had**	> geha**d**
		> zijn	> **was**	> geweest

A2

10. Soms heeft de o.v.t. een **klankverandering** en maak je het voltooid deelwoord door het **hele werkwoord** achter *ge-* te zetten. Bij *eten* staat er in het voltooid deelwoord een extra *-g-* tussen. Bij *vergeten* en *genezen* wordt in het voltooid deelwoord geen *ge-* toegevoegd.

› bl**a**zen	› bl**ie**s	› ge**blazen**
› dr**a**gen	› dr**oe**g	› ge**dragen**
› **e**ten	› **a**t	› ge**_g_eten**
› gen**e**zen	› gen**a**s	› **genezen**
› g**e**ven	› g**a**f	› ge**geven**
› gr**a**ven	› gr**oe**f	› ge**graven**
› h**ou**den	› h**ie**ld	› ge**houden**
› k**o**men	› kw**a**m	› ge**komen**
› l**a**ten	› l**ie**t	› ge**laten**
› l**e**zen	› l**a**s	› ge**lezen**
› l**o**pen	› l**ie**p	› ge**lopen**
› m**e**ten	› m**a**t	› ge**meten**
› sl**a**pen	› sl**ie**p	› ge**slapen**
› v**a**llen	› v**ie**l	› ge**vallen**
› v**a**ngen	› v**i**ng	› ge**vangen**
› v**a**ren	› v**oe**r	› ge**varen**
› verg**e**ten	› verg**a**t	› **vergeten**
› w**e**ten	› w**i**st	› ge**weten**
› w**o**rden	› w**e**rd	› ge**worden**

11. Er zijn ook werkwoorden die zowel in de o.v.t. als in het voltooid deelwoord een **andere klank** hebben.

› bed**e**rven	› bed**ie**rf	› bed**o**rven
› bev**e**len	› bev**a**l	› bev**o**len
› b**i**dden	› b**a**d	› geb**e**den
› br**e**ken	› br**a**k	› gebr**o**ken
› h**e**lpen	› h**ie**lp	› geh**o**lpen
› l**i**ggen	› l**a**g	› gel**e**gen
› n**e**men	› n**a**m	› gen**o**men
› sch**e**ppen	› sch**ie**p	› gesch**a**pen
› spr**e**ken	› spr**a**k	› gespr**o**ken
› st**e**len	› st**a**l	› gest**o**len
› st**e**rven	› st**ie**rf	› gest**o**rven
› w**e**rpen	› w**ie**rp	› gew**o**rpen
› z**i**tten	› z**a**t	› gez**e**ten
› zw**e**rven	› zw**ie**rf	› gezw**o**rven

12. Er zijn nog enkele andere onregelmatige werkwoorden. *Zullen* heeft geen voltooid deelwoord.

› doen	› deed	› gedaan
› gaan	› ging	› gegaan
› kunnen	› kon	› gekund
› moeten	› moest	› gemoeten
› mogen	› mocht	› gemogen
› slaan	› sloeg	› geslagen
› staan	› stond	› gestaan
› zullen	› zou	› -

Vervoeging sterke werkwoorden

sterke werkwoorden: alfabetisch

(h): het hulpwerkwoord is *hebben* (is): het hulpwerkwoord is *zijn*

bakken	bakte	gebakken (h)	glimmen	glom	geglommen (h)
barsten	barstte	gebarsten (is)	graven	groef	gegraven (h)
bedelven	bedolf	bedolven (h)	grijpen	greep	gegrepen (h)
bederven	bedierf	bedorven (h/is)	hangen	hing	gehangen (h)
bedragen	bedroeg	bedragen (h)	hebben	had	gehad (h)
bedriegen	bedroog	bedrogen (h)	heffen	hief	geheven (h)
beginnen	begon	begonnen (is)	helpen	hielp	geholpen (h)
begrijpen	begreep	begrepen (h)	heten	heette	geheten (h)
belijden	beleed	beleden (h)	houden	hield	gehouden (h)
bergen	borg	geborgen (h)	houwen	hieuw	gehouwen (h)
bevallen	beviel	bevallen (is)	hijsen	hees	gehesen (h)
bevelen	beval	bevolen (h)	jagen	joeg	gejaagd (h)
bewegen	bewoog	bewogen (h)		jaagde	gejaagd (h)
bezinnen (zich)	bezon	bezonnen (h)	kiezen	koos	gekozen (h)
bezoeken	bezocht	bezocht (h)	kijken	keek	gekeken (h)
bezwijken	bezweek	bezweken (is)	klimmen	klom	geklommen (h/is)
bidden	bad	gebeden (h)	klinken	klonk	geklonken (h)
bieden	bood	geboden (h)	kluiven	kloof	gekloven (h)
bijten	beet	gebeten (h)	knijpen	kneep	geknepen (h)
binden	bond	gebonden (h)	komen	kwam	gekomen (is)
blazen	blies	geblazen (h)	kopen	kocht	gekocht (h)
blijken	bleek	gebleken (is)	krijgen	kreeg	gekregen (h)
blijven	bleef	gebleven (is)	kwijten (zich)	kweet	gekweten (h)
blinken	blonk	geblonken (h)	krimpen	kromp	gekrompen (is)
braden	braadde	gebraden (h)	kruipen	kroop	gekropen (h/is)
breken	brak	gebroken (h/is)	kunnen	kon	gekund (h)
brengen	bracht	gebracht (h)	lachen	lachte	gelachen (h)
brouwen	brouwde	gebrouwen (h)	laden	laadde	geladen (h)
buigen	boog	gebogen (h)	laten	liet	gelaten (h)
delven	dolf	gedolven (h)	lezen	las	gelezen (h)
denken	dacht	gedacht (h)	liegen	loog	gelogen (h)
dingen	dong	gedongen (h)	liggen	lag	gelegen (h)
doen	deed	gedaan (h)	lijden	leed	geleden (h)
dragen	droeg	gedragen (h)	lijken	leek	geleken (h)
drijven	dreef	gedreven (h/is)	lopen	liep	gelopen (h/is)
dringen	drong	gedrongen (h/is)	malen	maalde	gemalen (h)
drinken	dronk	gedronken (h)	melken	molk	gemolken (h)
druipen	droop	gedropen (h)		melkte	gemolken (h)
duiken	dook	gedoken (h/is)	meten	mat	gemeten (h)
durven	durfde	gedurfd (h)	mijden	meed	gemeden (h)
	dorst	gedurfd (h)	moeten	moest	gemoeten (h)
dwingen	dwong	gedwongen (h)	mogen	mocht	gemogen (h)
ervaren	ervoer	ervaren (h)	nemen	nam	genomen (h)
eten	at	gegeten (h)	nijgen	neeg	genegen (h)
fluiten	floot	gefloten (h)	ontginnen	ontgon	ontgonnen (h)
gaan	ging	gegaan (is)	ontluiken	ontlook	ontloken (is)
gelden	gold	gegolden (h)	ontspruiten	ontsproot	ontsproten (is)
genezen	genas	genezen (h/is)	ontwerpen	ontwierp	ontworpen (h)
genieten	genoot	genoten (h)	openrijten	reet open	opengereten (h)
geven	gaf	gegeven (h)	opschieten	schoot op	opgeschoten (is)
gieten	goot	gegoten (h)	opwinden (zich)	wond op	opgewonden (h)
glijden	gleed	gegleden (h/is)	overlijden	overleed	overleden (is)

B1

plegen	placht	-	trekken	trok	getrokken (h/is)
pluizen	ploos	geplozen (h)	uitscheiden	schee uit	uitgescheden (is)
prijzen	prees	geprezen (h)	vallen	viel	gevallen (is)
raden	raadde	geraden (h)	vangen	ving	gevangen (h)
	ried	geraden (h)	varen	voer	gevaren (h/is)
rijden	reed	gereden (h/is)	vechten	vocht	gevochten (h)
rijgen	reeg	geregen (h)	verbannen	verbande	verbannen (h)
rijzen	rees	gerezen (is)	verbieden	verbood	verboden (h)
roepen	riep	geroepen (h)	verdwijnen	verdween	verdwenen (is)
ruiken	rook	geroken (h)	vergelijken	vergeleek	vergeleken (h)
scheiden	scheidde	gescheiden (h)	vergeten	vergat	vergeten (h/is)
schelden	schold	gescholden (h)	verliezen	verloor	verloren (h/is)
schenden	schond	geschonden (h)	vermijden	vermeed	vermeden (h)
schenken	schonk	geschonken (h)	verraden	verraadde	verraden (h)
scheppen	schiep	geschapen (h)	verschuilen	verschool	verscholen (h/is)
scheren	schoor	geschoren (h)	verslinden	verslond	verslonden (h)
schieten	schoot	geschoten (h/is)	vertrekken	vertrok	vertrokken (is)
schijnen	scheen	geschenen (h)	verzoeken	verzocht	verzocht (h)
schijten	scheet	gescheten (h)	verzwelgen	verzwolg	verzwolgen (h)
schrijden	schreed	geschreden (h/is)	vinden	vond	gevonden (h)
schrijven	schreef	geschreven (h)	vlechten	vlocht	gevlochten (h)
schrikken	schrok	geschrokken (is)	vliegen	vloog	gevlogen (h/is)
schuiven	schoof	geschoven (h/is)	vouwen	vouwde	gevouwen (h)
slaan	sloeg	geslagen (h)	vragen	vroeg	gevraagd (h)
slapen	sliep	geslapen (h)	vreten	vrat	gevreten (h)
slijpen	sleep	geslepen (h)	vriezen	vroor	gevroren (h)
slijten	sleet	gesleten (h/is)	waaien	woei	gewaaid (h)
slinken	slonk	geslonken (is)		waaide	gewaaid (h)
sluipen	sloop	geslopen (h/is)	wassen	waste	gewassen (h)
sluiten	sloot	gesloten (h)	wegen	woog	gewogen (h)
smelten	smolt	gesmolten (h/is)	werpen	wierp	geworpen (h)
smijten	smeet	gesmeten (h)	werven	wierf	geworven (h)
snijden	sneed	gesneden (h)	weten	wist	geweten (h)
snuiten	snoot	gesnoten (h)	weven	weefde	geweven (h)
snuiven	snoof	gesnoven (h)	wijken	week	geweken (is)
spannen	spande	gespannen (h)	wijten	weet	geweten (h)
spijten	speet	gespeten (h)	wijzen	wees	gewezen (h)
spinnen	spon	gesponnen (h)	willen	wou	gewild (h)
splijten	spleet	gespleten (h)		wilde	gewild (h)
spreken	sprak	gesproken (h)	winden	wond	gewonden (h)
springen	sprong	gesprongen (h/is)	winnen	won	gewonnen (h)
spuiten	spoot	gespoten (h/is)	worden	werd	geworden (is)
staan	stond	gestaan (h)	wreken	wreekte	gewroken (h)
steken	stak	gestoken (h)	wrijven	wreef	gewreven (h)
stelen	stal	gestolen (h)	wringen	wrong	gewrongen (h)
sterven	stierf	gestorven (is)	zeggen	zei	gezegd (h)
stijgen	steeg	gestegen (is)	zenden	zond	gezonden (h)
stijven	steef	gesteven (h)	zien	zag	gezien (h)
stinken	stonk	gestonken (h)	zijgen	zeeg	gezegen (is)
stoten	stootte	gestoten (h/is)	zijn	was	geweest (is)
strijden	streed	gestreden (h)	zingen	zong	gezongen (h)
strijken	streek	gestreken (h)	zinken	zonk	gezonken (is)
stuiven	stoof	gestoven (h/is)	zinnen	zon	gezonnen (h)
tijgen	toog	getogen (is)	zitten	zat	gezeten (h)
treden	trad	getreden (h/is)	zoeken	zocht	gezocht (h)
treffen	trof	getroffen (h)	zuigen	zoog	gezogen (h)

zuipen	zoop	gezopen (h)	zweren	zwoer	gezworen (h)
zullen	zou	-		zwoor	gezworen (h)
zwelgen	zwolg	gezwolgen (h)		zweerde	gezworen (h)
zwellen	zwol	gezwollen (is)	zwerven	zwierf	gezworven (h)
zwemmen	zwom	gezwommen (h/is)	zwijgen	zweeg	gezwegen (h)

Regelmatige werkwoorden

vorm

De **regelmatige werkwoorden** kunnen in de infinitief drie verschillen vormen hebben.

Werkwoorden waarvan je alleen -**en** moet weghalen om de **stam** te vinden.	› werken	- **en**	› **werk**
	› zoeken	- **en**	› **zoek**
	› branden	- **en**	› **brand**
	› wachten	- **en**	› **wacht**
Werkwoorden die in de infinitief **één klinker** hebben en in de stam **twee klinkers**.	› m**a**ken	- **en** + **a**	› m**aa**k
	› d**e**len	- **en** + **e**	› d**ee**l
	› k**o**pen	- **en** + **o**	› k**oo**p
	› h**u**ren	- **en** + **u**	› h**uu**r
Werkwoorden waarbij je -**en** en een **medeklinker** moet weghalen om de stam te vinden.	› zi**tt**en	- **en** - **t**	› zi**t**
	› pa**kk**en	- **en** - **k**	› pa**k**
	› be**ll**en	- **en** - **l**	› be**l**

zwakke en sterke werkwoorden

Zwakke werkwoorden krijgen in de verleden tijd -te(n) of -de(n).	**werken**	› Hij **werkte** in een fabriek.
	rennen	› Ze **renden** weg.
Bij **sterke werkwoorden** verandert er in de verleden tijd een klinker.	**nemen**	› Hij **nam** een omweg.

Onvoltooid tegenwoordige tijd

onderwerp	werken	branden	maken	wachten	pakken
ik	werk	brand	maak	wacht	pak
jij, je, u	werkt	brandt	maakt	wacht	pakt
hij, zij, ze, het	werkt	brandt	maakt	wacht	pakt
wij, we	werken	branden	maken	wachten	pakken
jullie	werken	branden	maken	wachten	pakken
zij, ze	werken	branden	maken	wachten	pakken

vorm

1. In de onvoltooid tegenwoordige tijd (o.t.t.) of *presens* hoef je alleen de **werkwoorden in het enkelvoud** in de goede vorm te zetten. De vorm voor het **meervoud** is altijd gelijk aan het **hele werkwoord.**

> Ik **werk** hard.
> Jij **werkt** hard.
> De man **werkt** hard.
> De mannen **werken** hard.

2. Om het werkwoord in de goede vorm te zetten, zoek je eerst de **stam.** De stam vind je door -**en** van het hele werkwoord af te halen. De stam heeft dezelfde vorm als de vorm die hoort bij *ik.*

> werken - en **werk** > *ik* werk
> drinken - en **drink** > *ik* drink
> brengen - en **breng** > *ik* breng
> wachten - en **wacht** > *ik* wacht

3. Alle onderwerpen in het enkelvoud krijgen een -**t**, behalve *ik.*

> ik werk
> jij werk**t**
> u werk**t**
> hij werk**t**
> zij werk**t**
> het werk**t**

4. Staat *jij* of *je* achter het werkwoord, dan schrijf je geen -t achter de **stam.**

> **Werk** *jij* de hele dag?
> **Loop** *jij* naar school?
> **Maak** *je* het werk af?

spelling

5. Heeft het hele werkwoord *twee verschillende medeklinkers* vóór -**en**, dan haal je voor de stam alleen -**en** weg.

> wer*k***en** > werk
> drin*k***en** > drink
> bren*g***en** > breng

6. Heeft het hele werkwoord **twee verschillende klinkers** en **één medeklinker** vóór -**en**, dan haal je voor de stam alleen -en weg.

> z**oe**ken > zoek
> k**ij**ken > kijk
> b**ou**wen > bouw
> d**ie**nen > dien
> kr**ui**pen > kruip
> l**ei**den > leid
> k**au**wen > kauw

7. Heeft het hele werkwoord *één klinker* en *één medeklinker* vóór -**en**, dan **verdubbelt** de **klinker** in de stam.

> l*o*pen > l**oo**p
> m*a*ken > m**aa**k
> *e*ten > **ee**t
> gl*u*ren > gl**uu**r

A1

8.	Heeft het hele werkwoord *één klinker* en *twee dezelfde medeklinkers* vóór **-en**, dan haal je voor de stam één van die medeklinkers weg. Aan het eind van een woord staan nooit twee dezelfde medeklinkers.	› *zakken* › *zetten* › *zitten* › *soppen* › *vullen*	› za**k** › ze**t** › zi**t** › so**p** › vu**l**
9.	Heeft het hele werkwoord een **-v** vóór -en, dan wordt in de stam de -v een **-f**. Aan het eind van een woord staat nooit een -v.	› ge**v**en › blij**v**en	› gee**f** › blij**f**
10.	Heeft het hele werkwoord een **-z** vóór -en, dan wordt in de stam de -z een **-s**. Aan het eind van een woord staat nooit een -z.	› rei**z**en › verhui**z**en	› rei**s** › verhui**s**
11.	Als de stam, de ik-vorm, op een **-d** eindigt, dan krijg je bij de andere personen in het enkelvoud **-dt** aan het eind van het woord.	› wor**d** › bran**d** › rij**d**	› Jij wor**dt** ziek zo. › Het gas bran**dt**. › De auto rij**dt** hard.
12.	Als de stam op een **-t** eindigt, dan komt er geen extra -t bij de andere personen in het enkelvoud.	› wach**t** › praa**t**	› Ze wach**t** op de bus. › De man praa**t** hard.

gebruik

13.	De **o.t.t.** gebruik je voor een actie of toestand die op dit moment gebeurt.	› Ik **lees** een boek. › Hij **schrijft** een brief. › De kikker **springt** weg.
14.	De **o.t.t.** gebruik je voor een actie of toestand die blijft of die je herhaalt.	› Vissen **leven** in het water. › Ik **lees** iedere dag de krant.

Onvoltooid tegenwoordige tijd

onderwerp	werken	branden	maken	wachten	pakken
ik	werk	brand	maak	wacht	pak
jij, je, u	werkt	brandt	maakt	wacht	pakt
hij, zij, ze, het	werkt	brandt	maakt	wacht	pakt
wij, we	werken	branden	maken	wachten	pakken
jullie	werken	branden	maken	wachten	pakken
zij, ze	werken	branden	maken	wachten	pakken

vorm

1. In de **o.t.t.** hoef je alleen de **werkwoorden in het enkelvoud** te vervoegen. Hiervoor zoek je eerst de **stam**. De stam vind je meestal door -en van de infinitief af te halen. Alle personen in het enkelvoud krijgen stam + t, behalve *ik*. De vorm voor het *meervoud* is gelijk aan de *infinitief*.
   - › **Ik slaap** altijd 8 uur.
   - › Jij **werkt** morgen samen met mij.
   - › U **moet** gepast betalen, meneer Jansen.
   - › Hij **woont** met zijn broer samen.
   - › Zij **drinkt** geen alcohol.
   - › De machine **werkt** niet meer.
   - › De mannen *werken* de hele dag in de kou.

2. Staat het onderwerp **jij** of **je** achter de *persoonsvorm*, dan schrijf je geen -t achter de stam.
   - › *Fiets* **je** met me mee?
   - › *Vind* **je** mijn nieuwe schoenen mooi?
   - › *Houd* je van scherp gekruid eten?

3. Als **je** achter de *persoonsvorm* staat, maar geen onderwerp is, dan schrijf je wel -t achter de stam.
   - › *Fietst je* **broer** met ons mee?
   - › Vindt *je* **moeder** dat wel goed?
   - › *Houdt je* **vriend** van scherp gekruid eten?

spelling

4. Staan in de infinitief **twee verschillende medeklinkers** vóór -en, dan haal je voor de *stam* alleen **-en** weg.	› wer**k**en › drin**k**en	› werk › drink	› Ik *werk* tot 10 uur. › Hij *drink*t 's morgens een glas water.
5. Staan in de infinitief **één klinker** en **één medeklinker** vóór -en, dan **verdubbelt** de klinker in de *stam*.	› l**o**pen › m**a**ken	› l**oo**p › m**aa**k	› Els *loop*t elke dag vijf kilometer. › Ik *maak* koffie voor je.
6. Staan in de infinitief **één klinker** en **twee dezelfde medeklinkers** vóór -en, dan haal je voor de *stam* één medeklinker weg. Aan het eind van een woord staan nooit twee dezelfde medeklinkers.	› ba**kk**en › li**kk**en	› ba**k** › li**k**	› Jij *bak*t een taart. › Jip *likt* aan het ijsje.
7. Staan in de infinitief **twee verschillende klinkers** en **één medeklinker** vóór -en, dan haal je voor de *stam* alleen -en weg.	› **zoek**en › **kijk**en	› zoek › kijk	› Hij *zoek*t zijn sleutels. › Ik *kijk* graag naar het nieuws op televisie.
8. Staat in de infinitief een **-v** of **-z** vóór -en, dan wordt in de *stam* de -v een **-f** en de -z een **-s**. Aan het eind van een woord staat nooit een -v of een -z.	› ge**v**en › gra**v**en › rei**z**en	› gee**f** › graa**f** › rei**s**	› Wouter *geef*t haar tien euro. › Jij *graaf*t een gat. › Ik *reis* altijd met de trein naar mijn werk.

B1

9. Als de stam, de ik-vorm, op een -**d** eindigt, dan krijgen de andere personen in het enkelvoud -**dt** aan het eind van het woord.	› wor**d** › bran**d** › rij**d**	› Jij wor**dt** ziek zo zonder jas. › Het gas bran**dt** onder de pan. › De auto rij**dt** veel te hard.
10. Als de stam op een -**t** eindigt, dan komt er geen extra -t bij.	› wach**t** › praa**t**	› Ze wach**t** al uren op de bus. › De man praa**t** ontzettend hard.
11. Valt bij werkwoorden die eindigen op -**elen** of -**eren** de klemtoon op -**el** of -**er**, dan verdubbelt de -e in de stam.	› bev**el**en › sp**el**en › aarzelen › wandelen › accept**er**en › activ**er**en › bibberen	› Ik bev**ee**l je deze wijn van harte aan. › Sp**ee**l je een partijtje mee met ons? › Ik aarzel nog steeds of ik die baan zal nemen of niet. › Wandel je mee met ons? › Deze machine accept**ee**rt geen muntgeld. › Morgen activ**ee**r ik de rekening. › Anja bibbert van de kou.

gebruik

12. De **o.t.t.** gebruik je voor een actie of toestand die nu, op dit moment gebeurt en voor een actie of toestand die blijft of die je herhaalt.	› Ik **klop** de eieren. › Hij **is** dierenarts. › Jij **laat** 's ochtends de hond uit.
13. De **o.t.t.** gebruik je voor een actie of toestand in de toekomst. Er staat dan vaak een tijdsbepaling in de zin zoals: morgen, straks, volgende week, enz.	› Ik **ga** morgen vroeg naar mijn werk. › Volgende week **neemt** het college een besluit.
14. De **o.t.t.** gebruik je in zinnen die altijd gelden.	› Een vogel **heeft** veren. › Ballen **zijn** rond.

Onvoltooid verleden tijd

onvoltooid verleden tijd *imperfectum*

De **onvoltooid verleden tijd** of **imperfectum** heeft twee vormen: enkelvoud en meervoud. Dit geldt voor regelmatige en voor onregelmatige werkwoorden.

	regelmatig	onregelmatig
enkelvoud	**werkte**	**ging**
meervoud	**werkten**	**gingen**

De **onvoltooid verleden tijd** gebruik je om iets te beschrijven.

› Terwijl ik de opdracht maakte, **luisterde** ik naar de radio.

De **onvoltooid verleden tijd** gebruik je om een verhaal te vertellen.

› Ria **ging** het huis binnen. Ze **deed** heel voorzichtig, want het **was** donker.

De **onvoltooid verleden tijd** gebruik je om te vertellen wat je vroeger vaak deed.

› Toen ik klein **was**, **gingen** we elke woensdag naar mijn oma.

› Ron **was** als kind heel vaak ziek.

onvoltooid verleden tijd

ik	werkte	brandde	wachtte	maakte	pakte
jij, je, u	werkte	brandde	wachtte	maakte	pakte
hij, zij, ze, het	werkte	brandde	wachtte	maakte	pakte
wij, we	werkten	brandden	wachtten	maakten	pakten
jullie	werkten	brandden	wachtten	maakten	pakten
zij, ze	werkten	brandden	wachtten	maakten	pakten

A2

Onvoltooid verleden tijd

onderwerp	werken	branden	wachten	maken	pakken
ik	werkte	brandde	wachtte	maakte	pakte
jij, je, u	werkte	brandde	wachtte	maakte	pakte
hij, zij, ze, het	werkte	brandde	wachtte	maakte	pakte
wij, we	werkten	brandden	wachtten	maakten	pakten
jullie	werkten	brandden	wachtten	maakten	pakten
zij, ze	werkten	brandden	wachtten	maakten	pakten

vorm

1. Voor de juiste vorm in de onvoltooid verleden tijd zoek je bij de regelmatige werkwoorden eerst de **stam**.
   - › werken › **werk**
   - › branden › **brand**
   - › huilen › **huil**

2. Je schrijft -**te(n)** achter de stam als de stam eindigt op -t, -f, -k, -s, -ch of -p. Deze letters kan je onthouden met het ezelsbruggetje *'t kofschip* of *'t fokschaap.*
   - › werk**te** › was**te**
   - › werk**ten** › was**ten**

3. Je schrijft -**de(n)** achter de stam als de laatste letter van de stam niet in *'t kofschip* staat.
   - › bel**de** › huil**de**
   - › bel**den** › huil**den**

4. Eindigt de stam op een -**d** dan komt er -**de(n)** achter. Eindigt de stam op een -**t** dan komt er -**te(n)** achter
   - › bran**d** › bran**dde(n)**
   - › wach**t** › wach**tte(n)**
   - › groet › groe**tte(n)**

5. Eindigt de stam op een -**f**, maar eindigt het hele werkwoord op -**ven**, dan komt er -**de(n)** achter.
   - › le**ven** › lee**fde(n)**
   - › dur**ven** › dur**fde(n)**

6. Eindigt de stam op een -**s**, maar eindigt het hele werkwoord op -**zen**, dan komt er -**de(n)** achter.
   - › rei**zen** › rei**sde(n)**
   - › blozen › bloo**sde(n)**

7. De vorm met -**de** en -**te** gebruik je voor enkelvoud, -**den** en -**ten** gebruik je voor meervoud.
   - › Hij **danste** bij een beroemd ballet.
   - › Zij **dansten** de hele nacht.
   - › Wim **belde** de dokter voor een recept.
   - › **Belden** jullie vaak naar je familie?

gebruik

8. De **onvoltooid verleden tijd** (o.v.t.) gebruik je om iets te beschrijven.
   - › Toen ik op de universiteit **zat**, **woonde** ik op kamers.

9. De **o.v.t.** gebruik je voor handelingen die vlak na elkaar hebben plaatsgevonden.
   - › Ik **kwam** thuis, **deed** mijn jas en schoenen uit en **ging** op de bank zitten.

10. De **o.v.t.** gebruik je als iets vroeger vaak gebeurde of een gewoonte was.
    - › In zijn studententijd **ging** hij altijd laat naar bed.

Onvoltooid verleden tijd

	werken	**branden**	**wachten**	**maken**	**pakken**
ik	werkte	brandde	wachtte	maakte	pakte
jij, je, u	werkte	brandde	wachtte	maakte	pakte
hij, zij, ze, het	werkte	brandde	wachtte	maakte	pakte
wij, we	werkten	brandden	wachtten	maakten	pakten
jullie	werkten	brandden	wachtten	maakten	pakten
zij, ze	werkten	brandden	wachtten	maakten	pakten

vorm

1. Je schrijft -**te(n)** achter de stam als de stam eindigt op -t, -f, -k, -s, -ch of -p (*'t kofschip*). In andere gevallen schrijf je -**de(n)**, ook als er aan het eind van de stam *klinkers* staan.

› Hij fiets**te** met een noodgang de heuvel af en stop**te** net op tijd.
› We duw**den** de kapotte auto zo snel mogelijk aan de kant.
› Zij g*ooi***den** hun bagage in de kofferbak van de auto en stapten snel in.

2. Eindigt de stam op een -**d** dan komt er -**de(n)** achter. Bij -**t** komt er -**te(n)** achter.

› De schilder bran**dde** de oude verf van het hout af, waarna hij de deur schuurde.
› Wij wach**tten** bij de Burgerlijke Stand netjes tot wij geroepen werden.

3. Eindigt de stam op een -**f** of een -**s**, maar eindigt de infinitief op -**ven** of -**zen**, dan komt er -**de(n)** achter.

› Vroeger leef**den** er nog wolven in Nederland.
› Hij reis**de** een jaar lang kriskras door heel Europa heen.

4. De vorm -**de** en -**te** gebruik je voor alle personen enkelvoud, -**den** en -**ten** gebruik je voor alle personen meervoud.

› Bel**de** je net met iemand van kantoor of bel**de** je privé?
› Vroeger werk**ten** veel mensen hun hele leven bij hetzelfde bedrijf.

gebruik

5. De onvoltooid verleden tijd gebruik je om iets in het verleden te beschrijven, bij handelingen vlak achter elkaar, en als iets vroeger vaak gebeurde of een gewoonte was.

› De muren van de hotelkamer **hingen** vol met vreemde schilderijen.
› Hij **kwam** thuis, **hing** zijn jas op aan de kapstok, **trok** zijn schoenen uit en **ging** op de bank zitten.
› Toen ik jong was, **ging** ik elk weekend stappen.

6. De **o.v.t.** gebruik je in een bijzin als in de hoofdzin een werkwoord in de *o.v.t.* of in de *v.v.t.* staat.

› Zij *vroeg* me of ik mijn tekeningen een keer **wilde** laten zien.
› Vera *had gezegd* dat ze nooit meer **terugkwam**.

7. De **o.v.t.** gebruik je bij een onwerkelijkheid.

› Als ik niet **hoefde** te werken, **nam** ik weer een hond.

Voltooide tijd

voltooide tijd *perfectum*

De **voltooide tijd** of **perfectum** gebruik je voor een actie of toestand in het verleden, die afgelopen is.

> Ik **heb** het boek **gelezen**.
> Hij **had** dat niet eerder **gezien**.
> Wij **zijn** dit jaar in Rome **geweest.**
> Ik **was** er nooit eerder **geweest**.

Er is een voltooid tegenwoordige tijd (v.t.t.).

> Sabina **heeft** een auto **gekocht**.

Er is een voltooid verleden tijd (v.v.t.).

> Zij **had** nog nooit eerder een auto **gekocht**.

De **voltooide tijd** maak je met het hulpwerkwoord **zijn** of **hebben** en een **voltooid deelwoord**.

> De man **heeft** een nieuwe fiets **gekocht**.
> De kat **was** van het dak **gevallen**.

hebben gebruik je	met alle overgankelijke werkwoorden	> Gitta **heeft** een appel *gegeten*.
	met enkele onovergankelijke werkwoorden die een voortdurende situatie aangeven	> Gisteren **hebben** we urenlang *gewandeld*.
	met alle wederkerende werkwoorden.	> Vader **heeft** zich vanmorgen *geschoren*.
zijn gebruik je	met alle onovergankelijke werkwoorden die een verandering aangeven	> Jacco **is** enorm gegroeid. > Ik **ben** voor mijn rijbewijs geslaagd.
	met werkwoorden in de passieve vorm	> Ik **ben** door de politie verhoord.

v.t.t.	**hulpww.**	**voltooid deelw.**	**hulpww.**	**voltooid deelw.**
onderwerp	**hebben**	**werken**	**zijn**	**slagen**
ik	heb	**ge**werk**t**	ben	**ge**slaag**d**
jij, je, u	hebt	**ge**werk**t**	bent	**ge**slaag**d**
hij, zij, ze, het	heeft	**ge**werk**t**	is	**ge**slaag**d**
wij, we	hebben	**ge**werk**t**	zijn	**ge**slaag**d**
jullie	hebben	**ge**werk**t**	zijn	**ge**slaag**d**
zij, ze	hebben	**ge**werk**t**	zijn	**ge**slaag**d**
v.v.t.				
ik, jij, u, hij, zij, het	had	**ge**werk**t**	was	**ge**slaag**d**
wij, jullie, zij	hadden	**ge**werk**t**	waren	**ge**slaag**d**

Voltooid tegenwoordige tijd

	werken		slagen	
ik	heb	gewerk**t**	ben	geslaag**d**
jij, je, u	hebt	gewerk**t**	bent	geslaag**d**
hij, zij, het	heeft	gewerk**t**	is	geslaag**d**
wij, we	hebben	gewerk**t**	zijn	geslaag**d**
jullie	hebben	gewerk**t**	zijn	geslaag**d**
zij, ze	hebben	gewerk**t**	zijn	geslaag**d**

hulpwerkwoord

1. De voltooid tegenwoordige tijd (v.t.t.) maak je met de onvoltooid tegenwoordige tijd van **hebben** of **zijn** en een *voltooid deelwoord.*
   - De beste **heeft** *gewonnen.*
   - Hij **is** op school *geweest.*

2. De **hulpwerkwoorden** geven als extra informatie dat iets afgelopen is.
   - Ik **ben** gisteren gevallen.
   - Zij **heeft** het boek gelezen.
   - Moeder **heeft** boodschappen gedaan.

3. *Hebben* gebruik je als hulpwerkwoord om de **voltooide tijd** van overgankelijke werkwoorden te maken. Overgankelijke werkwoorden kunnen een *lijdend voorwerp* bij zich hebben.
   - Ik **heb** *een appel* **gegeten.**
   - Zij **heeft** *een tas* **gekocht.**

4. *Hebben* gebruik je als hulpwerkwoord om de **voltooide tijd** van wederkerende werkwoorden te maken.
   - Mijn vader **heeft zich geschoren**.
   - Ik **heb me** met koud water **gewassen**.
   - Hij **heeft zich vergist**.

5. *Hebben* gebruik je in de voltooide tijd met de **woorden die het weer aangeven**.
   - Het **heeft** gisteren **gesneeuwd**.
   - Het **heeft** de hele nacht **gestormd**.

6. *Zijn* gebruik je in de voltooide tijd met de **onovergankelijke werkwoorden** die een verandering aangeven. Onovergankelijke werkwoorden kunnen geen lijdend voorwerp bij zich hebben.
   - Peter **is** naar Engeland **gevlogen**.
   - Haar dochter **is geslaagd** voor het examen.
   - De plant **is** hard **gegroeid**.

voltooid deelwoord

7. Het voltooid deelwoord maak je door vóór de stam **ge**- te zetten en na de stam een -**d** of een -**t**.
   - ge + stam+ d/t = voltooid deelwoord
   - ge + trouw + d = **ge**trouw**d**
   - ge + werk + t = **ge**werk**t**

8. Je gebruikt het woord **'t kofschip** om te weten of je *-d* of *-t* achter de stam zet.
   - **'t kofschip**

9. Als de laatste letter van de stam in *'t kofschip* staat, dan schrijf je een -**t** achter de stam.
   - gewerk**t**
   - gefiets**t**
   - gestop**t**

10. Als de laatste letter van de stam niet in *'t kofschip* staat, dan schrijf je een -**d**.
    - gebouw**d**
    - geken**d**
    - gedroom**d**

A2

11.	Als de stam eindigt op een -**d** of -**t**, dan komt er in het voltooid deelwoord niets achter.	> bran**d** > wach**t**	> gebran**d** > gewach**t**
12.	Eindigt de stam op een -**f**, maar eindigt het hele werkwoord op -**ven**, dan komt er een -**d** achter.	> dur**ven** > le**ven**	> gedur**fd** > gelee**fd**
13.	Eindigt de stam op een -**s**, maar eindigt het hele werkwoord op -**zen**, dan komt er een -**d** achter.	> rei**zen** > verba**zen**	> gerei**sd** > verbaa**sd**
14.	Als het werkwoord met **be**-, **er**-, **ge**-, **her**-, **ont**-, **ver**- begint, dan krijgt het voltooid deelwoord geen **ge**-.	> Hij heeft het **be**loofd. > Hij heeft zijn schuld **er**kend. > Het is gisteren **ge**beurd. > Hij heeft me niet **her**kend. > Hij heeft haar in de stad **ont**moet. > Ik heb het aan niemand **ver**teld.	

plaats

15.	Het **hulpwerkwoord** staat op de tweede plaats in de gewone zin.	> Jan **heeft** een auto gekocht. > Zij **is** naar de markt gefietst.
16.	Het **voltooid deelwoord** staat op de laatste plaats in de zin.	> Jan heeft een auto **gekocht**. > Zij is naar de markt **gefietst**.
17.	In de vraagzin staat het **hulpwerkwoord** op de eerste plaats van de zin. Het *onderwerp* staat achter het hulpwerkwoord.	> **Heeft** *Jan* een auto gekocht? > **Is** *zij* naar de markt gefietst?

onregelmatige vormen van het volt. deelwoord

18.	Sommige werkwoorden hebben een **onregelmatig voltooid deelwoord**.	> Ben je nog lang **gebleven**? > Dat is snel voorbij **gegaan**. > Ik ben in Italië **geweest**.

Voltooid tegenwoordige tijd

	werken		slagen	
ik	heb	**gewerkt**	ben	**geslaagd**
jij, je, u	hebt	**gewerkt**	bent	**geslaagd**
hij, zij, het	heeft	**gewerkt**	is	**geslaagd**
wij, we	hebben	**gewerkt**	zijn	**geslaagd**
jullie	hebben	**gewerkt**	zijn	**geslaagd**
zij, ze	hebben	**gewerkt**	zijn	**geslaagd**

hulpwerkwoorden

1. De voltooid tegenwoordige tijd (v.t.t.) maak je met de o.t.t. van het hulpwerkwoord *hebben* of *zijn* en een **voltooid deelwoord.**
   - › Zij **heeft** die jas zelf **gemaakt.**
   - › Hij **is** te laat op zijn werk **aangekomen.**

2. **Hebben** en **zijn als hulpwerkwoord** geven aan dat de actie of handeling afgelopen is.
   - › Zij **heeft** haar werk toch nog op tijd afgemaakt.
   - › Hij **is** tijdens het schilderen van de trap gevallen.

3. *Hebben* gebruik je als hulpwerkwoord om de voltooide tijd van **overgankelijke** en **wederkerende werkwoorden** te maken. Verder gebruik je *hebben* bij werkwoorden die iets zeggen over het **weer**.
   - › Ik *heb* gisteren alleen een brief **geschreven.**
   - › Hij *heeft* **zich vergist** bij het maken van de rekening.
   - › Het *heeft* de hele nacht aan een stuk door **geregend.**

4. *Hebben* gebruik je als hulpwerkwoord met de **modale** werkwoorden.
   - › Ik *heb* meer dan een uur **moeten** praten.
   - › Zij *heeft* tot tien uur **mogen** uitslapen.

5. *Hebben* gebruik je bij **onovergankelijke werkwoorden die een voortdurende toestand aangeven**.
   - › Jim *heeft* bijna niet **geslapen.**
   - › Ze *heeft* urenlang op hem **gewacht.**

6. *Zijn* gebruik je in de voltooide tijd met **onovergankelijke werkwoorden die een verandering aangeven**.
   - › Zij is het laatste jaar een stuk **gegroeid.**

7. Je gebruikt meestal **zijn** als hulpwerkwoord als een *richting* aangegeven is.
   - › Zij **is** gisteren *naar huis* gefietst.
   - › Ik **ben** dit weekend voor de vijfde keer van Amsterdam *naar Zandvoort* gelopen.

8. Je gebruikt meestal **hebben** als hulpwerkwoord als de actie zelf belangrijk is. Er wordt dan *geen* richting aangegeven.
   - › Ik **heb** de hele weg gefietst.
   - › Wij **hebben** dertig kilometer gelopen.

voltooid deelwoord

9. Het voltooid deelwoord maak je door vóór de stam **ge**- te zetten en na de stam een -**d** of een -**t**. Als de laatste letter van de stam in *'t kofschip* staat, dan schrijf je een -t achter de stam, anders schrijf je een -d achter de stam. Als de stam eindigt op een -**d** of -**t**, dan komt er niets achter.
   - › Rinus is pas **ge**trouw**d.**
   - › Ik heb dertig jaar bij dit bedrijf **ge**werk**t.**
   - › Anne heeft bij het koken haar hand **ge**brand.

B1

10. Eindigt de stam op een -**f** of een -**s**, maar eindigt het hele werkwoord op -**ven** of -**zen**, dan komt er een -**d** achter de stam.
    - › De schilder heeft de deuren netjes gever**fd**.
    - › Hij heeft keihard op de deur gebons**d**, maar we hoorden het niet.

11. Werkwoorden die beginnen met **be**-, **er**-, **ge**-, **her**-, **mis**-, **ont**-, **ver**- worden niet voorafgegaan door *ge*-.
    - › Hij heeft **be**loofd op tijd te zijn.
    - › Het ongeluk is gisteren **ge**beurd.

plaats

12. Het **hulpwerkwoord** staat op de tweede plaats in de gewone zin. Het *voltooid deelwoord* staat op de laatste plaats in de zin.
    - › De wasmachine **heeft** vannacht *gedraaid*.
    - › Zij **is** met de bus naar haar werk *gegaan*.

13. In de vraagzin staat het **hulpwerkwoord** op de eerste plaats van de zin. Het *onderwerp* staat erachter.
    - › **Heeft** *de wasmachine* vannacht gedraaid?
    - › **Is** *zij* met de bus naar haar werk gegaan?

onregelmatige vormen van het volt. deelwoord

14. Sommige werkwoorden hebben een **onregelmatig voltooid deelwoord**.
    - › Waar is dat notitieblokje toch **gebleven**?
    - › Wim is naar een andere school **gegaan**.
    - › Ik ben al vijftien keer in Italië **geweest**.

B2

Voltooid tegenwoordige tijd

	werken		slagen	
ik	heb	**gewerkt**	ben	**geslaagd**
jij, je, u	hebt	**gewerkt**	bent	**geslaagd**
hij, zij, het	heeft	**gewerkt**	is	**geslaagd**
wij, we	hebben	**gewerkt**	zijn	**geslaagd**
jullie	hebben	**gewerkt**	zijn	**geslaagd**
zij, ze	hebben	**gewerkt**	zijn	**geslaagd**

hulpwerkwoorden

1. De voltooid tegenwoordige tijd (v.t.t.) maak je met de o.t.t. van het hulpwerkwoord *hebben* of *zijn* en een **voltooid deelwoord.** *Hebben* en *zijn* als hulpwerkwoord geven aan dat de actie of handeling afgelopen is.

› Wij zijn samen naar een demonstratie **gegaan**.
› Zij *heeft* de folder aandachtig **doorgelezen**.

2. *Hebben* gebruik je als hulpwerkwoord om de voltooide tijd van **overgankelijke, modale** en **wederkerende werkwoorden** te maken. Je gebruikt ook *hebben* bij werkwoorden die iets over het **weer** zeggen en bij **onovergankelijke werkwoorden die een voortdurende toestand aangeven.**

› Ik *heb* alles wat me dwars zat **opgeschreven**.
› Ik *heb* meer dan een uur **moeten** praten over virussen op de computer.
› Hij *heeft* **zich vergist** in het aantal mensen dat zou komen.
› Het *heeft* vorige week dagenlang **geregend**.
› Jim *heeft* vannacht voor het eerst sinds tijden uitstekend **geslapen**.

3. *Zijn* gebruik je in de voltooide tijd met **onovergankelijke werkwoorden die een verandering aangeven.**

› Na een lange periode *is* hij volledig van zijn verwondingen **genezen**.

4. *Zijn* gebruik je in voltooide passieve zinnen.

› Ik **ben** vanmorgen uit het ziekenhuis ontslagen.
› Anke **is** vanmorgen in de trein bestolen.

5. Sommige woorden kunnen in de voltooide tijd zowel het hulpwerkwoord *hebben* als *zijn* hebben. Het gaat onder andere om: **duiken, fietsen, hollen, klimmen, kruipen, lopen, rennen, roeien, springen, varen, vliegen, wandelen, zeilen, zwemmen.** Bij *hebben* ligt de nadruk op de actie of de duur ervan. Bij *zijn* is het resultaat belangrijk.

› Ze *heeft* vaak **gedoken**.
› Ze *is* van de hoge duikplank **gedoken**.
› John *heeft* de hele middag **gezwommen**.
› We *zijn* naar de overkant **gezwommen**.
› Frida en Wim *hebben* de 492 km van het Pieterpad in dertig etappes **gelopen**.
› Ze *zijn* over het Pieterpad van Pieterburen naar de Pietersberg **gelopen**.

6. Sommige werkwoorden kun je zowel *overgankelijk* als *onovergankelijk* gebruiken: **bederven, bevriezen, breken, genezen, ontdooien, rijden, smelten, uitpraten, veranderen, verbranden, verhuizen, verdrinken.**

› De bank *heeft* de salarissen **bevroren**.
› Door de strenge vorst *is* het meer **bevroren**.
› De dokter *heeft* de patiënt **genezen.**
› De patiënt *is* **genezen** van een ernstige ziekte.
› De collega's *hebben* de ruzie **uitgepraat**
› *Zijn* we **uitgepraat**? Ja, je kunt gaan.

het voltooid deelwoord

7. Het voltooid deelwoord maak je door vóór de stam **ge**- te zetten en na de stam een -**d** of een -**t**. Achter de stam komt een -**t** als de laatste letter van de stam in *'t kofschip* staat, anders krijg je een -**d**. Eindigt de stam op -d of -t, dan komt er niets achter.

› Hij is een jaar geleden **ge**stop**t** met roken.
› We hebben samen op de bus **ge**wach**t**.
› De huizen in deze straat zijn nog niet zo lang geleden **ge**bouw**d**.
› Ik heb me **ge**bran**d** aan de hete pan.

8. Eindigt de stam op een -**f** of een -**s**, maar eindigt het hele werkwoord op -**ven** of -**zen**, dan komt er een -**d** achter de stam.

› Heb je wel eens inktvis geproef**d?**
› Marijke heeft heel veel gerei**sd**.

9. Werkwoorden die beginnen met **be**-, **er**-, **ge**-, **her**-, **mis**-, **ont**-, **ver**-, worden niet voorafgegaan door ge-.

› De verhuurder heeft **be**loofd nog deze week de voordeur te repareren.
› Het ongeluk is vannacht **ge**beurd.

plaats

10. Het **hulpwerkwoord** staat op de tweede plaats in de gewone zin. Het *voltooid deelwoord* staat op de laatste plaats in de zin. In de vraagzin staat het **hulpwerkwoord** op de eerste plaats van de zin. Het onderwerp staat erachter.

› Jan **heeft** vandaag de stapel dossiers *weggewerkt*.
› Zij **is** zonder aarzelen in het diepe *gesprongen*.
› **Heeft** u ons nieuwste model al *gezien*?

onregelmatige vormen van het volt. deelwoord

11. Sommige werkwoorden hebben een **onregelmatig voltooid deelwoord**.

› Ben je nog lang nadat ik wegging op het feest **gebleven**?
› Er is iets fout **gegaan** met uw bestelling.
› Ik ben dit jaar voor het eerst in Italië **geweest**.

Voltooid verleden tijd

	werken		slagen	
ik	had	**gewerkt**	was	**geslaagd**
jij, je, u	had	**gewerkt**	was	**geslaagd**
hij, zij, het	had	**gewerkt**	was	**geslaagd**
wij, we	hadden	**gewerkt**	waren	**geslaagd**
jullie	hadden	**gewerkt**	waren	**geslaagd**
zij, ze	hadden	**gewerkt**	waren	**geslaagd**

vorm

1. De voltooid verleden tijd (v.v.t.) of plusquamperfectum maak je met de onvoltooid verleden tijd (o.v.t.) van het hulpwerkwoord **hebben** of **zijn** en een *voltooid deelwoord.*

› Omdat de rente **was** *gedaald*, konden meer mensen een huis kopen.
› Zij **had** het dossier aandachtig *doorgelezen*, waardoor ze bij de rechtbank goed beslagen ten ijs kwam.

gebruik

2. De v.v.t. gebruik je voor een handeling of situatie, die vóór een andere handeling of situatie in het verleden heeft plaatsgevonden. De beide handelingen staan met elkaar in relatie.

› Voor de film uitkwam, **was** er al veel over **gepraat**.
› Ik vond het een beetje eng dat ik een hond kreeg, want ik **had** nog nooit voor een hond **gezorgd**.

3. Staat in hoofdzin een **o.v.t.** en staat er in de bijzin een handeling of situatie die eerder plaatsvond, dan gebruik je in de bijzin *de v.v.t.*

› Ik **dacht** dat hij langs *was geweest.*
› Aan de sporen **zag** je dat er iemand door de sneeuw *was gelopen.*

Toekomende tijd

de toekomende tijd *futurum*

De toekomende tijd gebruik je om aan te geven dat een handeling, een actie of een situatie nog moet gebeuren. Dit kan op drie manieren: met het hulpwerkwoord **zullen**, met het hulpwerkwoord **gaan**, of met een **tijdsbepaling**.

Met het hulpwerkwoord **zullen** en het hoofdwerkwoord in de **infinitief**.

- We **zullen** morgen naar het strand **fietsen**.
- In de zomervakantie **zal** zij naar Italië **vliegen**.
- De jongens **zullen** me **helpen**.

Met het hulpwerkwoord **gaan** en het hoofdwerkwoord in de **infinitief**.

- Ik **ga** je morgen **helpen**.
- Daan **gaat** straks **vissen**.

Met de onvoltooid tegenwoordige tijd (o.t.t.) van een werkwoord en een **tijdsbepaling in de toekomst**.

- **Morgen** schijnt de zon.
- **Volgende week** werk ik over.
- De kat moet **dinsdag** naar de dierenarts.

Het Nederlands kent twee vormen van de toekomende tijd: de **onvoltooid** en de **voltooid** tegenwoordige toekomende tijd.

onvoltooid tegenwoordige toekomende tijd

- Sabina **zal** morgen **langskomen**.

voltooid tegenwoordige toekomende tijd

- Karel **zal** wel **geslaagd zijn** voor het examen.

onvoltooid tegenwoordige toekomende tijd

ik	zal	koken
jij, je, u	zal	koken
hij, zij, het	zal	koken
wij, we	zullen	koken
jullie	zullen	koken
zij, ze	zullen	koken

toekomende tijd met gaan

ik	ga	koken
jij, je, u	gaat	koken
hij, zij, het	gaat	koken
wij, we	gaan	koken
jullie	gaan	koken
zij, ze	gaan	koken

de voltooid tegenwoordige toekomende tijd

ik	zal	gekookt	hebben
jij, je, u	zal	gekookt	hebben
hij, zij, het	zal	gekookt	hebben
wij, we	zullen	gekookt	hebben
jullie	zullen	gekookt	hebben
zij, ze	zullen	gekookt	hebben

ik	zal	geslaagd	zijn
jij, je, u	zal	geslaagd	zijn
hij, zij, het	zal	geslaagd	zijn
wij, we	zullen	geslaagd	zijn
jullie	zullen	geslaagd	zijn
zij, ze	zullen	geslaagd	zijn

Toekomende tijd

toekomende tijd met zullen			toekomende tijd met gaan	
ik	zal	koken	ga	koken
jij, je, u	zal	koken	gaat	koken
hij, zij, het	zal	koken	gaat	koken
wij, we	zullen	koken	gaan	koken
jullie	zullen	koken	gaan	koken
zij, ze	zullen	koken	gaan	koken

vorm

1. De **onvoltooid tegenwoordige toekomende tijd** maak je met de onvoltooid tegenwoordige tijd van **zullen** + een *heel werkwoord.*

› Hij **zal** om acht uur hier *zijn.*
› Wij **zullen** morgen vroeg *opstaan.*

de toekomende tijd

2. Je kunt een actie in de toekomst beschrijven met de onvoltooid tegenwoordige toekomende tijd, met behulp van het **hulpwerkwoord zullen**.

› Mijn vriend **zal** me met alles helpen.
› Zijn moeder **zal** op vakantie naar Spanje gaan.
› Jan **zal** alleen maar goede cijfers op zijn rapport krijgen.

3. Je kunt een actie in de toekomst beschrijven met het **(hulp)werkwoord gaan**.

› Hij **gaat** straks oliebollen bakken.
› Wij **gaan** een hond kopen.
› Ik **ga** je helpen.

4. Je kunt een actie in de toekomst beschrijven met de *onvoltooid tegenwoordige tijd* en een **tijdsaanduiding in de toekomst**.

› **Morgen** *komt* de vuilnisman.
› **Volgende week** *koop* ik een nieuwe auto.
› **Vanaf vrijdag** *heeft* Rosa vakantie.

gebruik

5. De **onvoltooid tegenwoordige toekomende tijd** gebruik je voor een actie of toestand die nog moet gebeuren.

› We **zullen** morgen naar het strand fietsen.
› Hij **gaat** straks oliebollen bakken.
› De jongens **zullen** me **helpen**.

6. De **onvoltooid tegenwoordige toekomende tijd** kun je gebruiken om een voorstel of een belofte te doen.

› **Zullen** we naar de bioscoop gaan?
› Ik **zal** de rekening betalen.

B1

Toekomende tijd

	de toekomende tijd met zullen		de toekomende tijd met gaan	
ik	zal	koken	ga	koken
jij, je, u	zal	koken	gaat	koken
hij, zij, het	zal	koken	gaat	koken
wij, we	zullen	koken	gaan	koken
jullie	zullen	koken	gaan	koken
zij, ze	zullen	koken	gaan	koken

vorm

1. De **onvoltooid tegenwoordige toekomende tijd** (o.t.t.t.) maak je met de onvoltooid tegenwoordige tijd van **zullen** + een *infinitief*. Na de infinitief kan een voorzetselgroep volgen.

› Hij **zal** om acht uur bij jou *zijn*.
› Wij **zullen** morgen heel vroeg *opstaan*.
› Het **zal** *sneeuwen* in het hele land.

2. Voor een actie of handeling in de toekomst kun je de *onvoltooid tegenwoordige tijd* ook gebruiken met een **tijdsaanduiding**. Je kunt ook het (hulp)werkwoord **gaan** gebruiken.

› **Volgende week** vertrekken we naar Corsica.
› **Morgen gaan** we het huis opruimen.
› Zij **gaat** mij straks helpen met deze opdracht.

gebruik van de o.t.t.t.

3. De **o.t.t.t.** gebruik je voor een actie of toestand die nog moet gebeuren of om een voorstel of belofte te doen.

› De auto **zal** dinsdag klaar zijn.
› **Zullen** we straks in de kantine samen koffie drinken?
› Ik **zal** voor deze keer de rekening betalen, maar jij bent de volgende keer aan de beurt.

4. De **o.t.t.t.** gebruik je als je bijna zeker weet dat iets gaat gebeuren. Vaak gebruik je dan *wel*, *vast* of *vast wel*.

› Ik denk dat hij zo *wel* **zal komen**.
› Richard **zal** *vast* met goede cijfers **slagen** voor zijn examen.
› Morgen begint de vakantie, dan **zal** het *vast wel* druk **zijn** op de weg.

5. De **o.t.t.t.** gebruik je om te benadrukken dat je iets wilt.

› Ik **zál** deze keer mijn examen **halen**.
› Mijn hond **zál doen** wat ik zeg.

6. De **o.t.t.t.** gebruik je als je je inleeft in een situatie. Je gebruikt dan meestal *je* als onderwerp. Vaak vind je ook *maar*, *toch*, *toch maar* in zo'n zin.

› Het **zal** je *toch maar* **gebeuren**!
› **Je zult** *maar* je vergunning **kwijtraken** door zo'n geintje!

Voltooid tegenwoordige toekomende tijd

	koken			slagen		
ik	zal	gekookt	hebben	zal	geslaagd	zijn
jij, je, u	zal	gekookt	hebben	zal	geslaagd	zijn
hij, zij, het	zal	gekookt	hebben	zal	geslaagd	zijn
wij, we	zullen	gekookt	hebben	zullen	geslaagd	zijn
jullie	zullen	gekookt	hebben	zullen	geslaagd	zijn
zij, ze	zullen	gekookt	hebben	zullen	geslaagd	zijn

vorm

1. De **voltooid tegenwoordige toekomende tijd** (v.t.t.t.) of *futurum exactum* maak je met **zullen** als persoonsvorm, een voltooid deelwoord en de infinitief van *hebben* of *zijn*.

> Bas **zal** dat wel **gedaan** *hebben.*
> Het beslag **zal** nu wel **gerezen** *zijn.*

2. Heeft het hoofdwerkwoord **hebben** als hulpwerkwoord, dan wordt *hebben* gebruikt als infinitief. Heeft het hoofdwerkwoord **zijn** als hulpwerkwoord, dan wordt *zijn* gebruikt als infinitief.

> David **heeft gekookt**.
> Hij **is** te lang **gebleven**.

> David **zal** wel **gekookt** *hebben.*
> Hij **zal** wel te lang **gebleven** *zijn.*

gebruik

3. De **v.t.t.t.** gebruik je als je denkt dat de actie of handeling in de toekomst afgelopen zal zijn.

> Volgend jaar om deze tijd **zal** ik voor mijn examen **geslaagd zijn.**
> Het is nu negen uur; hij **zal** de post om tien uur wel **opgehaald hebben.**

4. De **v.t.t.t.** gebruik je als het bijna zeker is dat een actie of een toestand in het verleden voorbij is. Je gebruikt dan vaak *wel, vast, vast wel* in de zin.

> Hij heeft gisteren examen gedaan. Hij **zal** *wel* **geslaagd zijn.**
> Erica **zal** *vast wel* **genoten hebben** van haar vakantie.

Verleden toekomende tijd

verleden toekomende tijd *conditionalis*

De **onvoltooid verleden toekomende tijd** (o.v.t.t.) of **conditionalis** gebruik je voor een handeling of situatie in het verleden die nog moest gebeuren of nog niet afgelopen was. Ook kun je deze tijd gebruiken om een wens of onwerkelijkheid uit te drukken.

De **voltooid verleden toekomende tijd** (v.v.t.t.) of **conditionalis perfectum** gebruik je voor een handeling of situatie die in het verleden had kunnen plaatsvinden, maar niet plaatsgevonden heeft. Ook kun je deze tijd gebruiken om twijfel of onwerkelijkheid uit te drukken.

De **verleden toekomende tijd** kent twee vormen.	onvoltooid verleden toekomende tijd	› Ik heb Karel niet gezien. **Zou** hij ziek **zijn**? › Je **zou** eens wat beter **kunnen luisteren**.
	voltooid verleden toekomende tijd	› Bij dat ongeluk **zouden** meer dan tien mensen gewond **geraakt zijn**. › Als ik rijk was, **zou** ik een reis rond de wereld **gemaakt hebben**.

De **o.v.t.t.** vorm je met de o.v.t. van *zullen* + het hoofdwerkwoord.

› Hij is laat, **zou** hij wel **komen**?

De **v.v.t.t.** vorm je met de o.v.t. van *zullen* + het voltooid deelwoord van het hoofdwerkwoord, + de infinitief van *hebben* of *zijn*.

› Op dat terrein **zouden** ze nu huizen **gebouwd hebben**.
› Hij is laat, **zou** er iets **gebeurd zijn**?

onvoltooid verleden toekomende tijd

ik	zou	koken	zou	slagen
jij, je, u	zou	koken	zou	slagen
hij, zij, het	zou	koken	zou	slagen
wij, we	zouden	koken	zouden	slagen
jullie	zouden	koken	zouden	slagen
zij, ze	zouden	koken	zouden	slagen

voltooid verleden toekomende tijd

ik	zou	gekookt	hebben	zou	geslaagd	zijn
jij, je, u	zou	gekookt	hebben	zou	geslaagd	zijn
hij, zij, het	zou	gekookt	hebben	zou	geslaagd	zijn
wij, we	zouden	gekookt	hebben	zouden	geslaagd	zijn
jullie	zouden	gekookt	hebben	zouden	geslaagd	zijn
zij, ze	zouden	gekookt	hebben	zouden	geslaagd	zijn

A2

Onvoltooid verleden toekomende tijd

	koken	
ik	zou	koken
jij, je, u	zou	koken
hij, zij, het	zou	koken
wij, we	zouden	koken
jullie	zouden	koken
zij, ze	zouden	koken

vorm

1. De **onvoltooid verleden toekomende tijd** maak je met de onvoltooid verleden tijd van *zullen* + een heel werkwoord.

› Hij **zou** om acht uur **komen**.
› We **zouden** een huis in Italië **kopen**.

gebruik

2. Je gebruikt de **onvoltooid verleden toekomende tijd** voor een beleefde vraag of een beleefd verzoek.

› **Zou** het raam even open **mogen**?
› **Zou** je me een glas water **willen** geven?

3. Je gebruikt de **onvoltooid verleden toekomende tijd** voor iets dat nog niet is gebeurd of nog niet klaar is.

› Ik heb gezegd dat ik vanavond **zou koken**.
› Hij **zou** wat meer **moeten oefenen.**

B1

Onvoltooid verleden toekomende tijd

	koken	
ik	zou	koken
jij, je, u	zou	koken
hij, zij, het	zou	koken
wij, we	zouden	koken
jullie	zouden	koken
zij, ze	zouden	koken

vorm

1.	De **onvoltooid verleden toekomende tijd** (o.v.t.t.) maak je met de onvoltooid verleden tijd van *zullen* + een infinitief.	› Hij **zou** om acht uur bij mij **langskomen**. › We **zouden** in het zuiden van Italië een huis **kopen**.

gebruik

2.	Je gebruikt de **o.v.t.t.** bij een actie of een toestand die in de toekomst ligt of niet is gebeurd.	› Ik heb vanmorgen gezegd dat ik vanavond voor je **zou koken**. › Fred **zou** de halve marathon **lopen**.
3.	Je gebruikt de **o.v.t.t.** bij een onwerkelijkheid.	› Als ik een auto had, **zou** ik niet met de trein naar mijn werk **hoeven**.
4.	Je gebruikt de **o.v.t.t.** bij een beleefde vraag of een beleefd verzoek.	› **Zou** het raam even open **mogen**?
5.	Is bij een beleefde vraag *ik of wij* het onderwerp, dan gebruik je het hulpwerkwoord **mogen** of **kunnen**.	› Zou *ik* misschien even naar de wc **mogen** gaan? › Zouden *wij* even bij u **kunnen** bellen?
6.	Is bij een beleefde vraag *je, u of jullie* het onderwerp, dan gebruik je het hulpwerkwoord **kunnen** of **willen**.	› Zou *je* me even **kunnen** helpen? › Zou *u* me even **willen** helpen? › Zouden *jullie* me even **willen** helpen?
7.	Je gebruikt de **o.v.t.t.** bij twijfel.	› Hij was niet op de training. **Zou** er iets **zijn**?
8.	Je gebruikt de **o.v.t.t.** als je wilt zeggen dat je iets van iemand gehoord hebt. Je weet het niet zeker.	› Piet zei me dat Marie vanavond **zou komen**. › Je moet het ijs bij de Italiaan op de hoek kopen. Die **zou** het beste ijs **hebben**.
9.	Je gebruikt de **o.v.t.t.** als je een advies geeft.	› Het is heel koud, je **zou** een jas aan **moeten doen**. › Je haar ziet er droog uit, je **zou** eens een andere shampoo **moeten proberen**.
10.	Je gebruikt de **o.v.t.t.** als iets wenselijk is.	› Jullie **zouden** wat beter je best **kunnen doen** bij dit werk. › Ik **zou** wel eens **willen weten** hoe laat het is.
11.	Je gebruikt de **o.v.t.t.** bij een herinnering aan een belofte of een afspraak.	› Ga je weg? Dat kan niet! Er **zou** toch zo een klant **komen**.

Onvoltooid verleden toekomende tijd

	koken	
ik	zou	koken
jij, je, u	zou	koken
hij, zij, het	zou	koken
wij, we	zouden	koken
jullie	zouden	koken
zij, ze	zouden	koken

vorm

1. De **o.v.t.t.** maak je met de o.v.t. van *zullen* + een infinitief.

› Hij heeft gezegd dat hij om acht uur bij mij **langs zou komen**.
› We **zouden** een huis **kopen,** maar met de huidige crisis is dit niet mogelijk.

gebruik

2. Je gebruikt de **o.v.t.t.** voor een beleefde vraag, een beleefd verzoek of bij een onwerkelijkheid. Verder gebruik je de o.v.t.t. voor een actie of toestand die nog moet gebeuren of voor een actie of toestand die nog niet klaar is.

› Als ik een auto had, **zou** ik niet met de trein naar mijn werk **hoeven**.
› Vanmorgen heb ik je toch gezegd dat ik vanavond **zou koken**.

3. Is bij een beleefde vraag *ik* of *wij* het onderwerp, dan gebruik je **mogen** of **kunnen** als hulpwerkwoord. Bij *je, u* of jullie gebruik je **kunnen** of **willen** als hulpwerkwoord.

› Zou *ik* even van het toilet gebruik **mogen** maken?
› Zouden wij hier even naar huis **kunnen** bellen, alstublieft?
› Zouden *jullie* me even met die dozen **willen** helpen?

4. Je gebruikt de **o.v.t.t.** bij twijfel, als je iets van horen zeggen hebt, bij een advies of als iets wenselijk is.

› Hij was vandaag en gisteren niet op zijn werk. **Zou** er iets **zijn**?
› Piet zei me dat Marie vanavond bij ons langs **zou komen**.
› Jullie **zouden** wat meer tijd en aandacht aan de tuin **moeten besteden**.

5. Je gebruikt de **o.v.t.t.** bij een herinnering aan een belofte of afspraak en om een voorwaarde of onwerkelijkheid uit te drukken.

› Je **zou** toch een goudvis voor je dochter **kopen**?
› Als ik een grote prijs **zou winnen**, **zou** ik eerst een cruise **maken**.
› Wie van de twee collega's **zou** je **kiezen** als het moest?

6. Je gebruikt de **o.v.t.t.** in een bijzin die begint met *dat* als in de hoofdzin **denken, vrezen, hopen, rekenen op** of **vertrouwen op** in de onvoltooid verleden tijd staat.

› Ik **dacht** *dat* hij me met mijn werk **zou helpen.**
› Hij **vreesde** *dat* hij voor zijn examen **zou zakken**.
› Wij **hoopten** *dat* hij de wedstrijd **zou winnen**.
› De bejaarde man **rekende erop** *dat* de hulp langs **zou komen**.
› Ik **vertrouwde erop** *dat* je me **zou helpen** met die verbouwing.

B2

Voltooid verleden toekomende tijd

	koken			**slagen**		
ik	zou	gekookt	hebben	zou	geslaagd	zijn
jij, je, u	zou	gekookt	hebben	zou	geslaagd	zijn
hij, zij, het	zou	gekookt	hebben	zou	geslaagd	zijn
wij, we	zouden	gekookt	hebben	zouden	geslaagd	zijn
jullie	zouden	gekookt	hebben	zouden	geslaagd	zijn
zij, ze	zouden	gekookt	hebben	zouden	geslaagd	zijn

vorm

1. De **voltooid verleden toekomende tijd (v.v.t.t.)** of **conditionalis van het perfectum** maak je met de o.v.t. van *zullen* + voltooid deelwoord + hulpwerkwoord **hebben** of **zijn**. De keuze tussen *hebben* en *zijn* hangt af van het *hoofdwerkwoord*.

› Als we het geld ervoor hadden gehad, **zouden** we in het zuiden van Italië een huis *gekocht* **hebben**.
› Hij **zou** om acht uur bij mij *langsgekomen* **zijn**.

gebruik

2. De **v.v.t.t.** gebruik je voor een actie of toestand die in het verleden had kunnen plaatsvinden.

› Je had je huiswerk beter moeten maken, dan **zou** je nu **geslaagd zijn**.

3. Je gebruikt de **v.v.t.t.** bij twijfel.

› Hij nam niet op. **Zou** er iets **gebeurd zijn**?

4. Je gebruikt de **v.v.t.t.** om een voorwaarde of onwerkelijkheid uit te drukken.

› Als ik een grote prijs had gewonnen, **zou** ik een cruise **gemaakt hebben**.

5. Je gebruikt de **v.v.t.t.** om te praten over een plan of idee dat je vroeger gemaakt hebt, maar dat niet gerealiseerd is.

› Maria **zou langsgekomen zijn**, maar op het laatste ogenblik belde zij af.
› Ik **zou** een taart **gebakken hebben**, als ik eieren in huis had gehad.

Gebiedende wijs

gebiedende wijs *imperatief*

De **gebiedende wijs** gebruik je om een opdracht te geven.

› Doe een jas aan!
› Pakt uw spullen!
› Ophouden nu!

De **gebiedende wijs** of **imperatief** kent drie vormen: informeel, formeel en algemeen.

informeel	stam	› kom!
formeel	stam + t	› komt u!
algemeen	infinitief	› komen!

de vorm van de gebiedende wijs

Luister!
Luistert u!
Luisteren!

A2

Gebiedende wijs

	luisteren
jij	Luister!
u	Luistert u!
algemeen	Luisteren!

vorm

1. Voor de **gebiedende wijs** gebruik je meestal de stam van het werkwoord.
   > **Koop** even een brood voor me.
   > **Loop** naar de maan.

2. De **stam** wordt gebruikt voor de jij-vorm.
   > Ellen, **doe** de deur even dicht.

3. De **stam** kun je ook gebruiken als je tegen meer personen praat.
   > **Kom** allemaal even kijken.

4. **Stam + t** gebruik je in formele situaties, als je u tegen iemand zegt.
   > **Neemt** u een formulier en vult u het helemaal in, alstublieft.

5. **Stam + t** kun je ook gebruiken voor meer mensen, die je met *u* aanspreekt.
   > Meneer en mevrouw De Vries, **komt** u binnen en **gaat** u **zitten**!

6. Het **hele werkwoord** hoor je in informele situaties of zie je als opschrift op bordjes.
   > **Doorlopen**!
   > Niet op het gras **lopen**!

gebruik

7. Je kunt met de **gebiedende wijs** een dringend verzoek doen.
   > **Kom** alsjeblieft op tijd.

8. Je kunt met de **gebiedende wijs** ook een vriendelijk verzoek doen.
   > **Doe** het raam even open.

9. Om een verzoek vriendelijker te maken gebruik je de volgende woorden: **eens**, **even**, **maar**, **toch**.
   > Doe het licht **eens** aan.
   > Maak zelf **even** je brood klaar.
   > Geef het **maar** aan mij.
   > Breng dat **maar** weg.

B1

Gebiedende wijs

de vorm van de gebiedende wijs
Luister!
Luistert u!
Luisteren!

vorm

1. De **gebiedende wijs** kent drie vormen: informeel, formeel en algemeen. De informele vorm wordt het meest gebruikt voor zowel enkelvoud als meervoud.
   > Karel, **let** op, we gaan beginnen.
   > **Kom** vanavond allemaal naar de uitvoering van het Nationaal Ballet!

2. De stam gebruik je als je **jij** tegen iemand zegt, ook als het meerdere mensen zijn.
   > Piet, **kom** binnen en **doe** je jas uit!
   > Mieke en Ria, **pak** maar een stuk klei.

3. **Stam + t** gebruik je in formele situaties. Je gebruikt dan ook altijd **u,** zowel voor het enkelvoud als voor het meervoud.
   > Goedemorgen heren. **Komt u** binnen!
   > Dag mevrouw, **gaat u** zitten!
   > Dames en heren, **neemt u** iets te drinken!

4. Bij de algemene vorm gebruik je een **infinitief** voor de gebiedende wijs. Deze vorm hoor je in informele situaties of zie je als opschrift op bordjes.
   > **Ophouden** nu!
   > **Doorlopen**! **Wegwezen**!
   > Jongens, nu allemaal even stil **zijn**!
   > Niet **aanraken**!

5. De gebiedende wijs voor *ik* en *wij* maak je met het werkwoord **laten**. Je gebruikt deze vorm om jezelf aan te sporen (met *ik*) of om een voorstel te doen (met *wij*).
   > **Laat** *ik* eens ophouden met het lezen van de krant!
   > **Laten** *we* een nieuwe motor kopen!
   > **Laten** *we* met het vliegtuig gaan!

6. In de spreektaal kun je soms ook **je** of **jullie** bij de gebiedende wijs gebruiken.
   > Laat **je** dat nu!
   > Gaan **jullie** eens weg!

7. De gebiedende wijs van **zijn** is **wees** en **wezen**. Soms wordt **weest** nog gebruikt voor meerdere personen die je met *u* aanspreekt, maar deze vorm is ouderwets.
   > **Wees** voorzichtig kinderen!
   > **Wees** stil!
   > Stil **wezen**!
   > Dames en heren, **weest** welkom!

gebruik

8. Je kunt met de **gebiedende wijs** een dringend of vriendelijk verzoek doen. Om een verzoek vriendelijker te maken, gebruik je woorden als *eens, even, maar, toch.*
   > **Kom** alsjeblieft deze keer op tijd.
   > **Doe** het raam *even* open als je wilt.
   > **Maak** zelf *even* je brood voor de lunch klaar.
   > **Geef** het pakje *maar* aan mij, dan breng ik het weg.

Hebben en zijn

hebben en zijn

De werkwoorden **hebben** en **zijn** hebben een eigen, onregelmatige vervoeging.

Hebben en **zijn** kun je zelfstandig gebruiken.

› Ik **heb** een auto.
› Ik **ben** jarig.

Hebben en **zijn** helpen de andere werkwoorden in alle samengestelde tijden.

› Ik **heb** gesproken.
› Ik **had** gesproken.
› Ik zou gesproken **hebben**.
› Ik **ben** vertrokken.
› Ik **was** vertrokken.
› Ik zou vertrokken **zijn**.

aantonende wijs

onvoltooid tegenwoordige tijd

ik	heb	ben
jij	hebt	bent
hij	heeft	is
wij	hebben	zijn
jullie	hebben	zijn
zij	hebben	zijn

voltooid tegenwoordige tijd

ik	heb	gehad	ben	geweest
jij	hebt	gehad	bent	geweest
hij	heeft	gehad	is	geweest
wij	hebben	gehad	zijn	geweest
jullie	hebben	gehad	zijn	geweest
zij	hebben	gehad	zijn	geweest

onvoltooid verleden tijd

ik	had	was
jij	had	was
hij	had	was
wij	hadden	waren
jullie	hadden	waren
zij	hadden	waren

voltooid verleden tijd

ik	had	gehad	was	geweest
jij	had	gehad	was	geweest
hij	had	gehad	was	geweest
wij	hadden	gehad	waren	geweest
jullie	hadden	gehad	waren	geweest
zij	hadden	gehad	waren	geweest

onvoltooid tegenwoordige toekomende tijd

ik zal	hebben	zijn
jij zal	hebben	zijn
hij zal	hebben	zijn
wij zullen	hebben	zijn
jullie zullen	hebben	zijn
zij zullen	hebben	zijn

voltooid tegenwoordige toekomende tijd

ik zal	gehad	hebben	geweest	zijn
jij zal	gehad	hebben	geweest	zijn
hij zal	gehad	hebben	geweest	zijn
wij zullen	gehad	hebben	geweest	zijn
jullie zullen	gehad	hebben	geweest	zijn
zij zullen	gehad	hebben	geweest	zijn

voorwaardelijke wijs

onvoltooid verleden toekomende tijd

ik zou	hebben	zijn
jij zou	hebben	zijn
hij zou	hebben	zijn
wij zouden	hebben	zijn
jullie zouden	hebben	zijn
zij zouden	hebben	zijn

voltooid verleden toekomende tijd

ik zou	gehad	hebben	geweest	zijn
jij zou	gehad	hebben	geweest	zijn
hij zou	gehad	hebben	geweest	zijn
wij zouden	gehad	hebben	geweest	zijn
jullie zouden	gehad	hebben	geweest	zijn
zij zouden	gehad	hebben	geweest	zijn

gebiedende wijs

heb!	wees!
hebt u!	weest u!

onbepaalde wijs: tegenwoordige tijd

hebben	zijn

onbepaalde wijs: verleden tijd

hebben gehad	zijn geweest

tegenwoordig deelwoord

hebbende	zijnde

voltooid deelwoord

gehad	geweest

A1

Hebben in de onvoltooid tegenwoordige tijd

hebben	
ik	heb
jij, je, u	hebt
hij, zij, ze, het	heeft
wij, we	hebben
jullie	hebben
zij, ze	hebben

vervoeging hebben

1. Het werkwoord **hebben** kun je gebruiken zonder andere werkwoorden. Hebben is onregelmatig.

ik heb	› Ik **heb** een zoon.
jij hebt	› Jij **hebt** geluk.
u hebt	› U **hebt** gelijk.
hij heeft	› Hij **heeft** morgen examen.
zij heeft	› Zij **heeft** een mooi huis.
het heeft	› Het **heeft** geen zin.
wij hebben	› Wij **hebben** twee kinderen.
jullie hebben	› Jullie **hebben** genoeg werk.
zij hebben	› Zij **hebben** een winkel.

2. Komt *je* of *jij* achter het werkwoord, dan schrijf je geen -t achter **heb**.

› **Heb** *je* het huiswerk af?
› **Heb** *jij* drinken bij je?

3. De beleefdheidsvorm met **u** wordt ook vaak vervoegd in de derde persoon.

› U **heeft** helemaal gelijk.
› **Heeft** u last van het open raam?

gebruik hebben

4. **Hebben** gebruik je bij een bezit.

bezit van personen	› Ik **heb** een zoon.
bezit van dieren	› Hij **heeft** een hond.
bezit van zaken	› Wij **hebben** een huis.

5. **Hebben** gebruik je om een persoon of een ding te beschrijven, om informatie te geven over familie of om een gevoel te beschrijven.

beschrijven	› Het huis **heeft** een rood dak.
informatie over familie	› Ik **heb** een broer en een zus.
gevoel	› Ik **heb** honger.
	› Hij **heeft** dorst.

Zijn in de onvoltooid tegenwoordige tijd

A1

zijn	
ik	ben
jij, je, u	bent
hij, zij, ze, het	is
wij, we	zijn
jullie	zijn
zij, ze	zijn

vervoeging zijn

1. Het werkwoord **zijn** kun je gebruiken zonder andere werkwoorden. **Zijn** is onregelmatig.

ik ben	› Ik **ben** morgen jarig.
jij bent	› Jij **bent** niet aardig.
u bent	› U **bent** erg rijk.
hij is	› Hij **is** lang.
zij is	› Zij **is** dik.
het is	› Het **is** niet eerlijk.
wij zijn	› Wij **zijn** op bezoek.
jullie zijn	› Jullie **zijn** te laat.
zij zijn	› Zij **zijn** in de winkel.

2. Komt *je* of *jij* achter het werkwoord, dan schrijf je geen -t achter **ben**.

› **Ben** je ziek?
› **Ben** jij Marieke?

gebruik zijn

3. **Zijn** gebruik je om te zeggen wie je bent. Je kunt ook iemand anders voorstellen.

› Ik **ben** Ria. Ik **ben** de vrouw van Kees.
› Dit **is** mijn broer Frits.

4. **Zijn** gebruik je om iemand of iets te beschrijven.

› Mijn broer **is** lang.
› Het huis **is** mooi.

5. **Zijn** gebruik je om te zeggen hoe oud iemand is.

› Ik **ben** 45 jaar.
› Ruben **is** twaalf.
› De baby **is** zes maanden oud.

6. **Zijn** gebruik je om te zeggen waar je bent.

› Wij **zijn** thuis.
› Wij **zijn** in Amsterdam.
› Hij **is** in Italië.
› Ik **ben** bij mijn moeder.

7. **Zijn** gebruik je met beroepen of nationaliteiten.

› Ik **ben** leraar.
› Hij **is** slager.
› Mijn man **is** Italiaan.

8. **Zijn** gebruik je om de tijd, de datum, de dag of het dagdeel te noemen.

› Het **is** drie uur.
› Het **is** vandaag 9 november 2012.
› Morgen **is** het woensdag.
› Het **is** avond.

A2

Hebben en zijn in de voltooid tegenwoordige tijd

hebben			**zijn**	
ik	heb	gehad	ben	geweest
jij, je, u	hebt	gehad	bent	geweest
hij, zij, ze, het	heeft	gehad	is	geweest
wij, we	hebben	gehad	zijn	geweest
jullie	hebben	gehad	zijn	geweest
zij, ze	hebben	gehad	zijn	geweest

vorm

1. **De voltooide tijd van hebben** maak je met een vorm van **hebben** + **gehad**.

› Frits **heeft** een auto **gehad**.
› De kinderen **hebben** koekjes **gehad**.

2. **De voltooide tijd van zijn** maak je met een vorm van **zijn** + **geweest**.

› Ik **ben** in Amsterdam **geweest**.
› Zij **zijn** nooit in Italië op vakantie **geweest**.

gebruik

3. **De voltooid tegenwoordige tijd** van **hebben** gebruik je als je iets gekregen hebt en het nog hebt.

› Ik **heb** een hondje **gehad**. (Ik heb het nog.)
› Ik **heb** een ring **gehad**. (Ik heb hem nog.)

4. **De voltooid tegenwoordige tijd** van **hebben** gebruik je als je iets niet meer hebt.

› Ik **heb** vroeger een hondje **gehad**. (Ik heb het niet meer.)
› Ik **heb** ook een racefiets **gehad**. (Ik heb hem niet meer.)

5. **De voltooid tegenwoordige tijd** van **hebben** gebruik je om te vertellen dat je iets hebt gegeten of gedronken.

› We **hebben** een ijsje **gehad**.
› Ik **heb** nog geen koffie **gehad**.

6. **De voltooid tegenwoordige tijd** van **hebben** gebruik je als een toestand afgelopen is.

› Zij **heeft** griep **gehad**. (Zij heeft nu geen griep meer.)

7. **De voltooid tegenwoordige tijd** van **zijn** gebruik je als je ergens geweest bent en je nu weer terug bent.

› Ik **ben** in Marokko **geweest**.
› Cor **is** naar de markt **geweest**.

8. **De voltooid tegenwoordige tijd** van **zijn** gebruik je als een toestand voorbij is.

› Ik **ben** ziek **geweest**. (Ik ben nu weer beter).
› Het **is** druk **geweest**. (Het is nu niet meer druk.)

ontkenning

9. In een ontkenning gebruik je in de voltooid tegenwoordige tijd van *hebben* vaak **geen**.

› Ik *heb* **geen** taart gehad.

10. In een ontkenning gebruik je in de voltooid tegenwoordige tijd van *zijn* vaak **niet**.

› De postbode *is* **niet** geweest.

Modale werkwoorden

modale werkwoorden

De modale werkwoorden zijn **kunnen, moeten, mogen, willen, zullen.** Ook **hoeven** wordt tot de modale werkwoorden gerekend.

De **modale werkwoorden** gebruik je meestal als hulpwerkwoord.

kunnen	>	Piet **kan** morgen het werk **afmaken**.
moeten	>	Hij **moet** van de dokter een week in bed **blijven**.
mogen	>	Hoera, ik heb mijn rijbewijs, ik **mag** voortaan **autorijden**.
willen	>	Ik **wil** dit jaar graag een hele maand vakantie **hebben**.
zullen	>	Ik **zal** je morgen **helpen** met je werk.
hoeven	>	Hij **hoeft** maar een week in bed te blijven.

Behalve **zullen** kun je de **modale werkwoorden** soms zelfstandig gebruiken.

kunnen	>	Hij **kan** dat niet.
moeten	>	Zij **moet** straks naar de dokter.
mogen	>	Jan **mag** een ijsje.
willen	>	Lianne **wil** een koekje.
zullen	>	-
hoeven	>	Ria **hoeft** niet naar school vandaag.

Schema modale werkwoorden

onvoltooid tegenwoordige tijd

onderwerp	kunnen	moeten	mogen	willen	zullen	hoeven
ik	kan	moet	mag	wil	zal	hoef
jij, je, u	kan	moet	mag	wil	zal	hoeft
hij, zij, het	kan	moet	mag	wil	zal	hoeft
wij, we	kunnen	moeten	mogen	willen	zullen	hoeven
jullie	kunnen	moeten	mogen	willen	zullen	hoeven
zij, ze	kunnen	moeten	mogen	willen	zullen	hoeven

onvoltooid verleden tijd

onderwerp	kunnen	moeten	mogen	willen	zullen	hoeven
ik	kon	moest	mocht	wilde	zou	hoefde
jij, je, u	kon	moest	mocht	wilde	zou	hoefde
hij, zij, het	kon	moest	mocht	wilde	zou	hoefde
wij, we	konden	moesten	mochten	wilden	zouden	hoefden
jullie	konden	moesten	mochten	wilden	zouden	hoefden
zij, ze	konden	moesten	mochten	wilden	zouden	hoefden

voltooid tegenwoordige tijd

onderwerp	hulpww.	kunnen	moeten	mogen	willen	zullen	hoeven
ik	heb	gekund	gemoeten	gemogen	gewild	-	gehoeven
jij, je, u	hebt	gekund	gemoeten	gemogen	gewild	-	gehoeven
hij, zij, het	heeft	gekund	gemoeten	gemogen	gewild	-	gehoeven
wij, we	hebben	gekund	gemoeten	gemogen	gewild	-	gehoeven
jullie	hebben	gekund	gemoeten	gemogen	gewild	-	gehoeven
zij, ze	hebben	gekund	gemoeten	gemogen	gewild	-	gehoeven

Modale werkwoorden

A1

onderwerp	kunnen	moeten	mogen	willen	zullen
ik	kan	moet	mag	wil	zal
jij, je, u	kan	moet	mag	wil	zal
hij, zij, het	kan	moet	mag	wil	zal
wij, we	kunnen	moeten	mogen	willen	zullen
jullie	kunnen	moeten	mogen	willen	zullen
zij, ze	kunnen	moeten	mogen	willen	zullen

gebruik

1. De modale werkwoorden zijn: **kunnen**, **moeten**, **mogen**, **willen**, **zullen**.

> Ik **kan** fietsen.
> Ahmed **moet** naar school.
> Zij **mag** een nieuwe jurk kopen.
> Opa **wil** straks boodschappen doen.
> Wij **zullen** je helpen.

2. Bij een *modaal werkwoord* staat vaak nog een werkwoord. Dit **tweede werkwoord** staat achteraan in de zin.

> Hij *kan* goed Nederlands **spreken**.
> Ik *moet* mijn huiswerk nog **maken**.
> Martijn *mag* in het weekend bij oma **slapen**.
> De man *wil* een spannend boek **lezen**.
> Jan *zal* zo wel **komen**.

A2

Modale werkwoorden

onderwerp	kunnen	moeten	mogen	willen	zullen
ik	kan	moet	mag	wil	zal
jij, je, u	kan	moet	mag	wil	zal
hij, zij, het	kan	moet	mag	wil	zal
wij, we	kunnen	moeten	mogen	willen	zullen
jullie	kunnen	moeten	mogen	willen	zullen
zij, ze	kunnen	moeten	mogen	willen	zullen

gebruik modale werkwoorden

1. De modale werkwoorden zijn **kunnen, moeten, mogen, willen, zullen**. Ook **hoeven** wordt tot de modale werkwoorden gerekend. Bij een modaal werkwoord staat vaak nog een werkwoord. Dit *tweede werkwoord* staat achteraan in de zin.

› Hij **kan** al heel goed Nederlands *spreken*.
› Ik **moet** strak nog heel veel werk *doen*.
› Martijn **mag** in het weekend bij oma *slapen*.
› Joyce **wil** bij de bakker een brood *kopen*.
› Rob heeft het druk, maar hij **zal** zo wel *komen*.

2. De werkwoorden **willen, kunnen** en **zullen** hebben een **formele** en een informele schrijfwijze bij *jij* en *u*. De formele vorm gebruik je vooral bij het schrijven.

informeel	formeel
› jij wil	› jij **wilt**
› u wil	› u **wilt**
› jij kan	› jij **kunt**
› u kan	› u **kunt**
› jij zal	› jij **zult**
› u zal	› u **zult**

3. Na **hoeven**, **kunnen**, **moeten**, **mogen**, **willen** laat je vaak *gaan* weg, als duidelijk is dat je ergens heen gaat.

› Alice **hoeft** nog niet naar huis (te *gaan*).
› Je **kan** morgen weer naar je werk (*gaan*).
› Cor **moet** naar de dokter (*gaan*).
› Ze **mag** vanavond naar de film (*gaan*).
› Ik **wil** op vakantie (*gaan*).

4. Je gebruikt de **modale werkwoorden** samen met *zou(den)* voor een beleefde vraag of een beleefd verzoek.

› *Zou* ik even naar de wc **mogen**?
› *Zouden* jullie wat voor me **willen** doen?

moeten en hoeven + te

5. **Moeten** gebruik je om te zeggen dat iets verplicht is.

› Ik **moet** op tijd op mijn werk zijn.
› Kinderen **moeten** vanaf vier jaar naar school.

6. Als je bij *moeten* **geen**, **nauwelijks**, **nergens**, **niet**, **niets**, **nooit** wilt zetten, gebruik je het werkwoord *hoeven* met *te + infinitief*.

› Ik *hoef* **niet** *te eten*.
› Je *hoeft* **geen** brood *te kopen*.
› Age *hoeft* **nergens** heen (*te gaan*).

Modale werkwoorden

gebruik modale werkwoorden

1. De modale werkwoorden zijn **kunnen, moeten, mogen, willen, zullen**. Ook **hoeven** wordt tot de modale werkwoorden gerekend. Je gebruikt ze meestal als *hulpwerkwoord*.

> Hoe laat **moet** jij vertrekken?
> Geert **zal** morgen de auto naar de garage brengen.

2. De modale werkwoorden kunnen ook als zelfstandig werkwoord worden gebruikt.

> Ik **kan** vanavond niet.
> **Moet** dat nou?
> Zij **mocht** niet naar buiten.
> De mannen **willen** geen koffie.
> Wij **hoefden** geen koekje.

modale werkwoorden als hulpwerkwoord

3. Als de modale werkwoorden als **hulpwerkwoord** worden gebruikt, krijgen ze in de onvoltooide tijd altijd een *hoofdwerkwoord* aan het eind van de zin.
Ook **hoeven** krijgt een hoofdwerkwoord aan het eind van de zin. Bij hoeven staat voor dit hoofdwerkwoord *te*.

> Ria **kan** niet *fietsen*.
> Zijn vader **moest** altijd hard *werken*.
> Piet **mocht** nooit laat *opblijven*.
> Hij **wil** niet zijn best *doen*.
> Dora **zou** *komen*.
> Jacco **hoeft** vandaag niet *te werken*.

4. Het hulpwerkwoord voor de voltooide tijd is bijna altijd **hebben**. Als *kunnen, moeten, mogen, willen* en *zullen* **modaal hulpwerkwoord** zijn, dan krijgen ze geen voltooid deelwoord maar een **infinitief**. Bij hoeven mag **te** vervallen.

> Hij **heeft** dat niet **willen** doen.
> Wietse **heeft** zijn bureau **moeten** opruimen.
> Rita **heeft** nooit **kunnen** fietsen.
> Piet **heeft** nooit laat op **mogen** blijven.
> Hij **heeft** nooit **willen** deugen.
> Je **had** beter **moeten** luisteren.
> Ineke **had zullen** opruimen, maar ze had geen tijd.
> Dat **had** niet **hoeven (te)** gebeuren.

modale werkwoorden als zelfstandig werkwoord

5. Als de modale werkwoorden en hoeven zelfstandig gebruikt worden, gebruik je in de voltooide tijd het **voltooid deelwoord**.

> Die toespraak had beter **gemoeten**.
> Dronken autorijden heeft nooit **gemogen**.
> Sorry, dit heb ik niet **gewild**.
> Dat had **gekund**, maar het is niet doorgegaan.
> Rimke had een trui **gewild**, maar ze kreeg een T-shirt.
> Dat had toch niet **gehoeven**!

6. **Zullen** heeft geen voltooid deelwoord. Het krijgt een **infinitief**.

> Zij had dat **zullen** doen, maar ze had geen tijd meer.

A2

Werkwoorden van één lettergreep: onvoltooide tijd

onderwerp	doen		gaan		slaan		zien	
	o.t.t.	o.v.t.	o.t.t.	o.v.t.	o.t.t.	o.v.t.	o.t.t.	o.v.t.
ik	doe	deed	ga	ging	sla	sloeg	zie	zag
jij, je, u	doet	deed	gaat	ging	slaat	sloeg	ziet	zag
hij, zij, het	doet	deed	gaat	ging	slaat	sloeg	ziet	zag
wij, we	doen	deden	gaan	gingen	slaan	sloegen	zien	zagen
jullie	doen	deden	gaan	gingen	slaan	sloegen	zien	zagen
zij, ze	doen	deden	gaan	gingen	slaan	sloegen	zien	zagen

vorm onvoltooid tegenwoordige tijd

1. Bij werkwoorden van één lettergreep met **twee verschillende klinkers** voor de eind-n, haal je alleen de -n weg voor de **stam**.
   - › doe**n** › Ik **doe** de deur dicht.
   - › zie**n** › Ik **zie** een leuk hondje.

2. Bij werkwoorden van één lettergreep met **twee gelijke klinkers** voor de eind-n, haal je één klinker en de -n weg voor de **stam**.
   - › gaa**n** › Ik **ga** naar de markt.
   - › slaa**n** › Ik **sla** met een stok.

3. Bij de *jij-, u-, hij- en zij-vorm* van werkwoorden met **twee gelijke klinkers** komt vóór de **uitgangs-t** wel weer een **dubbele klinker**.
   - › *Jij* **gaat** straks naar school.
   - › *U* sl**aat** met de stok.
   - › *Hij* **gaat** naar zijn werk.
   - › *Zij* sl**aat** haar broertje.

4. Het **meervoud** van alle werkwoorden van één lettergreep is gelijk aan het hele werkwoord.
   - › Wij **doen** de was.
   - › Jullie **gaan** naar school.
   - › Zij **slaan** op de trommel.
   - › Jullie **zien** veel dieren.

vorm onvoltooid verleden tijd

5. Alle werkwoorden van één lettergreep hebben **onregelmatige vormen** in de o.v.t.
   - › Zij **deed** haar ogen open.
   - › Vroeger **gingen** we vaak naar de stad.
   - › De nare man **sloeg** zijn vrouw.
   - › Zij **zagen** het ongeluk voor hun ogen gebeuren.

gaan en zien

6. **Gaan** in de o.t.t. gebruik je vaak als hulpwerkwoord van de toekomende tijd. Het *hoofdwerkwoord* staat dan achteraan in de zin. Vaak staat er dan ook een *tijdsbepaling* in de zin.
   - › Ik **ga** *morgen* boodschappen *doen.*
   - › Jan **gaat** *straks* zijn tanden *poetsen.*

7. **Zien** kun je ook als hulpwerkwoord gebruiken. Achteraan in de zin staat dan het *hoofdwerkwoord* van de zin.
   - › We **zien** haar vaak in de stad *lopen.*

A2

Werkwoorden van één lettergreep: voltooide tijd

onderw.	doen		gaan		slaan		zien	
ik	heb	gedaan	ben	gegaan	heb	geslagen	heb	gezien
jij, je, u	hebt	gedaan	bent	gegaan	hebt	geslagen	hebt	gezien
hij, zij, het	heeft	gedaan	is	gegaan	heeft	geslagen	heeft	gezien
wij, we	hebben	gedaan	zijn	gegaan	hebben	geslagen	hebben	gezien
jullie	hebben	gedaan	zijn	gegaan	hebben	geslagen	hebben	gezien
zij, ze	hebben	gedaan	zijn	gegaan	hebben	geslagen	hebben	gezien

hulpwerkwoord

1. *Doen* krijgt **hebben** als hulpwerkwoord in de voltooide tijd.

› Zij **heeft** al haar werk *gedaan.*
› Marijke **had** het nooit op die manier *gedaan.*

2. *Gaan* krijgt **zijn** als hulpwerkwoord in de voltooide tijd.

› Gitta **is** met de bus naar haar werk *gegaan.*
› Zij **was** nog nooit met de trein *gegaan.*

3. Bij *slaan* en *zien* wordt als hulpwerkwoord **hebben** gebruikt in de voltooide tijd.

› Simon **heeft** zijn zusje *geslagen.*
› Lili **had** hem in de stad *gezien.*

zelf hulpwerkwoord

4. **Gaan** en **zien** kunnen in de v.t.t. en v.v.t. zelf ook als hulpwerkwoord gebruikt worden. Er staat dan géén voltooid deelwoord in de zin, maar een infinitief.

› Kees is zijn vriendin **gaan** helpen met behangen.
› Hij was naar zijn werk **gaan** lopen.
› Stanley heeft zijn vrouw het café in **zien** lopen.
› Hij had haar toen naar binnen **zien** gaan.

Scheidbaar werkwoord

scheidbaar werkwoord *separabel verbum*

Een scheidbaar werkwoord bestaat uit **twee delen** die in verschillende vormen van het werkwoord van elkaar gescheiden worden.

Birgit **wast** na het eten **af**.
Jeroen **ruimde** zijn kamer **op**.
Zij heeft haar kind **weg**ge**bracht**.

Scheidbare werkwoorden bestaan uit twee delen.

schoon	+	maken	=	schoonmaken
weg	+	lopen	=	weglopen

Het werkwoord is scheidbaar als de **klemtoon** op het eerste deel van het werkwoord valt.

› **aan**komen
› **op**eten
› **tegen**spreken

Het eerste deel van het scheidbaar werkwoord is vaak een voorzetsel of een bijvoeglijk naamwoord. Het tweede deel is een **werkwoord**.

› op**ruimen**
› schoon**maken**
› weg**lopen**

Je kunt het scheidbaar werkwoord in elke tijd zetten.

o.t.t.	› ik maak schoon	› ik loop weg
v.t.t.	› ik heb schoongemaakt	› Ik ben weggelopen
o.v.t.	› ik maakte schoon	› ik liep weg
v.v.t.	› ik had schoongemaakt	› ik was weggelopen
o.t.t.t.	› ik zal schoonmaken	› ik zal weglopen
v.t.t.t.	› ik zal schoongemaakt hebben	› ik zal weggelopen zijn
o.v.t.t.	› ik zou schoonmaken	› ik zou weglopen
v.v.t.t.	› ik zou schoongemaakt hebben	› ik zou weggelopen zijn

Scheidbaar werkwoord

B1

	o.t.t				**v.t.t**			
ik	maak	schoon	loop	weg	heb	schoongemaakt	ben	weggelopen
jij, je, u	maakt	schoon	loopt	weg	hebt	schoongemaakt	bent	weggelopen
hij, zij, het	maakt	schoon	loopt	weg	heeft	schoongemaakt	is	weggelopen
wij, we	maken	schoon	lopen	weg	hebben	schoongemaakt	zijn	weggelopen
jullie	maken	schoon	lopen	weg	hebben	schoongemaakt	zijn	weggelopen
zij, ze	maken	schoon	lopen	weg	hebben	schoongemaakt	zijn	weggelopen

	o.v.t.				**v.v.t.**			
ik, jij, u, hij, zij, het	maakte	schoon	liep	weg	had	schoongemaakt	was	weggelopen
wij, jullie, zij	maakten	schoon	liepen	weg	hadden	schoongemaakt	waren	weggelopen

vorm

1. *Werkwoorden* zijn altijd scheidbaar bij de voorvoegsels **af**-, **bij**-, **binnen**-, **mee**-, **na**-, **neer**-, **op**-, **tegen**-, **terug**-, **toe**-, **uit**-, **voort**-.

   › We *spreken* om 8 uur **af** op de hoek van het Rembrandtsplein.
   › Bert *neemt* straks een broodje voor me **mee**.

2. Het **werkwoordelijk deel** van het scheidbaar werkwoord wordt vervoegd als alle andere werkwoorden.

   › Ik **ruim** tegen zessen alle dossiers op.
   › Mijn collega **ruimt** alle dossiers op.
   › Wij **ruimen** samen alles op.

3. In een voltooid deelwoord van een scheidbaar werkwoord staat -**ge**- tussen het eerste deel en de *stam* van het tweede deel. Daarachter staat een -**d** of een -**t**.

   › We hebben samen de kopjes af**ge***droog***d**.
   › De man heeft het vuur uit**ge***maak***t**.

plaats

4. In de o.t.t. en de o.v.t. maak je met het **tweede deel** van het scheidbaar werkwoord de persoonsvorm. Het *eerste deel* van het scheidbaar werkwoord staat achteraan in de zin.

   › Ik **maak** het huis *schoon*.
   › Hij **nam** altijd zijn laptop *mee*.
   › Deze machine **geeft** geen geld *terug*.

5. Na het *eerste deel* van het *scheidbaar werkwoord* kan een **voorzetselgroep** komen.

   › Dick *gooit* de oude kranten *weg* **in de papierbak**.
   › Zij *neemt* altijd brood voor me *mee* **van de bakker**.

6. Als het **scheidbaar werkwoord** in de o.t.t. of o.v.t. geen *persoonsvorm* is, dan staat het in zijn geheel helemaal achteraan in de zin.

   › Ik *wil* me morgen mooi **aankleden**.
   › De kosten *gaan* flink **oplopen**.
   › Dat *moet* u even **uitleggen**.

niet-scheidbaar

7. Een samengesteld werkwoord is niet scheidbaar als de **klemtoon** op het tweede deel van het werkwoord valt.

   › Hij voor**komt** dat het water wegloopt.
   › Piet door**loopt** de universiteit op zijn sloffen.

8. Werkwoorden zijn nooit scheidbaar bij de volgende voorvoegsels: **be**-, **er**-, **ge**-, **her**-, **ont**-, **ver**-.

   › Zij **belooft** op tijd te komen.
   › Hij **ontkende** de diefstal.

B2

Scheidbaar werkwoord

	o.t.t				**v.t.t**			
ik	maak	schoon	loop	weg	heb	schoongemaakt	ben	weggelopen
jij, je, u	maakt	schoon	loopt	weg	hebt	schoongemaakt	bent	weggelopen
hij, zij, het	maakt	schoon	loopt	weg	heeft	schoongemaakt	is	weggelopen
wij, we	maken	schoon	lopen	weg	hebben	schoongemaakt	zijn	weggelopen
jullie	maken	schoon	lopen	weg	hebben	schoongemaakt	zijn	weggelopen
zij, ze	maken	schoon	lopen	weg	hebben	schoongemaakt	zijn	weggelopen

	o.v.t.				**v.v.t.**			
ik, jij, u, hij, zij, het	maakte	schoon	liep	weg	had	schoongemaakt	was	weggelopen
wij, jullie, zij	maakten	schoon	liepen	weg	hadden	schoongemaakt	waren	weggelopen

vorm

1. *Werkwoorden* zijn altijd scheidbaar bij de volgende voorvoegsels: **af**-, **bij**-, **binnen**-, **mee**-, **na**-, **neer**-, **op**-, **tegen**-, **terug**-, **toe**-, **uit**-, **voort**-.

› We *spreken* morgen **af** op het pleintje bij de discotheek.
› De man *ging* voor sluitingstijd bij de bank naar **binnen**.

2. Het **werkwoordelijk deel** van het scheidbaar werkwoord wordt vervoegd als alle andere werkwoorden.

› Ik **ruimde** mijn bureau op voor ik ging koffiedrinken.
› Die leraar **geeft** heel leuk les.
› Wij **gaven** veel te veel geld uit.

3. Bij het voltooid deelwoord van een scheidbaar werkwoord staat -**ge**- tussen het eerste deel en de *stam* van het tweede deel. Daarachter staat een -**d** of een -**t**.

› We hebben de ramen af**ge***plak***t**.
› Op elke hoek van de straat werden folders uit**ge***deel***d**.

plaats

4. In de o.t.t. en de o.v.t. maak je met het **tweede deel** van het scheidbaar werkwoord de persoonsvorm. Het *eerste deel* van het scheidbaar werkwoord staat achteraan in de zin. Na het eerste deel kan een voorzetselgroep komen.

› Hij **belde** me vanochtend om zeven uur al *op*.
› Inge **kwam** al snel *bij* uit de narcose.

5. Als het **scheidbaar werkwoord** in de o.t.t. of o.v.t. geen *persoonsvorm* is, dan staat het in zijn geheel helemaal achteraan in de zin.

› Ik *moet* nog verschillende dingen **opschrijven**.
› Lies *wil* nog voor de zomer vijf kilo **afvallen**.

6. Staat in de zin een hulpwerkwoord met *te*, dan komt *te* tussen het **eerste** en het **tweede deel** van het scheidbaar werkwoord.

› Zij helpt je het huis **schoon** *te* **maken**.
› Menno probeert het cryptogram **op** *te* **lossen**.
› De juf zit het werk van de kinderen **na** *te* **kijken**.

7. In de bijzin zit het **eerste deel** van het scheidbaar werkwoord aan de *persoonsvorm* vast.

› Ik geloof dat hij de doos **weg***gooit*.
› Het gaat makkelijker als jullie **mee***werken*.
› Wist ze dat hij **weg***ging*?

8. Tussen het **eerste** en **tweede deel** kan een *hulpwerkwoord* of een ander werkwoord geplaatst worden. Dit komt met name voor in de spreektaal.

› De agent heeft de dief laten **opsluiten**.
› Heb je hem nog horen **weggaan**?

› De agent heeft de dief **op** *laten* **sluiten**.
› Heb je hem nog **weg** horen **gaan**?

niet-scheidbaar

9. Een samengesteld werkwoord is niet scheidbaar als de **klemtoon** op het werkwoordelijk deel valt.

› De brandweer voor**kwam** dat de brand oversloeg naar de boerderij.
› Piet door**loopt** de universiteit zonder moeite.

10. Werkwoorden zijn nooit scheidbaar bij de volgende voorvoegsels: **be-**, **er-**, **ge-**, **her-**, **ont**, **ver-**.

› Zij **be**driegt iedereen met haar engelengezicht.
› Hij **ont**kende de diefstal, hoewel die was vastgelegd met een camera.

11. Bovenstaande niet-scheidbaar samengestelde werkwoorden krijgen geen -ge- in het **voltooid deelwoord.**

› Alle inzittenden hebben het ongeluk **overleefd**.
› Gerard had alle uitslagen goed **voorspeld**.

12. Veel samengestelde werkwoorden met de klemtoon op het voorvoegsel, zijn toch onscheidbaar. Dat is bijvoorbeeld het geval als het voorvoegsel een **zelfstandig naamwoord**, een **vorm van een ander werkwoord**, een **bijwoord** of een **bijvoeglijk naamwoord** is.

› Mijn zoon **voet**balt graag.
› Ik **vries**droog de boontjes.
› Zij **stof**zuigt elke morgen.
› In zijn jeugd **vrij**buiterde hij erop los.

wel of niet scheidbaar

13. Werkwoorden met hetzelfde voorvoegsel kunnen **wel** of **niet scheidbaar** zijn. Dit hangt af van de plaats van de klemtoon. Ligt de klemtoon op het voorvoegsel, dan is het werkwoord scheidbaar. Ligt de klemtoon op het werkwoord, dan is het niet scheidbaar. Je vindt dit na de voorvoegsels aan-, door-, mis-, om-, onder-, over-, voor-, weer-.

› Hij **komt** om 12 uur **aan**.
› De jongen **aanbidt** zijn meisje.
› Ik **ga door** met mijn werk.
› Zij **doorstaat** veel tegenspoed.
› Maria **loopt** de prijs **mis** nu ze ziek is.
› Dat gedrag **misstaat** je.

14. Soms kan hetzelfde werkwoord **wel scheidbaar** of **niet-scheidbaar** zijn, afhankelijk van de klemtoon. Er is dan een verschil in betekenis.

› De dijk **breekt door**.
› Het gezoem van de bij **doorbrak** de stilte.
› Mijn broer **komt over** uit Spanje.
› Zoiets **overkomt** mij weer!
› Gerrit **loopt** de hele stad **door**.
› Betty **doorloopt** de hele cursus.

Wederkerend werkwoord

wederkerend werkwoord *reflexief verbum*

Bij **wederkerende werkwoorden** of **reflexieve verba** voert het **onderwerp** een actie uit die op het onderwerp zelf slaat.

› **Ik** herinner **me** dat niet.
› **Hij** wast **zich**.

Het wederkerend werkwoord heeft een **wederkerend voornaamwoord** bij zich.

› Zij verbaast **zich** over de nieuwe regels.
› Ik schaamde **me** verschrikkelijk.

Bij **noodzakelijk wederkerende werkwoorden** kan het *wederkerend voornaamwoord* niet worden vervangen door een *lijdend voorwerp*.

› Hij **vergist** *zich* in de straat.
› Zij **ergert** *zich* aan het lawaai.

Bij **toevallig wederkerende werkwoorden** kan in plaats van het *wederkerend voornaamwoord* een *lijdend voorwerp* worden gebruikt.

› Dave **bezeert** *zich*.
› Dave **bezeert** *zijn knie*.

Het wederkerend werkwoord krijgt in de voltooide tijd het hulpwerkwoord **hebben**.

› **Heb** jij je al gewassen?
› **Heeft** hij zich niet vergist?

Schema wederkerend werkwoord

aantonende wijs

onvoltooid tegenwoordige tijd

ik	was	me
jij	wast	je
hij	wast	zich
wij	wassen	ons
jullie	wassen	je
zij	wassen	zich

voltooid tegenwoordige tijd

heb	me	gewassen
hebt	je	gewassen
heeft	zich	gewassen
hebben	ons	gewassen
hebben	je	gewassen
hebben	zich	gewassen

onvoltooid verleden tijd

ik	waste	me
jij	waste	je
hij	waste	zich
wij	wasten	ons
jullie	wasten	je
zij	wasten	zich

voltooid verleden tijd

had	me	gewassen
had	je	gewassen
had	zich	gewassen
hadden	ons	gewassen
hadden	je	gewassen
hadden	zich	gewassen

onvoltooid tegenwoordige toekomende tijd

ik	zal	me	wassen
jij	zal	je	wassen
hij	zal	zich	wassen
wij	zullen	ons	wassen
jullie	zullen	je	wassen
zij	zullen	zich	wassen

voltooid tegenwoordige toekomende tijd

zal	me	gewassen	hebben
zal	je	gewassen	hebben
zal	zich	gewassen	hebben
zullen	ons	gewassen	hebben
zullen	je	gewassen	hebben
zullen	zich	gewassen	hebben

voorwaardelijke wijs

onvoltooid verleden toekomende tijd

ik	zou	me	wassen
jij	zou	je	wassen
hij	zou	zich	wassen
wij	zouden	ons	wassen
jullie	zouden	je	wassen
zij	zouden	zich	wassen

voltooid verleden toekomende tijd

zou	me	gewassen	hebben
zou	je	gewassen	hebben
zou	zich	gewassen	hebben
zouden	ons	gewassen	hebben
zouden	je	gewassen	hebben
zouden	zich	gewassen	hebben

gebiedende wijs

was	je!
wast	u!
wassen!	

onbepaalde wijs: tegenwoordige tijd

zich wassen

onbepaalde wijs: verleden tijd

zich hebben gewassen

tegenwoordig deelwoord

zich wassende

voltooid deelwoord

gewassen

A2

Wederkerend werkwoord

zich herinneren

ik	herinner	me
jij, je	herinnert	je
u	herinnert	zich
hij, zij, het	herinnert	zich
wij, we	herinneren	ons
jullie	herinneren	je
zij, ze	herinneren	zich

vorm

1. Het wederkerend werkwoord maak je met een **werkwoord** + *wederkerend voornaamwoord.*
   - › Ik **was** *me* elke dag met koud water.
   - › Mijn vader **scheert** *zich* met de hand.
   - › **Vergist** u *zich* niet?

2. Het werkwoord kan in elke **tijd** staan.
   - › Ik **heb me vergist**.
   - › Ik **had me vermaakt**.
   - › Zij **zal zich uitsloven**.
   - › Zij **waste zich** elke dag met koud water.

3. **Wederkerende werkwoorden** worden net zo vervoegd als alle andere werkwoorden.
   - › Hij **herinnert** zich plotseling dat hij weg moet.
   - › Mijn broer **scheert** zich elke dag.

gebruik

4. **Noodzakelijk wederkerende werkwoorden** zijn altijd wederkerend. Het wederkerend voornaamwoord hoort bij het werkwoordelijk gezegde.
   - **zich vergissen** › Ik **vergis me** in de weg.
   - **zich schamen** › Je **moet je** schamen!
   - **zich herinneren** › Hij **herinnert zich** die naam niet meer.

5. **Toevallig wederkerende werkwoorden** zijn soms wederkerend. Het wederkerend voornaamwoord heeft de functie van een *lijdend voorwerp* en kan vervangen worden door een zelfstandig naamwoord.
   - **zich wassen** › Piet **wast** *zich* met koud water.
   - **wassen** › Piet **wast** *de auto.*
   - **zich aankleden** › Daarna **kleedt** hij *zich* aan.
   - **aankleden** › Hij **kleedt** *zijn zoon* aan.

plaats voornaamwoorden

6. Het **wederkerend voornaamwoord** staat achter het werkwoord.
   - › Hij verbaast **zich** over de nieuwe regels.
   - › Ik herinner **me** niets van vroeger.

7. Bij inversie staat het **wederkerend voornaamwoord** achter het *onderwerp.*
   - › Herinner *jij* **je** nog hoe hij heet?
   - › Gisteren heeft *hij* **zich** niet geschoren.

8. In de bijzin staat het **wederkerend voornaamwoord** vlak na het *onderwerp.*
   - › Ik weet dat *hij* **zich** gisteren geschoren heeft.

Onpersoonlijk werkwoord

onpersoonlijke werkwoord

Onpersoonlijke werkwoorden hebben **het** als onderwerp.

altijd onpersoonlijke werkwoorden	werkwoorden die een natuurverschijnsel weergeven	› Het **regent** een beetje. › Het **waait** erg hard. › Het heeft de hele nacht **gesneeuwd**. › Langs de kust heeft het **gestormd**.	
soms onpersoonlijke werkwoorden	**worden** of **zijn** met een tijdsaanduiding	› Het is **vijf uur**. › Het wordt **winter**.	
	zijn, **worden** of **blijven** met een natuurverschijnsel, omstandigheid	› Het wordt **vloed**. › Het blijft voorlopig zo **warm**. › Het is verschrikkelijk **vies** hier.	
	andere werkwoorden	**onpersoonlijk** › Het **waait** niet. › Het **tocht** hier.	**persoonlijk** › Zijn hoed **waait** van zijn hoofd. › Die ramen **tochten**.

A1

Onpersoonlijk werkwoord

gebruik

1.	**Onpersoonlijke werkwoorden** kunnen alleen *het* als onderwerp hebben.	› **Het regent** al de hele dag.
2.	Werkwoorden die met het weer te maken hebben zijn (bijna) altijd onpersoonlijk.	› het sneeuwt › het mist › het regent › het onweert
3.	De werkwoorden **blijven, worden, zijn** zijn in sommige verbindingen onpersoonlijk.	› In de herfst *blijft* **het** soms dagen achter elkaar regenen. › **Het** *wordt* nu toch echt lente. › **Het** *is* twaalf uur.
4.	Sommige werkwoorden kun je *persoonlijk* of **onpersoonlijk** gebruiken.	› Het **waait** hard. › De blaadjes *waaien* van de bomen.

Lijdende vorm

lijdende vorm *passieve vorm*

In de lijdende vorm staat een handeling centraal.

› Er wordt een tentoonstelling gehouden over dit onderwerp.

De lijdende vorm gebruik je als de nadruk op de handeling of situatie ligt.

› Het voorstel werd met algemene stemmen aangenomen.

vorm

De **lijdende** of **passieve vorm** maak je met het hulpwerkwoord **worden**.

› Hij **wordt** door de dokter onderzocht.

De **voltooide tijd van de lijdende vorm** krijgt altijd het hulpwerkwoord **zijn**.

› Het onderzoek **is** door een arts **uitgevoerd**.

In de voltooide tijd van de lijdende vorm vervalt het voltooid deelwoord van *worden*.

› Ik ben door de dokter onderzocht ~~geworden~~.

gebruik

Het **lijdend voorwerp** van de actieve zin wordt **onderwerp** in de lijdende zin.

› Het bestuur neemt **het voorstel** aan.

› **Het voorstel** wordt door het bestuur aangenomen.

Het **onderwerp** uit de actieve zin zet je in de lijdende zin achter **door** of je laat het weg.

› **Het bestuur** heeft het voorstel aangenomen.

› Het voorstel is **door** het bestuur aangenomen.
› Het voorstel is aangenomen.

Alle overgankelijke werkwoorden kunnen in de **lijdende vorm** staan.

› De kapper knipt mijn haar.

› Mijn haar **wordt** door de kapper **geknipt**.

Ook bepaalde **onovergankelijke werkwoorden** kunnen in de lijdende vorm staan. Het zijn dan altijd onpersoonlijke zinnen die *er* als onderwerp hebben.

› Vanwege Koninginnedag **wordt** *er* vandaag niet **gewerkt**.
› *Er* **is** vanmorgen voor je **gebeld** door ene Berendsen.

Een **verplicht wederkerend werkwoord** heeft geen passieve vorm.

› Ik heb **me vergist**.
› Het kind **gedraagt zich** heel netjes.

Schema lijdende vorm

aantonende wijs

onvoltooid tegenwoordige tijd

ik	word	geknipt
jij, je, u	wordt	geknipt
hij, zij	wordt	geknipt
wij, we	worden	geknipt
jullie	worden	geknipt
zij, ze	worden	geknipt

voltooid tegenwoordige tijd

ik	ben	geknipt
jij, je, u	bent	geknipt
hij, zij	is	geknipt
wij, we	zijn	geknipt
jullie	zijn	geknipt
zij, ze	zijn	geknipt

onvoltooid verleden tijd

ik	werd	geknipt
jij, je, u	werd	geknipt
hij, zij	werd	geknipt
wij, we	werden	geknipt
jullie	werden	geknipt
zij, ze	werden	geknipt

voltooid verleden tijd

ik	was	geknipt
jij, je, u	was	geknipt
hij, zij	was	geknipt
wij, we	waren	geknipt
jullie	waren	geknipt
zij, ze	waren	geknipt

onv. tegenwoordige toekomende tijd

ik	zal	geknipt	worden
jij, je, u	zal	geknipt	worden
hij, zij	zal	geknipt	worden
wij, we	zullen	geknipt	worden
jullie	zullen	geknipt	worden
zij, ze	zullen	geknipt	worden

voltooid tegenwoordige toekomende tijd

ik	zal	geknipt	zijn
jij, je, u	zal	geknipt	zijn
hij, zij	zal	geknipt	zijn
wij, we	zullen	geknipt	zijn
jullie	zullen	geknipt	zijn
zij, ze	zullen	geknipt	zijn

voorwaardelijke wijs

onvoltooid verleden toekomende tijd

ik	zou	geknipt	worden
jij, je, u	zou	geknipt	worden
hij, zij	zou	geknipt	worden
wij, we	zouden	geknipt	worden
jullie	zouden	geknipt	worden
zij, ze	zouden	geknipt	worden

voltooid verleden toekomende tijd

ik	zou	geknipt	zijn
jij, je, u	zou	geknipt	zijn
hij, zij	zou	geknipt	zijn
wij, we	zouden	geknipt	zijn
jullie	zouden	geknipt	zijn
zij, ze	zouden	geknipt	zijn

B2

Lijdende vorm

	o.t.t.		o.v.t		v.t.t.		v.v.t.	
ik	word	geknipt	werd	geknipt	ben	geknipt	was	geknipt
jij, je, u	wordt	geknipt	werd	geknipt	ben	geknipt	was	geknipt
hij, zij	wordt	geknipt	werd	geknipt	ben	geknipt	was	geknipt
wij, we	worden	geknipt	werden	geknipt	zijn	geknipt	waren	geknipt
jullie	worden	geknipt	werden	geknipt	zijn	geknipt	waren	geknipt
zij, ze	worden	geknipt	werden	geknipt	zijn	geknipt	waren	geknipt

	o.t.t.t.				v.t.t.t.		
ik	zal	geknipt	worden	**ik**	zal	geknipt	zijn
jij, je, u	zal	geknipt	worden	**jij, je, u**	zal	geknipt	zijn
hij, zij,	zal	geknipt	worden	**hij, zij,**	zal	geknipt	zijn
wij, we	zullen	geknipt	worden	**wij, we**	zullen	geknipt	zijn
jullie	zullen	geknipt	worden	**jullie**	zullen	geknipt	zijn
zij, ze	zullen	geknipt	worden	**zij, ze**	zullen	geknipt	zijn

vorm

1. Een actieve zin maak je lijdend door het **lijdend voorwerp** *onderwerp* te maken.
   - › Deze kapper knipt al twintig jaar **mijn haar**.
   - › *Mijn haar* wordt al twintig jaar door deze kapper geknipt.

2. In de onvoltooide tijd is **worden** het hulpwerkwoord van de lijdende vorm.
   - › Mijn haar **wordt** al twintig jaar door deze kapper geknipt.
   - › Mijn haar **werd** al die jaren door deze kapper geknipt.

3. In de voltooide tijd is **zijn** het hulpwerkwoord van de lijdende vorm. Het voltooide deelwoord *geworden* vervalt.
   - › Mijn haar **is** twintig jaar lang door deze kapper geknipt *geworden*.

4. In de **o.t.t.t.** en de **o.v.t.t.** van de lijdende vorm wordt een vorm van *zullen* gebruikt als persoonsvorm.
   - › Mijn haar *zal* door deze kapper **geknipt worden**.
   - › Mijn haar *zou* door deze kapper **geknipt worden**.

5. In de o.t.t.t. en de o.v.t.t. van de lijdende vorm staat de infinitief **worden** vaak na het voltooid deelwoord, maar deze mag er ook vóór staan.
   - › Mijn haar zal geknipt **worden** door deze kapper.
   - › Mijn haar zal **worden** geknipt door deze kapper.

6. In de **v.t.t.t.** en de **v.v.t.t.** gebruik je het hulpwerkwoord **zijn** in de infinitief.
   - › Om drie uur zou de auto gerepareerd **zijn**, maar we hebben nog een uur gewacht.

7. Je gebruikt de **v.t.t.t.** en de **v.v.t.t.** van de lijdende vorm als je verwacht dat een handeling of actie in de toekomst klaar is (v.t.t.t.) of als deze in het verleden niet gerealiseerd is (v.v.t.t.).
   - › Om negen uur zal mijn bureau **opgeruimd zijn**.
   - › Om negen uur zou mijn bureau **opgeruimd zijn**, maar de schoonmaakster was ziek.

8. Het **hoofdwerkwoord** in een passieve zin in de v.t.t.t. en de v.v.t.t. staat in de vorm van een **voltooid deelwoord**.
   - › De film zal pas om half twaalf **afgelopen** zijn.
   - › Die brug zou nog dit najaar **gebouwd** zijn, maar dat is niet gelukt.

B2

zonder 'door'

9. Je gebruikt de lijdende vorm als het onduidelijk of onbekend is wie de handelende persoon is.

› Vanmiddag is het kantoor van de krant opgeblazen.
› Voor vanavond zijn nog veel meer sneeuwbuien voorspeld.

10. Soms wordt de handelende persoon bewust weggelaten uit bescheidenheid of beleefdheid. In de actieve zin zou **ik** of **wij** het onderwerp zijn.

actief	**passief**
› **Ik** nodig u uit voor de tentoonstelling over de Afrikaanse kunst.	› U wordt uitgenodigd voor de tentoonstelling over de Afrikaanse kunst.
› **Wij** verzoeken u met de stoptrein te reizen.	› U wordt verzocht met de stoptrein te reizen.

11. Soms gebruik je de lijdende vorm in plaats van een actieve zin met **de mensen**, **men** of **ze** als handelende persoon.

› **Ze** verkopen tegenwoordig geen gloeilampen meer.
› Gloeilampen **worden** tegenwoordig niet meer verkocht.
› **Men** zegt dat met de euro alles veel duurder is dan met de gulden.
› Er **wordt** gezegd dat met de euro alles veel duurder is dan met de gulden.

Bijzonderheden in de betekenis van sommige werkwoorden

bijzonderheden in de betekenis

Enkele werkwoorden zijn bijzonder in hun betekenis of in hun gebruik.

laten	› Ik heb mijn fiets **laten** maken.
houdingswerkwoorden	› Hij **zit** al uren in zijn stoel te lezen.
aan het + **infinitief**	› Ik ben een brief **aan het schrijven**.
om te + **infinitief**	› Een pen gebruik je **om te schrijven**.

bijzonderheden in de betekenis

werkwoorden zonder te	› **laten**
werkwoorden + te + infinitief	› **houdingswerkwoorden** › **om** + **te** + **infinitief**
aan het + infinitief	› **aan het** + **infinitief**

A2

Bijzonderheden in betekenis en gebruik van werkwoorden

bijzonderheden in de betekenis

werkwoorden zonder te	laten
werkwoorden + te + infinitief	om + te + infinitief
Aan het + infinitief	aan het + infinitief

laten

1. Als je een actie niet zelf uitvoert of als je een voorstel doet, gebruik je het werkwoord **laten**.
   - › Ik **laat** de wasmachine maken.
   - › **Laten** we naar Polen op vakantie gaan.

2. Na *laten* komt dan nóg een werkwoord, dat in de infinitief staat. Dit **werkwoord** staat meestal achteraan in de zin. Vóór het tweede werkwoord staat geen *te*. Na het tweede werkwoord kan een *voorzetselgroep* komen.
   - › Ik laat pizza **halen** *bij het restaurant.*
   - › Mijn ouders laten een huis **bouwen** *op Texel.*
   - › Piet laat zijn auto **wassen** *door zijn zoon.*

om te + infinitief

3. **Om te + infinitief** gebruik je om een doel of een reden aan te duiden.
   - › Ik ga naar de bank **om** geld **te halen**.
   - › Ik ben gekomen **om te zeggen** dat ik in verwachting ben.

andere werkwoorden + te

4. Na veel werkwoorden komt aan het eind van de zin **te + heel werkwoord**.
   - › Ik begin het **te geloven**.
   - › Hij belooft me **te helpen**.
   - › Piet besluit naar huis **te gaan**.

5. Het hele werkwoord kan gevolgd worden door een **voorzetselgroep**.
   - › Je moet nadenken **over je toekomst**.
   - › Ik vrees te laat te komen **voor de les**.

aan het + infinitief

6. **Aan het + heel werkwoord** gebruik je voor een actie die nu gebeurt en een tijdje duurt of voor een actie in het verleden die een tijdje geduurd heeft.
   - › Riet is een goed boek **aan het lezen**.
   - › Jan was gisteren een e-mail naar zijn moeder **aan het schrijven**.

Bijzonderheden in betekenis en gebruik van werkwoorden

B1

bijzonderheden in de betekenis	
werkwoorden zonder te	laten
werkwoorden + te + infinitief	houdingswerkwoorden om + te + infinitief
aan het + infinitief	aan het + infinitief

laten

1. Als je een actie niet zelf uitvoert of als je een voorstel doet, gebruik je het werkwoord **laten**. Na *laten* komt dan nóg een werkwoord, dat in de infinitief staat. Dit **werkwoord** staat meestal achteraan in de zin. Vóór het tweede werkwoord staat geen *te*. Na het tweede werkwoord kan een *voorzetselgroep* komen.

   › Ik **laat** de wasmachine altijd *repareren* door dezelfde monteur.
   › **Laten** we naar het strand *gaan*!
   › Piet **laat** zijn collega *zien* hoe de apparatuur werkt.

2. **Laten** kan verschillende betekenissen hebben.

iets niet zelf doen	› Ze **laat** mij haar kamer opruimen.
toelaten, niet verbieden	› Hij **laat** mij de wijn proeven.
de gelegenheid geven	› Ik **laat** u de auto zien.
een toestand laten voortduren	› **Laat** haar maar lezen.
veroorzaken, ervoor zorgen dat	› Ze **laat** het kopje vallen.
een voorstel doen	› **Laten** we gaan dansen!
verbazing uitdrukken	› **Laten** we nu dat huis krijgen!
iets zeer dringend wensen	› **Laat** het vliegtuig alsjeblieft niet neerstorten!

3. Het werkwoord **laten** is dwingender dan **zullen** bij het doen van een voorstel.

   › **Laten** we dat werk op deze manier doen.
   › **Zullen** we na het werk nog even iets gaan drinken?

houdingswerkwoorden + te + infinitief

4. **Houdingswerkwoorden** + *te* + *infinitief* geven aan dat de actie aan de gang is. Na de *infinitief* kan nog een voorzetselgroep komen.

   › De jongens **zitten** al de hele middag *te spelen* aan de tafel.
   › Jan **ligt** al uren een spannend boek *te lezen*.

5. Er kunnen *andere woorden* staan tussen de **houdingswerkwoorden** en **te**.

   › De man **staat** *een sigaret* **te** roken voor het café.

6. **Te** gebruik je niet als **staan**, **zitten**, **liggen** en **lopen** zelf infinitief zijn.

   › Ze gaat buiten in de kou **staan** roken.
   › Voor hij naar bed ging, heeft hij nog even **zitten** lezen.
   › Maria heeft uren **liggen** lezen in bed.

B1

andere werkwoorden + te

7. Na veel **werkwoorden** komt aan het eind van de zin **te** + **infinitief**. De infinitief kan gevolgd worden door een *voorzetselgroep*.
   - › Hij **belooft** al weken me **te helpen** *bij deze klus*, maar er komt niets van.
   - › Het verwijderen van asbest **dient te gebeuren** *volgens de voorschriften*.

8. Bij de hulpwerkwoorden **(be)horen**, **dienen**, **durven**, **hoeven**, **komen** en **weten** in de voltooide tijd, kan *te* soms tussen de twee **infinitieven** staan.
   - › Je had het hem **horen** *te* **vertellen**.
   - › Hij heeft het hem niet **durven** (*te*) **zeggen**.

om te + infinitief

9. **Om te** + **infinitief** gebruik je om een doel of een reden aan te duiden.
   - › Ik ga naar de bank **om** geld **te halen**.
   - › Ik gebruik de computer vooral **om** brieven **te schrijven**.

10. *Om te* + *infinitief* kun je gebruiken na **te** + **een bijvoeglijk naamwoord.**
    - › Zij is **te slim** *om* daar *in te geloven*.
    - › De berg is veel **te gevaarlijk** *om* zonder touwen *te beklimmen*.

11. Sommige hulpwerkwoorden komen voor met *te* + *infinitief*, maar kunnen ook zelfstandig gebruikt worden zonder te + infinitief. Het gaat om **werkwoorden** die een actie uitdrukken.

› Het werk **begint** elke ochtend om 9 uur.	› Het begint *te komen* dat ik er iets van snap.
› Ze **beloofde** hem gouden bergen.	› Ze beloofde hem morgen *te komen*.
› Ze **probeerde** de nieuwe auto.	› Ze probeerde op tijd *te zijn* voor het feest.
› Piet **weigert** de promotie die hem is toegekend.	› Piet weigert weg *te gaan* uit zijn geboortestad.

12. Bij de werkwoorden **durven**, **hoeven** en **liggen** kun je *te* gebruiken. In de voltooide tijd valt *te* weg.
    - › Ik **durf** niet tegen mijn ex *te* zeggen dat ik zwanger ben.
    - › Ik heb niet tegen mijn ex **durven** zeggen dat ik zwanger ben.

infinitief zonder te

13. **Blijven, doen, gaan, helpen, horen, komen, kunnen, laten, leren, moeten, mogen, voelen, willen, zien, zullen** gebruik je vaak met een *ander werkwoord*. Er komt dan geen *te* bij.
    - › Ik **blijf** je altijd door dik en dun *steunen*.
    - › Dat **doet** me altijd weer *denken* aan toen.
    - › Hij **gaat** volgende week naar Weesp *fietsen*.
    - › Piet **hoort** me dagelijks *zingen*.

14. **Blijven, doen, gaan, helpen, horen, komen, kunnen, laten, leren, moeten, mogen, voelen, willen, zien, zullen** krijgen in de **v.t.t.** in plaats van een voltooid deelwoord een infinitief. Ze krijgen het *hulpwerkwoord* van het werkwoord dat in de o.t.t. de **persoonsvorm** was.

o.t.t.	v.t.t.
› Ik **blijf** ondanks de hoofdpijn mijn huiswerk maken	› Ik *ben* ondanks de hoofdpijn mijn huiswerk **blijven** maken.
› Dit liedje **doet** me denken aan vroeger toen alles nog goed was.	› Dit liedje *heeft* me **doen** denken aan vroeger toen alles nog goed was.
› Ik **ga** straks samen met een buurvrouw naar het centrum lopen.	› Ik *ben* net samen met een buurvrouw naar het centrum **gaan** lopen.

aan het + infinitief

15. **Aan het + heel werkwoord** gebruik je voor een actie die nu gebeurt en een tijdje duurt of voor een actie in het verleden die een tijdje geduurd heeft.

> De directie is al uren **aan het vergaderen.**
> Jan was gisteren een lange brief naar zijn opa **aan het schrijven.**

Werkwoorden met een vast voorzetsel

aandacht vestigen op
aandeel hebben aan
aandeel hebben in
aandringen bij
aandringen op
aanleiding geven tot
aanmerken op
aanmoedigen tot
zich aanpassen aan
aansporen tot
aanvangen met
aanzetten tot
aarden naar
zich abonneren op
afbrengen van
afgaan op
afgeven op
afhangen van
afhelpen van
afhouden van
afkomen op
afleiden uit
afrekenen met
afstammen van
afstappen van
(zich) afzetten tegen
afzien van
antwoorden op
azen op
baseren op
beantwoorden aan
bedanken voor
zich bedienen van
beginnen aan
beginnen met
behoren aan
behoren bij
bekeren tot
bekronen met
belangstellen in
belasten met
zich bemoeien met
benoemen tot
zich beroemen op
berusten bij
berusten in
berusten op
beschikken over
beschuldigen van
besluiten tot
bestaan uit
betichten van
betrappen op
betrekken bij
betrekken in
bevallen van
beveiligen tegen
bevrijden van
bewegen tot
bezuinigen op
bezwijken aan
bezwijken onder
bezwijken voor
bidden tot
bijdragen aan
bijdragen tot
bogen op
breken met
concluderen uit
condoleren met
deelnemen aan
delen door
delen in
denken aan
denken om
denken over
dienen met
dienen tot
dingen naar
doelen op
doordringen van
doorgaan met
dromen over
dromen van
duiden op
dwepen met
dwingen tot
eindigen met
eindigen op
zich ergeren aan
feliciteren met
geloven aan
geloven in
gelukwensen met
genieten van
geven om
gewennen aan
gissen naar
gluren naar
gokken op
zich gooien op
grenzen aan
gronden op
haperen aan
zich hechten aan
herinneren aan
zich hoeden voor
hopen op
zich houden aan
houden van
huilen om
hunkeren naar
informeren naar
ingaan op
zich inlaten met
instaan voor
zich instellen op
intekenen op
zich interesseren voor
kampen met
kennismaken met
kijken naar
krioelen van
zich kwijten van
lachen om
zich lenen tot
zich lenen voor
lijden aan
lijden onder
lijken op
losbarsten in
luisteren naar
mankeren aan
meedingen naar
meedoen aan
meedoen met
neerkomen op
zich neerleggen bij
neigen tot
noodzaken tot
nopen tot
onderdoen voor
onderwerpen aan
ontbreken aan
zich ontfermen over
ontgroeien aan
ontheffen van
zich onthouden van
ontkomen aan
ontlenen aan
ontslaan van
ontsnappen aan
ontstaan uit
zich onttrekken aan
zich opdringen aan
opgaan in
ophouden met
opkomen voor
opmaken uit
opwegen tegen
opwekken tot
opzien tegen
overgaan tot
overhalen om
overtuigen van
passen bij
passen op
pochen op
profiteren van
raden naar
reageren op
redden uit
redden van
refereren aan
rekenen op
(zich) richten naar
ruiken naar
zich schamen over
zich schamen voor
scheiden van
schelden op
schelen aan
schelen in
schelen met
schieten op
zich schikken in
zich schikken naar
schorten aan
schrikken van
slaan op
slagen in
slagen voor
smachten naar
smaken naar
smeken om
snakken naar
solliciteren naar
zich specialiseren in
zich spitsen op
spotten met
staan op
staren naar
stemmen op
stemmen tot
sterven aan
steunen op
stikken in
stikken van
stoelen op
stoppen met
zich storten op
strekken tot
streven naar
strijden met
strijden tegen
terugkomen op
terugkomen van
toelaten tot
zich toeleggen op
toevoegen aan
toezien op
tornen aan
trakteren op
treuren om

trouwen met
twijfelen aan
uitbarsten in
uitgaan van
zich uitgeven voor
uitkijken naar
uitkijken op
uitkijken voor
uitkomen op
uitlopen op
uitzien naar
vechten met
vechten tegen
verdenken van
zich verdiepen in
zich vergapen aan
vergelijken met
zich vergenoegen met
zich vergewissen van
zich vergissen in
zich verheugen in
zich verheugen op
zich verheugen over
zich verhouden tot
zich verkijken op
verlangen naar
zich verlaten op
verleiden tot
verliezen van
verlossen van
zich verlustigen in
veroordelen tot
verschillen met
verschillen van
zich verslingeren aan
verstoken van
vertrouwen op
vervaardigen uit
vervaardigen van
vervreemden van
verwijzen naar
verwittigen van
zich verzadigen aan
verzoeken om
(zich) verzoenen met
vluchten voor
voelen voor
voldoen aan
volharden in
volstaan met
voorafgaan aan
zich voorbereiden op
voortgaan met
voortkomen uit
voortvloeien uit
vooruitlopen op
voorzien in
voorzien van
vragen naar
vragen om
vrijspreken van
vrijstellen van
waarschuwen voor
waarschuwen tegen
wachten op
zich wachten voor
zich wagen aan
waken over
waken voor
walgen van
wanhopen aan
wedden om
wedijveren met
wemelen van
zich wenden naar
zich wenden tot
wennen aan
zich werpen op
zich wijden aan
wijken voor
wijten aan
wijzen naar
wijzen op
winnen aan
winnen van
worstelen met
zegevieren over
zinnen op
zinspelen op
zoeken naar
zorgen voor
zuiveren van
zweren bij
zwichten voor

Deel III

Zinsbouw

Zinsdelen

zinsdelen

Een zin bestaat uit twee of meer zinsdelen.

werkwoordelijk gezegde	persoonsvorm (+ ander werkwoord)	› Ik **geef** een appel aan Piet. › Ik **heb** een appel aan Piet **gegeven**.
naamwoordelijk gezegde	persoonsvorm + naamwoord	› De appel **is rood**.
onderwerp		› **Ik** heb een appel aan Piet gegeven.
lijdend voorwerp		› Ik heb **een appel** aan Piet gegeven.
meewerkend voorwerp		› Ik heb een appel **aan Piet** gegeven.
voorzetselvoorwerp		› Ik verlang **naar een appel**.
bepaling	van tijd	› Ik heb **vanmorgen** een appel aan Piet gegeven.
	van plaats	› Ik heb **op straat** een appel aan Piet gegeven.

Zin

zin

Een zin is:	enkelvoudig	hoofdzin	› Wij eten vanavond pizza. › Ik moet vanavond werken.
	samengesteld	hoofdzin + *hoofdzin*	› Gitta gaat naar huis *en ze gaat koken.*
		hoofd + bijzin	› Ik denk *dat we morgen gaan wandelen.*
Een samengestelde zin is:	*nevenschikkend* (de zin achter het voegwoord is gelijkwaardig aan de zin vóór het voegwoord)	Het voegwoord is **en, maar, of, want**, enz.	› Wil je naar zee *of wil je naar het zwembad*?
	onderschikkend (afhankelijk van de hoofdzin)	Het voegwoord is **dat, omdat, of, doordat, voordat, zodat, als**, enz.	› Ik was te laat *omdat de bus* niet reed. › Ik weet *dat hij van zeilen houdt.*

Gewone zin

A1

onderwerp **1e plaats**	**persoonsvorm** **2e plaats**
Piet	eet.
Jan en Piet	eten.

onderwerp en persoonsvorm

1. Elke zin heeft een *onderwerp* en een **persoonsvorm.**

   › *De man* **werkt**.

2. Het **onderwerp** vind je door te vragen: wie doet het?

   › **Het kind** speelt.

3. De **persoonsvorm** is het werkwoord dat bij het *onderwerp* past. Is het onderwerp meervoud, dan is ook de persoonsvorm meervoud.

   › De man **werkt**. › De mannen **werken**.
   › Het kind **speelt**. › De kinderen **spelen**.
   › De hond **blaft**. › De honden **blaffen**.
   › De boot **vaart**. › De boten **varen**.

A2

Gewone zin: algemeen

	onderwerp 1e plaats	persoonsvorm 2e plaats	tijd 3e plaats	lijd.vw. 4e plaats	plaats 5e plaats	2e ww. 6e plaats
o.t.t.	Piet	eet	om 12 uur	een appel.		
	Piet	eet	straks	een appel	in de klas.	
	Piet en Jan	eten	om twaalf uur	een appel	in de klas.	
v.t.t.	Piet	heeft	om 12 uur	een appel	in de klas	gegeten.

gewone zin

1.	Elke zin heeft een *onderwerp* en een **persoonsvorm.** Het *onderwerp* en de **persoonsvorm** staan vaak naast elkaar.	› *De auto* **rijdt** hard.
2.	Het **onderwerp** vind je door te vragen: wie of wat doet het of is het?	› **De zon** schijnt. › **De lucht** is blauw.
3.	De **persoonsvorm** is het werkwoord dat bij het *onderwerp* moet passen. Is het onderwerp meervoud, dan is ook de persoonsvorm meervoud.	› *Jij* **leeft** gezond. › *Vader en oom Kees* **fietsen** heel hard. › Het boek **staat** in de kast.
4.	De persoonsvorm staat in de gewone zin altijd op **de tweede** plaats.	› *Zij* **drinkt** graag koffie. › Koffie **drinkt** zij graag.
5.	Het **onderwerp** staat op de eerste of op de derde plaats.	› **De zusjes** gaan naar de markt. › Onder de tafel ligt **het kleed.**
6.	Soms staat er een **tijd** in de zin. De tijd staat vaak ná de *persoonsvorm* en vóór het *lijdend voorwerp*. Je vindt de tijd door te vragen: wanneer?	› De man *koopt* om **12 uur** *een broodje.* › Vader *werkt* **tot 5 uur**. › Miriam *komt* **morgen**.
7.	Veel werkwoorden hebben een **lijdend voorwerp** bij zich. Het lijdend voorwerp vind je door te vragen: wat + persoonsvorm + onderwerp. Het lijdend voorwerp staat meestal ná de *tijd*.	› Wat doet zij? De was. › Zij doet *straks* **de was.** › Wat leest Sander? Zijn e-mail. › Sander leest *'s avonds* **zijn e-mail.** › Wat maakt Kees? Een wandeling. › Kees maakt *elke dag* **een wandeling**.
8.	Soms staat er een **plaats** in de zin. De plaats staat vlak ná het *lijdend voorwerp.* Je vindt hem door te vragen: waar?	› Ank vindt *een euro* **op straat.** › Hij koopt *een brood* **bij de bakker.** › Anna leest *de krant* **op de bank.**
9.	Soms staat er een **tweede werkwoord** in de zin. Dit werkwoord staat meestal achteraan in de zin, ná de *plaats*.	› Lise heeft de tent *in de tuin* **opgezet.** › Zij heeft haar fiets *tegen het hek* **gezet.** › John wilde *in het bos* **fietsen.**

Gewone zin: voorzetselgroep

onderwerp	persoonsvorm	lijdend vw.	2e ww.	voorzetselgroep
1e plaats	**2e plaats**	**3e plaats**	**4e plaats**	**5e plaats**
Piet	heeft	een appel	gegeten	in de klas.

gewone zin

1.	Het *onderwerp* en de **persoonsvorm** staan vaak naast elkaar. Het onderwerp staat op de *eerste plaats.*	› *De kast* **staat** naast het bureau. › *De hond* **ligt** in zijn mand.
2.	De **persoonsvorm** staat in de gewone zin altijd op **de tweede** plaats.	› Piet **heeft** een appel gegeten. › Piet **eet** een appel in de klas.
3.	Overgankelijke werkwoorden hebben een **lijdend voorwerp** bij zich. Het lijdend voorwerp vind je door te vragen: wat + persoonsvorm (+ ander werkwoord) + onderwerp.	› Wat eet Piet? › Piet eet **een appel.** › Wat heeft Piet gegeten? › Piet heeft **een appel** gegeten.
4.	Een **voorzetselgroep** is een zinsdeel dat begint met een voorzetsel. Een **voorzetselgroep** kan na het *tweede werkwoord* komen. De voorzetselgroep is meestal een plaatsbepaling en mag dan ook vóór het *tweede werkwoord staan.*	› Ank heeft een euro *gevonden* **op straat.** › Hij heeft een brood *gekocht* **bij de bakker**. › Ank heeft een euro **op straat** *gevonden.* › Hij heeft een brood **bij de bakker** *gekocht.*

A2

Gewone zin: meewerkend voorwerp

met voorzetsel

onderwerp	**persoonsvorm**	**tijd**	**plaats**	**lijdend vw.**	**meew.vw.**
1e plaats	**2e plaats**	**3e plaats**	**4e plaats**	**5e plaats**	**6e plaats**
Piet	geeft	straks	in de klas	een appel	aan Lies.

zonder voorzetsel

onderwerp	**persoonsvorm**	**meew.vw.**	**tijd**	**lijdend vw.**	**plaats**
1e plaats	**2e plaats**	**3e plaats**	**4e plaats**	**5e plaats**	**6e plaats**
Piet	geeft	Lies	straks	een appel	in de klas.

gewone zin

1. Het *onderwerp* en de **persoonsvorm** staan vaak naast elkaar. Het onderwerp staat op de *eerste plaats.*

› *Piet* **geeft** Lies straks een appel in de klas.
› *Karel* **koopt** voer voor de vogeltjes.

2. De **persoonsvorm** staat in de gewone zin altijd op **de tweede** plaats.

› Maria **loopt** op straat.

3. Overgankelijk werkwoorden hebben een **lijdend voorwerp** bij zich. Het lijdend voorwerp vind je door te vragen: wat + persoonsvorm + onderwerp. Het lijdend voorwerp staat meestal ná de *tijd.*

› Wat lezen wij? › Wij lezen *'s ochtends* **de krant**.
› Wat hebben wij gelezen? › Wij hebben *net* **de krant** gelezen.

4. Bij sommige werkwoorden staat een **meewerkend voorwerp** in de zin. Dit kan mét of zonder voorzetsel voorkomen. Heeft het meewerkend voorwerp een voorzetsel, dan staat het meestal ná de *plaats* en het lijdend voorwerp.

› Piet geeft straks *in de klas* een appel **aan Lies.**
› Lia stuurt *vanuit de trein* een sms **aan Karel.**

5. Zonder voorzetsel staat het **meewerkend voorwerp** ná de *persoonsvorm.* De andere zinsdelen komen een plaats verder.

› Piet *geeft* **Lies** straks een appel in de klas.
› Lia *stuurt* **Karel** vanuit de trein een sms.

Gewone zin: inversie

tijd	persoonsvorm	onderwerp	lijdend vw.	plaats	2e werkwoord
1e plaats	2e plaats	3e plaats	4e plaats	5e plaats	6e plaats
Gisteren	heeft	Piet	een appel	in de klas	gegeten.

inversie

1.	Soms staat in plaats van het onderwerp een ander zinsdeel op de **eerste plaats**.	› **Gisteren** heeft Piet een appel in de klas gegeten. › **Op de tafel** staan twee kopjes.
2.	De **persoonsvorm** staat in de gewone zin altijd op **de tweede plaats**.	› Gisteren **heeft** Piet een appel in de klas gegeten. › Op de tafel **staan** twee kopjes.
3.	Het *onderwerp* en de **persoonsvorm** staan vaak naast elkaar. Als op de eerste plaats een ander zinsdeel staat, dan moet het onderwerp naar de *derde plaats*. Dit noem je **inversie**.	› Gisteren **heeft** *Piet* een appel in de klas gegeten. › Op de tafel **staan** *twee kopjes.*
4.	Het **lijdend voorwerp** staat meestal op de **vierde plaats**.	› Onderweg hebben we **een broodje** gegeten. › Morgen ga ik **een wandeling** maken.
5.	De **plaats** staat meestal op de **vijfde plaats.**	› Onderweg hebben we een broodje **in een wegrestaurant** gegeten. › Morgen ga ik een wandeling **langs het strand** maken.
6.	Het **tweede werkwoord** staat meestal op de **zesde plaats**.	› Onderweg hebben we een broodje in een wegrestaurant **gegeten.** › Morgen ga ik een wandeling langs het strand **maken**.

A2

Vraagzin

persoonsvorm 1e plaats	onderwerp 2e plaats	tijd 3e plaats	lijdend vw. 4e plaats	plaats 5e plaats	2e ww. 6e plaats
Heeft	Piet	gisteren	een appel	in de klas	gegeten?

vraagwoord 1e plaats	persoonsvorm 2e plaats	onderwerp 3e plaats	tijd 4e plaats	plaats 5e plaats	andere ww. 6e plaats
Wat	heeft	Piet	gisteren	in de klas	gegeten?

vraagzin zonder vraagwoord

1. De vraagzin zonder vraagwoord maak je door de **persoonsvorm** op de eerste plaats te zetten.
   > Piet **eet** een appel. > **Eet** Piet een appel?
   > Het kind **speelt** met de bal. > **Speelt** het kind met de bal?
   > Sander **leest** zijn e-mail. > **Leest** Sander zijn e-mail?

2. Het *onderwerp* komt dan ná de **persoonsvorm** (inversie).
   > **Eet** *Piet* een appel?
   > **Speelt** *het kind* met de bal?
   > **Leest** *Sander* zijn e-mail?

3. De andere zinsdelen blijven op hun plaats.
   > *Piet heeft* gisteren een appel in de klas gegeten.
   > Heeft Piet gisteren een appel in de klas gegeten?
   > Sander leest 's ochtends zijn e-mail.
   > Leest Sander 's ochtends zijn e-mail?

vraagzin met vraagwoord

4. In de vraagzin met een vraagwoord staat het **vraagwoord** op de eerste plaats.
   > **Wat** heeft Piet gisteren in de klas gegeten?
   > **Waar** hebben wij onderweg een broodje gegeten?

5. De **persoonsvorm** staat op de tweede plaats.
   > Wat **heeft** Piet gisteren in de klas gegeten?
   > Waar **hebben** wij onderweg een broodje gegeten?

6. Het **onderwerp** staat ná de *persoonsvorm.*
   > Wat *heeft* **Piet** gisteren in de klas gegeten?
   > Waar *hebben* **wij** onderweg een broodje gegeten?

7. De andere zinsdelen komen een plaats verder.
   > Wat heeft Piet gisteren in de klas gegeten?
   > Waar hebben wij onderweg een broodje gegeten?

A2

Zin in gebiedende wijs

persoonsvorm 1e plaats	onderwerp 2e plaats	rest 3e plaats
Doe	-	een jas aan!
Gaat	u	zitten!
Houden	jullie	nu op!
Ophouden	-	nu!

gebiedende zin

1. In de gebiedende wijs geef je een opdracht aan iemand.
   - › Doe een jas aan!
   - › Gaat u zitten!
   - › Houden jullie nu op!
   - › Ophouden nu!

2. De **persoonsvorm** staat op de eerste plaats.
   - › **Pak** je jas!
   - › **Gaat** u zitten!
   - › **Houden** jullie nu op!
   - › **Ophouden** nu!

3. Er is meestal geen **onderwerp** op de tweede plaats, behalve bij *u* en soms bij *jullie.*
   - › Pak - je jas!
   - › Gaat **u** zitten!
   - › Houden **jullie** nu op!
   - › Ophouden - nu!

4. Op de derde plaats kan een **ander zinsdeel** volgen, maar vaak is er geen ander zinsdeel.
   - › Pak **die tas**!
   - › Doe **de deur dicht**!
   - › Ga zitten!

B1

Samengestelde zin: hoofdzin + hoofdzin

hoofdzin			**+**	**hoofdzin**		
onderwerp	**pers.v.**	**lijd.vw.**	**voegwoord**	**onderwerp**	**pers.v.**	**lijd.vw.**
1e plaats	**2e plaats**	**3e plaats**	**tussen**	**1e plaats**	**2e plaats**	**3e plaats**
Ik	koop	een brood	en	ik	koop	kaas.

hoofdzin				**+**	**hoofdzin**		
tijd	**pers.v.**	**onderw.**	**lijd.vw.**	**voegw.**	**onderw.**	**pers.v.**	**lijd.vw.**
1e plaats	**2e plaats**	**3e plaats**	**4e plaats**	**tussen**	**1e plaats**	**2e plaats**	**3e plaats**
Straks	koop	ik	een brood	en	ik	koop	kaas.

samengestelde zin

1. Een samengestelde zin heeft meer dan één persoonsvorm. Een samengestelde zin bestaat uit: **hoofdzin** + **hoofdzin, hoofdzin** + *bijzin* of *bijzin* + **hoofdzin.**

› **Straks koop ik een brood** en **daarna koop ik kaas.**
› **Hij haalt de kip uit de oven** als *het wekkertje afgaat.*
› *Als het wekkertje afgaat,* **haalt hij de kip uit de oven.**

hoofdzin + hoofdzin

2. In beide zinnen staat het **onderwerp** op de **eerste** of **derde** plaats.

› **Ik** koop straks een brood en **ik** koop daarna kaas.
› Straks koop **ik** een brood en daarna koop **ik** kaas.

3. In beide zinnen staat de **persoonsvorm** op de tweede plaats.

› Bart **knoopt** de vuilniszak dicht en Jo **zet** hem buiten.
› Wij **knippen** de plaatjes uit en zij **plakken** ze op.

4. Tussen de zinnen staat een **nevenschikkend voegwoord**. De meest gebruikte nevenschikkende voegwoorden zijn: **en, maar, of, want**.

› Straks koop ik een brood **en** daarna koop ik kaas.
› Zij wil een auto kopen, **maar** ze heeft geen geld.
› Zullen we naar het zwembad gaan **of** zullen we naar het strand gaan?
› We nemen een paraplu mee, **want** het regent.

Samengestelde zin: hoofdzin + bijzin

hoofdzin			+	bijzin		
onderwerp 1e plaats	**pers.v. 2e plaats**	**lijd.vw. 3e plaats**	**voegw. tussen**	**onderw. 1e plaats**	**lijd.vw. 2e plaats**	**persoonsvorm 3e plaats**
Ik	koop	een broodje	omdat	ik	honger	heb.

bijzin				+	hoofdzin		
voegw. 1e plaats	**onderw.**	**lijd.vw.**	**pers.v.**		**pers.v. 2e plaats**	**onderw. 3e plaats**	**lijd.vw. 4e plaats**
Omdat	ik	honger	heb	,	koop	ik	een broodje.

hoofdzin + bijzin

1. De hoofdzin begint vaak met het *onderwerp* en heeft de **persoonsvorm** op de tweede plaats.
   > *Ik* **koop** een broodje omdat ik honger heb.
   > *Gerrit* **weet** niet of hij nog komt.
   > *U* **krijgt** uw geld terug als u de bon nog heeft.

2. Voor de bijzin staat een **onderschikkend voegwoord**. Het *onderwerp* van de bijzin staat vlak na het *voegwoord*.
   > Ik koop een broodje **omdat** *ik* honger heb.
   > Opa zegt **dat** *hij* kan toveren.
   > Wij gaan morgen vliegeren **als** *het* waait.

3. De **persoonsvorm** staat achteraan in de zin. Soms komt er een *tweede werkwoord* achter de persoonsvorm.
   > Iedereen bleef staan toen het alarm **afging**.
   > De weg is afgesloten omdat er een ongeluk **is** *gebeurd*.

bijzin + hoofdzin

4. Als de bijzin vóór de hoofdzin staat, begint de zin met een **onderschikkend voegwoord**.
   > **Omdat** ik honger heb, koop ik een broodje.
   > **Toen** hij klein was, wilde Gerrit altijd piloot worden.
   > **Ondanks** het slechte weer gingen we toch naar de markt.

5. De **bijzin** staat in zijn geheel op de eerste plaats en eindigt met een *komma*. Als in de bijzin het werkwoord ontbreekt, is het niet nodig een komma te plaatsen.
   > **Omdat ik honger heb**, koop ik een broodje.
   > **Toen hij klein was**, wilde Gerrit altijd piloot worden.
   > **Ondanks het slechte weer** gingen we toch naar de markt.

6. De **persoonsvorm** van de hoofdzin staat meteen na de *bijzin* op de tweede plaats.
   > *Omdat ik honger heb*, **koop** ik een broodje.
   > *Toen hij klein was*, **wilde** Gerrit altijd piloot worden.
   > *Ondanks het slechte weer* **gingen** we toch naar de markt.

7. Als de bijzin voorop staat, komt het **onderwerp** van de hoofdzin achter de *persoonsvorm*.
   > Omdat ik honger heb, *koop* **ik** een broodje.
   > Toen hij klein was, *wilde* **Gerrit** altijd piloot worden.
   > Ondanks het slechte weer *gingen* **we** toch naar de markt.

Verklaring grammaticale termen

aantonende wijs	o.t.t., o.v.t., v.t.t., v.v.t., o.t.t.t., v.t.t.t.
aanwijzend voornaamwoord	verwijst met nadruk naar een zelfstandig naamwoord. Je gebruikt het zelfstandig of bijvoeglijk: **deze**, **die**, **dit**, **dat**, **zulk(e)**, **zo'n**, **datgene**, **degene**, **diegene**.
antecedent	woord of zinsdeel waar het voornaamwoord iets over zegt: **de jongen**, *die* daar loopt.
bepaald lidwoord	gebruik je als een persoon, zaak of dier bekend is: **de**, **het**.
betrekkelijk voornaamwoord	legt een verband tussen een of meer woorden en de rest van de zin: **dat**, **die**, **hetgeen**, **wat**, **welke**, **wie**.
bevestigende zin	de gewone zin. Het onderwerp staat op de eerste of derde plaats, de persoonsvorm staat op de tweede plaats.
bezittelijk voornaamwoord	geeft een bezit aan en kan bijvoeglijk of zelfstandig gebruikt worden: **mijn**, **m'n**, **jouw**, **je**, **uw**, **haar**, **d'r**, **zijn**, **z'n**, **ons**, **onze**, **jullie**, **hun**.
bijvoeglijk naamwoord	zegt iets over het zelfstandig naamwoord, bijvoorbeeld **groot**, **klein**, **rood**, **jong**, **oud**.
bijvoeglijke bepaling	bepaling die iets zegt over een zelfstandig naamwoord. Het meisje **dat van hem houdt**, heet Ruby.
bijwoord	zegt iets over een werkwoord, een bijvoeglijk naamwoord of een ander bijwoord. Bijvoorbeeld: **heel**, **erg**, **zeer**, **hard**.
bijwoordelijke bepaling	bepaling die iets zegt over het gezegde van de zin. **Plotseling** ging het licht uit.
bijzin	heeft de persoonsvorm en andere werkwoorden achteraan staan en kan niet zelfstandig voorkomen.
enkelvoud	gebruik je als maar één persoon, dier of zaak het onderwerp is.
formeel	gebruik je in de schrijftaal.
gebiedende wijs	drukt een opdracht, een gebod uit.
gezegde	is de belangrijkste handeling in een zin. Het bestaat uit één of meer werkwoorden of uit een werkwoord en een naamwoord.
hoofdtelwoord	kun je altijd met getallen opschrijven. Bijvoorbeeld **1**, **8**, **3.408**, **50.000**.
hoofdzin	heeft de persoonsvorm op de eerste of tweede plaats staan en kan zelfstandig voorkomen.
hulpwerkwoord	maakt met andere werkwoorden het werkwoordelijk gezegde. In een zin met meer werkwoorden is het hulpwerkwoord de persoonsvorm.
hulpwerkwoord van de lijdende vorm	**zijn**, **worden**
hulpwerkwoord: modaal	**kunnen**, **moeten**, **mogen**, **willen**, **zullen**
hulpwerkwoord van tijd	**hebben**, **zijn**
hulpwerkwoord van de toekomende tijd	**zullen**
infinitief	het hele werkwoord, de onbepaalde wijs: **hebben**, **zijn**, **fietsen**, **dragen**, **koken**, enz.
informeel	gebruik je in de spreektaal

inversie	situatie waarin het werkwoord vóór het onderwerp staat.
klinker	de letters **a**, **e**, **i**, **o**, **u** en **y**
koppelwerkwoord	maakt met andere werkwoorden en een naamwoord het naamwoordelijk gezegde: **zijn, worden, blijven, blijken, lijken, schijnen, heten, dunken** en **voorkomen**.
lijdend voorwerp	het antwoord op de vraag: wie of wat + gezegde + onderwerp. Komt alleen voor bij overgankelijke werkwoorden.
medeklinkers	de letters **b**, **c**, **d**, **f**, **g**, **h**, **j**, **k**, **l**, **m**, **n**, **p**, **q**, **r**, **s**, **t**, **v**, **w**, **x**, **z**
meervoud	gebruik je als het onderwerp uit meer personen, dieren of zaken bestaat.
meewerkend voorwerp	het antwoord op de vraag: aan wie/voor wie/bij wie + gezegde + onderwerp.
naamwoordelijk gezegde	bestaat uit een koppelwerkwoord (**zijn**, **worden**, **blijven**, **blijken**, **lijken**, **schijnen**, **heten**, **dunken** en **voorkomen**) en een naamwoord.
nevenschikkend voegwoord	verbindt twee gelijkwaardige zinsdelen met elkaar. Bijvoorbeeld twee hoofzinnen of twee bijzinnen of twee woorden: **en**, **maar**, **of**, **want**.
nevenschikkende zinnen	zijn met elkaar verbonden door een nevenschikkend voegwoord. Beide zinnen zijn hoofdzinnen.
onbepaald lidwoord	gebruik je als je niet weet welke persoon, zaak of welk dier het is: **een**.
onbepaald voornaamwoord	verwijst naar iets of iemand in het algemeen. Sommige onbepaalde voornaamwoorden kun je bijvoeglijk gebruiken: **ieder(e)**, **elk(e)**, **welk(e)**, **al**, **alle**, **ieder(e)**, **enkel(e)**, **(een) zeker(e)**, **(de/het) een of ander(e)**, **deze of gene**, **enig(e)**, **wat**. Andere kun je zelfstandig gebruiken: **allemaal**, **iedereen**, **elk**, **alles**, **wat**, **wie**, **iemand**, **niemand**, **iets**, **niets**, **enkelen**, **enigen**, **ergens**, **nergens**, **overal**.
onbepaalde wijs	het werkwoord zonder getal of geslacht: de infinitief, het hele werkwoord.
onderschikkend voegwoord	verbindt twee ongelijke zinsdelen met elkaar, een hoofdzin en een bijzin. Bijvoorbeeld: **als, omdat, toen, wanneer**.
onderschikkende zin	bijzin die door een onderschikkend voegwoord met een hoofdzin verbonden is. Alle werkwoorden staan achteraan in de bijzin.
onderwerp	het antwoord op: **wie** of **wat** + gezegde.
onovergankelijk werkwoord	werkwoord dat geen lijdend voorwerp bij zich kan hebben.
onpersoonlijk werkwoord	werkwoord met *het* als onderwerp.
ontkennende zin	een zin die een ontkenning uitdrukt. Bijvoorbeeld: **ik ga niet naar huis**.
overgankelijk werkwoord	werkwoord dat een lijdend voorwerp bij zich kan hebben. Het hulpwerkwoord is **hebben**.
persoonlijk voornaamwoord: onderwerp	gebruik je altijd zelfstandig als onderwerp: **ik**, **jij**, **je**, **u**, **hij**, **zij**, **het**, **wij**, **jullie**, **zij**.
persoonlijk voornaamwoord: voorwerp	gebruik je altijd zelfstandig als meewerkend of lijdend voorwerp of in een voorzetselvoorwerp : **me**, **mij**, **je**, **jou**, **u**, **hem**, **'m**, **haar**, **'r**, **het**, **'t**, **ons**, **jullie**, **zij**, **ze**.

persoonsvorm	het werkwoord dat bij het onderwerp hoort. Is het onderwerp bijvoorbeeld enkelvoud, dan is de persoonsvorm dat ook. De persoonsvorm staat in de hoofdzin op de eerste of tweede plaats en in de bijzin achteraan.
rangtelwoord	eindigt altijd op -de of -ste. Bijvoorbeeld **eerste, derde, tiende, twintigste**.
samengestelde zin	zin die meer dan één persoonsvorm heeft.
scheidbaar werkwoord	werkwoord dat bestaat uit meerdere delen die bij het vervoegen vaak gescheiden worden.
stam	de vorm van het werkwoord die bij *ik* past. Je vindt de stam vaak door *-en* van het hele werkwoord af te halen.
tegenwoordig deelwoord	vorm van het werkwoord die uitdrukt dat een handeling bezig is. Bijvoorbeeld **lopend, werkend**.
tweeklank	combinatie van klinkers die je als één klank uitspreekt: -**au**, -**ei**, -**eu**, -**ie**, -**ij**, -**oe**, -**ou**, -**ui**.
verzamelnaam	zelfstandig naamwoord dat een verzameling zelfstandige woorden noemt van dezelfde soort: **bos** (verzameling bomen), **leger** (groep soldaten).
voegwoord	verbindt woorden, woordgroepen en zinnen met elkaar.
voorzetsel	geeft een plaats, tijd of verband aan. Bijvoorbeeld: **in**, **op**, **aan**, **tegen**, **voor**, **naast**.
voorzetselvoorwerp	zinsdeel dat begint met een vast voorzetsel dat bij een werkwoord hoort.
vragend voornaamwoord	luidt een vraag in. Sommige vragende voornaamwoorden kunnen alleen zelfstandig gebruikt worden: **wie**, **wat**. Andere kunnen ook bijvoeglijk gebruikt worden: **welk(e)**, **wat voor (een)**.
vragende zin	zin die een vraag uitdrukt.
wederkerend voornaamwoord	maakt deel uit van een wederkerende werkwoord: **me**, **mij**, **mezelf**, **mijzelf**, **je**, **jezelf**, **u**, **zich**, **uzelf**, **zichzelf**, **ons**, **onszelf**.
wederkerend werkwoord	werkwoord dat altijd wordt gecombineerd met zich of een ander wederkerend voornaamwoord. Bijvoorbeeld: zich schamen, zich vergissen. Het hulpwerkwoord is **hebben**.
werkwoordelijk gezegde	gezegde dat uit één of meer werkwoorden bestaat.
zelfstandig werkwoord	drukt iets doen, bewegen, gebeuren, veranderen, in een toestand verkeren of een eigenschap hebben uit.
zelfstandig naamwoord	woord waar je een lidwoord voor kunt zetten en dat zelfstandig een betekenis heeft.